普通高等学校"十四五"规划船舶与海洋工程学科精品教材

# 轮 机 概 论

主　编　张　本　黄　海
副主编　贺玉海　章林柯　王　利
主　审　毛小兵

华中科技大学出版社
中国·武汉

## 内 容 提 要

本书主要根据我国航海类航海技术专业的教学需要编写而成。全书共四篇十五章,对现代船舶轮机设备和系统的组成、工作原理和基本应用作了比较完整的介绍,主要内容如下:热工基础知识;船舶主推进动力装置,包括柴油机的基本知识、柴油机的主要结构及工作系统、柴油机的操纵系统、船舶推进装置、船舶电力推进;船舶辅机,包括船用泵、甲板机械、船舶制冷和空气调节、船用辅助锅炉和废气锅炉、船舶通用系统、船舶防污染装置;船舶电气与轮机自动化基础,包括船舶电气系统概述、船舶电气安全管理、轮机自动化基础。

本书可作为航海技术、海事管理专业的教材,亦可供航海类有关专业的师生及轮机工程技术人员参考。

**图书在版编目(CIP)数据**

轮机概论/张本,黄海主编.—武汉:华中科技大学出版社,2024.5
ISBN 978-7-5772-0704-9

Ⅰ.①轮… Ⅱ.①张… ②黄… Ⅲ.①轮机—概论 Ⅳ.①U676.4

中国国家版本馆 CIP 数据核字(2024)第 064488 号

| 轮机概论 | | 张 本 黄 海 主编 |
|---|---|---|
| Lunji Gailun | | |

策划编辑:万亚军
责任编辑:杨赛君
封面设计:原色设计
责任校对:李 琴
责任监印:朱 玢
出版发行:华中科技大学出版社(中国·武汉)          电话:(027)81321913
　　　　　武汉市东湖新技术开发区华工科技园          邮编:430223
录　　排:武汉正风天下文化发展有限公司
印　　刷:武汉科源印刷设计有限公司
开　　本:787mm×1092mm　1/16
印　　张:15.25
字　　数:400 千字
版　　次:2024 年 5 月第 1 版第 1 次印刷
定　　价:48.00 元

本书若有印装质量问题,请向出版社营销中心调换
全国免费服务热线:400-6679-118 　 竭诚为您服务
版权所有　侵权必究

# 前　言

随着全球化的深入和国际贸易的发展,航运业在全球经济中的地位日益重要。目前绿色、智能化是助力航运业高质量发展和竞争力提高的主要方向,越来越多的相关新技术和新设备被应用在船舶上。有鉴于此,编者在原《轮机概论》教材的基础上,吸纳了近些年来轮机工程生产实践及相关课程教学改革的新成果,采纳了广大师生和读者提出的修改意见和建议,重新编写了本书。

本次编写的整体思路是面向航海类非轮机工程(轮机管理)专业或与航运专业相关的学生,根据船上机电设备的功能性和系统性,深入浅出地介绍相关知识要点,并辅以案例讲解,尽量做到长而不冗、简而有据、点到为止。本书特点如下:

(1) 尽量保持原教材的特色和风格,框架结构和章节体系基本不变;

(2) 删除一些陈旧的或专业性太强的内容,比如柴油机一些零部件的内部结构和工作原理等;

(3) 适量增加近些年来船舶上出现的新设备的内容,比如压载水处理装置等;

(4) 新增一些新技术和前沿技术内容,以拓宽读者视野,提升创新能力;

(5) 现代轮机设备大多都是电力拖动,且实现了自动化操作和管理,因此在原有船舶电气内容的基础上,增加了轮机自动化基础的内容,初步实现了整本教材在内容上的完备性。

全书由张本、黄海担任主编,贺玉海、章林柯、王利担任副主编,由毛小兵担任主审。具体编写分工为:绪论及第2~5章、第11章由张本编写;第1章和第7~10章由章林柯和王利编写;第6章由林治国编写;第12~14章由黄海编写;第15章由贺玉海编写。

本书在编写过程中得到了武汉理工大学原能源与动力工程学院副院长王克、潘志翔副教授,现船海与能源动力工程学院成春祥副教授、甘念重高级实验员的鼎力相助,在此一并表示衷心的感谢。

本书内容涉及面广,由于编者水平有限,难免会有不妥之处,望不吝指正。

编　者  
2024 年 2 月

# 目 录

绪论 ································································································ (1)
  0.1 轮机的定义 ··············································································· (1)
  0.2 轮机的组成及分类 ······································································· (2)

## 第1篇 热 工 知 识

第1章 热工基础知识 ············································································ (9)
  1.1 工质的基本状态参数 ···································································· (9)
  1.2 船舶动力装置中压力和温度的测量 ················································ (14)
  1.3 功和热量 ················································································· (18)
  1.4 水蒸气与湿空气 ········································································ (22)
  1.5 传热学基础 ·············································································· (27)
  复习思考题 ····················································································· (31)

## 第2篇 船舶主推进动力装置

第2章 柴油机的基本知识 ···································································· (32)
  2.1 柴油机的基本概念 ····································································· (32)
  2.2 柴油机的工作原理 ····································································· (33)
  2.3 柴油机的主要性能指标 ······························································ (39)
  2.4 柴油机的分类 ··········································································· (41)
  2.5 柴油机在船舶上的应用和发展 ····················································· (44)
  复习思考题 ····················································································· (45)

第3章 柴油机的主要结构及工作系统 ···················································· (46)
  3.1 柴油机的结构及主要部件 ··························································· (46)
  3.2 柴油机的工作系统 ····································································· (56)
  3.3 柴油机运行管理 ········································································ (66)
  复习思考题 ····················································································· (69)

第4章 柴油机的操纵系统 ···································································· (71)
  4.1 起动装置 ················································································· (71)
  4.2 换向装置 ················································································· (73)

4.3 调速装置 ……………………………………………………………………… (75)

4.4 柴油机的操纵系统 ……………………………………………………………… (77)

4.5 电喷柴油机 ……………………………………………………………………… (80)

复习思考题 …………………………………………………………………………… (85)

## 第 5 章 船舶推进装置 …………………………………………………………… (86)

5.1 船舶推进装置的传动方式 ……………………………………………………… (86)

5.2 传动轴系 ………………………………………………………………………… (88)

5.3 螺旋桨 …………………………………………………………………………… (94)

5.4 可调螺距螺旋桨 ………………………………………………………………… (97)

复习思考题 …………………………………………………………………………… (101)

## 第 6 章 船舶电力推进 ………………………………………………………… (102)

6.1 概述 ……………………………………………………………………………… (102)

6.2 电力推进的优势与不足 ………………………………………………………… (103)

6.3 适合电力推进船舶的推进器 …………………………………………………… (104)

复习思考题 …………………………………………………………………………… (106)

# 第 3 篇 船 舶 辅 机

## 第 7 章 船用泵 …………………………………………………………………… (107)

7.1 泵的概述 ………………………………………………………………………… (107)

7.2 船用泵 …………………………………………………………………………… (110)

7.3 液压泵 …………………………………………………………………………… (122)

7.4 油马达 …………………………………………………………………………… (127)

复习思考题 …………………………………………………………………………… (129)

## 第 8 章 甲板机械 ………………………………………………………………… (130)

8.1 舵机 ……………………………………………………………………………… (130)

8.2 锚机和绞缆机 …………………………………………………………………… (137)

8.3 船舶起货机 ……………………………………………………………………… (140)

复习思考题 …………………………………………………………………………… (141)

## 第 9 章 船舶制冷和空气调节 …………………………………………………… (142)

9.1 制冷概述 ………………………………………………………………………… (142)

9.2 蒸气压缩式制冷 ………………………………………………………………… (143)

9.3 制冷剂与载冷剂 ………………………………………………………………… (146)

9.4 活塞式制冷压缩机 ……………………………………………………………… (148)

9.5 船舶伙食冷库制冷装置及其自动化 ………………………………………… (149)
9.6 船舶空气调节 …………………………………………………………………… (153)
9.7 货舱干燥系统 …………………………………………………………………… (155)
复习思考题 ……………………………………………………………………………… (156)

## 第10章 船用辅助锅炉和废气锅炉 …………………………………………………… (157)
10.1 概述 ……………………………………………………………………………… (157)
10.2 船用辅助锅炉 …………………………………………………………………… (158)
10.3 船用废气锅炉 …………………………………………………………………… (160)
10.4 燃料及其燃烧设备 ……………………………………………………………… (161)
10.5 船用锅炉装置的主要系统 ……………………………………………………… (166)
10.6 锅炉的运行和保养 ……………………………………………………………… (169)
复习思考题 ……………………………………………………………………………… (171)

## 第11章 船舶通用系统 ………………………………………………………………… (172)
11.1 船舱系统及其遥控 ……………………………………………………………… (172)
11.2 卫生系统 ………………………………………………………………………… (175)
11.3 消防系统 ………………………………………………………………………… (177)
11.4 真空蒸发式造水装置 …………………………………………………………… (178)
复习思考题 ……………………………………………………………………………… (180)

## 第12章 船舶防污染装置 ……………………………………………………………… (181)
12.1 概述 ……………………………………………………………………………… (181)
12.2 油水分离器 ……………………………………………………………………… (183)
12.3 船舶生活污水处理装置 ………………………………………………………… (188)
12.4 压载水处理技术 ………………………………………………………………… (191)
12.5 船用焚烧炉 ……………………………………………………………………… (195)
12.6 船舶柴油机排放控制技术 ……………………………………………………… (197)
复习思考题 ……………………………………………………………………………… (202)

# 第4篇 船舶电气与轮机自动化基础

## 第13章 船舶电气系统概述 …………………………………………………………… (203)
13.1 船舶电力系统组成 ……………………………………………………………… (203)
13.2 船舶电网 ………………………………………………………………………… (205)
13.3 配电装置 ………………………………………………………………………… (206)
13.4 船舶电机与电力拖动系统 ……………………………………………………… (210)

复习思考题 ·················································································· (214)

## 第 14 章　船舶电气安全管理 ·································································· (215)
　　14.1　船舶照明系统的维护保养 ····················································· (215)
　　14.2　船舶电气火灾的预防 ···························································· (215)
　　14.3　油船电气系统的安全管理 ····················································· (216)
　　复习思考题 ·················································································· (218)

## 第 15 章　轮机自动化基础 ······································································ (219)
　　15.1　轮机自动化的历史 ······························································· (219)
　　15.2　反馈控制系统和 PID 控制策略 ·············································· (221)
　　15.3　锅炉的自动调节 ································································· (228)
　　15.4　船舶自动化电站 ································································· (231)
　　复习思考题 ·················································································· (234)

## 参考文献 ······························································································· (235)

# 绪　　论

## 0.1　轮机的定义

船舶动力的发展经历了以人力和风力等自然力作为推进手段,到以蒸汽机作为船舶的推进动力机械的漫长过程,这才进入以机械作为船舶推进动力的新纪元。当时蒸汽船的推进装置,是由蒸汽机带动的桨轮推进装置,这种推进器的大部分露在水面,人们称之为"明轮",而把装有明轮的船称为"轮船",把产生蒸汽的锅炉和驱动明轮转动的蒸汽机等成套设备称为"轮机",因此当时的"轮机"仅是推进设备的总称。

随着科学技术的进步,船舶在功能上向着多样化、专业化和完善化的方向发展,增设和完善了各种系统,如船舶电站、甲板机械、冷藏和空调装置、淡水系统、压载和消防系统等。随着世界海洋运输、海上工程、海上公务的发展需要以及国际公约对船舶安全、环保提出的新要求,船用轮机设备和系统将越来越复杂,功能也越来越完善。轮机是为了满足船舶航行、船上各种作业、人员生活和安全、财产安全及环境保护等各种需要所设置的全部系统及设备的总称。轮机在工程上被称为船舶动力装置,与轮机的本质含义是一样的。

轮机设备绝大部分安装于机舱中,如图 0-1 所示为机舱不同视角的示意图。一般来说,机舱布置在船舶的中后部,上、下分别布置主、辅机械。由于船舶航行条件的多变性、发生事故后果的严重性、船舶动力装置的复杂性,船舶动力装置管理工作要求极高,因此要求船舶动力装置的管理人员,必须具有高度的责任心、独立发现问题和解决问题的能力。同时,从事船舶安全管理和检查的相关人员必须对船舶轮机设备基本工作原理、基本维修方法、设备检验和安全评估有较为详细的了解。

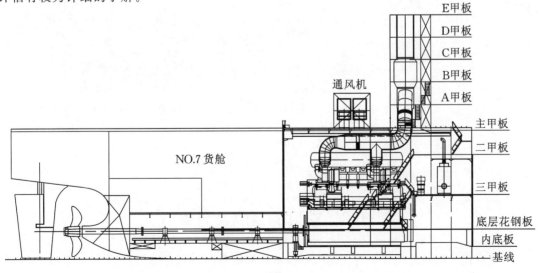

(a)

**图 0-1　机舱三视图**

(a)机舱纵剖面布置图;(b)机舱横剖面布置图;(c)机舱底层布置图

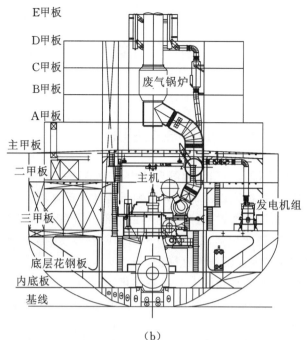

(b)

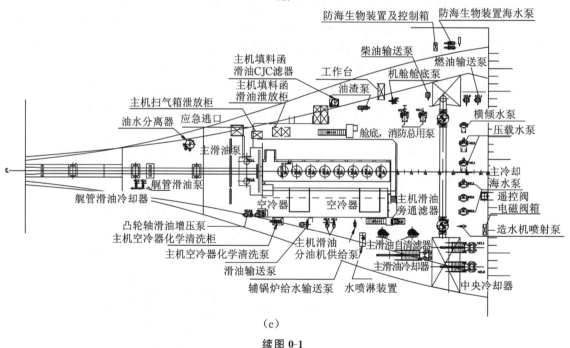

(c)

续图 0-1

## 0.2 轮机的组成及分类

一艘现代化船舶就是一个现代化工业技术成果的集合,船舶需配备很多独立系统,以满足船舶自身的各种需要。而轮机则用来产生机械能、热能、电能和其他形式的能,以满足船舶设备与人员的需要。

轮机是一个动力机械类性质的系统工程，不能把轮机理解成机舱中或甲板上机械设备的简单组合。轮机工程是为实现船舶的各种功能，把各种设备或部件组合成各种系统的系统工程。由此，根据组成船舶轮机的各种系统、机械和设备所起作用的不同，轮机可以分为主推进动力装置和辅助装置两部分。

## 0.2.1 主推进动力装置

主推进动力装置（推动船舶航行的设备和系统）包括主机及附属系统、传动设备、轴系和推进器。主机发出动力，通过传动设备及轴系驱动推进器产生推力，使船舶克服各种阻力以某一航速航行。

按照惯例，通常把推进船舶的机械称为"主机"，相应地，把其他一些机械设备定义为"辅机"。船舶主机无论从重要程度还是制造成本来看，都处于最显著的地位，因此船舶动力装置一般按主机的形式进行分类。

**1. 蒸汽动力装置**

利用锅炉所产生的蒸汽来工作的机器叫作蒸汽机。蒸汽机分为往复式蒸汽机和回转式蒸汽机两种。往复式蒸汽机最早应用于海船，后来由于受到其他发动机的挑战，加之其经济性差、体积和质量大而被取代。

**2. 柴油机动力装置**

利用燃料直接在机器内部燃烧所产生的燃气来工作的机器叫作内燃机。根据受燃气作用的运动部件的运动形式，内燃机有往复式和回转式，其中往复式机械根据所用燃料（如汽油、柴油等）的不同，分为汽油机、柴油机等。采用柴油机作为主机的动力装置称为柴油机动力装置。柴油机经济性好、安全可靠，目前绝大多数商用船舶采用这种动力装置。当然，柴油机当初是根据所使用的燃料（柴油）而命名的，现在的柴油机由于技术水平不断提高，均可燃烧中间燃料油或渣油（统称重油），有些柴油机已经可以使用液体燃料或气体燃料。

**3. 燃气轮机动力装置**

利用燃料燃烧所产生的燃气推动叶轮回转的内燃机称为燃气轮机。采用燃气轮机作为主机的动力装置称为燃气轮机动力装置。燃气轮机具有功率密度大、起动速度快、噪声低频分量低等优点，成为各国军舰动力系统发展的最优选择。但其由于经济性差、低负荷运转性能差、材料要求高等，目前在商船上应用极少。

**4. 联合动力装置**

为满足军用舰艇全速航行时的大功率和巡航时的经济性要求，出现了两类发动机联合工作的联合动力装置。将上述两种或三种动力装置联合来作为船舶推进装置的，称为联合动力装置。

**5. 核动力装置**

核动力装置利用原子反应堆所发出的热来产生蒸汽，供给汽轮机工作。若按主机类型分，它也属于汽轮机动力装置。但为了突出它是采用原子反应堆的装置，将其称之为核动力装置。核动力装置造价高，操纵、管理、检查系统复杂，商船上几乎很少采用。

**6. 特种动力装置**

特种动力装置是指在特种用途船舶上应用或正在研究发展的动力装置，如高速船上的喷水推进装置、正在研究的燃料电池推进装置等。

### 0.2.2 辅助装置

辅助装置产生各种能量供船舶航行、作业和生活设施使用,包括供全船使用的船舶电站、辅助锅炉、液压泵站和压缩空气系统以及为船员和旅客生活服务的设备和系统。

(1) 为主动力装置服务的设备与系统,例如为主机服务的滑油、燃油、冷却水、压缩空气等设备与系统,这些设备与系统可确保主机安全可靠运行。

(2) 确保船舶营运和操纵性能的设备与系统,例如锚机、绞缆机、舵机、起货机等设备与系统,这些设备能满足船舶正常的靠离港、装卸货物以及其他用途。

(3) 为船员和旅客生活服务的设备与系统,例如船舶伙食冷藏装置、空气调节装置、通风系统、照明系统及日用海(淡)水系统等。

(4) 船舶应急安全设备及系统,例如火灾报警系统、应急配电设备、船舶水消防系统、机舱$CO_2$灭火系统、水喷淋灭火系统、舱底水系统、水密门等。

(5) 船舶防污染设备与系统,例如油水分离系统、生活污水处理系统、焚烧炉、压载水处理装置、柴油机尾气处理装置等,这些系统及设备能有效地处理船舶生活场所及工作场所产生的各种污染物,减少船舶对大气及海洋产生的污染。

船舶轮机的组成情况大体如上所述,但随着船舶的大小、种类、用途、航线等情况不同将会有所变化。

### 0.2.3 船舶动力装置要求

各种船舶动力装置虽存在着类型、传动方式及航区等条件的不同,但对一些基本性能却有着共同的要求。

**1. 可靠性**

可靠性是指产品在规定的时间内,在规定的条件下,完成预定功能的能力。可靠性对船舶动力装置来说具有特别重要的意义。船舶在航行中可能长期离开陆地,若影响航行的重要设备发生故障,在复杂航行环境和恶劣的气象条件下,有可能产生海损和严重的海洋污染。船舶可靠性不足还会降低营运效益。尤其是未来的无人船、自主航行船舶,它们对动力装置的可靠性提出更高要求。船舶重要的设备与系统必须采用冗余设计,必要时切换备用设备与系统。

**2. 经济性**

船舶在营运中,动力装置的运转及维护费用占船舶总费用的比例很大,现在已超过50%。为提高船舶的营运效益,使船东能获得最大的经济效益,必须尽可能提高动力装置的经济性。

**3. 机动性**

船舶机动性指的是改变船舶运动状态的灵敏性,它是船舶安全航行的重要保证。船舶起航、变速、倒航和回转性能是船舶机动性的主要体现。

**4. 质量和尺度**

动力装置的质量和尺度直接影响船舶载货量和货舱容积。为了提高船舶的经济效益,应力求减小动力装置的质量和尺度。现代运输船舶,大多以柴油机作为船舶主机,随着柴油机技术的飞跃发展,柴油机强化程度不断提高,使其单位做功能力的质量和尺度不断缩小。

**5. 续航力和自持力**

续航力是指船舶不需要补充任何物资(燃油、滑油、食品、淡水等)所能航行的最大距离。而在此条件下能连续在海上活动的最长时间称为自持力。续航力和自持力根据船舶的用途和航区确定。为了满足船舶续航力的要求,船上必须设有足够的油、水舱柜和其他储存设备。

**6. 环保性能**

国际公约在环保方面对船舶动力装置的要求越来越高,主要包括减少对海域和大气的污染,因而要求船舶设备、系统配置均能有效减少硫氧化物、氮氧化物及油类的排放,并持有相关设备的有效证书。

除了以上要求外,还要求动力装置便于维护管理,有一定的自动化程度,振动轻、噪声小,同时必须能满足国家和国际相关海事机构制定的规则和规范。

### 0.2.4 轮机人员的职责与分工

轮机部人员按职能可分为管理级、操作级和支持级,各级具体岗位如下。

管理级:轮机长和大管轮;

操作级:二管轮、三管轮、电子电气员和未满 750 kW 的高级船员;

支持级:组成航行值班的普通船员,包括机工长和机工。

轮机部人员的职责分工在各船舶公司虽不尽相同,但大体上是一致的。船舶基本上分为远洋类和近海类,其区别仅在于某些机械设备的主管检修分工有所不同。

**1. 轮机长(chief engineer)**

轮机长是全船机械、动力、电气设备的总负责人。轮机长负责确保机舱各种相关机器和设备能够安全、有效运行,具体工作职责如下。

(1) 制定本船各项机电设备的操作规程、保养检修计划、值班制度,贯彻执行各项规章制度,保证安全生产。

(2) 负责组织轮机员、电子电气员、冷藏员制定修船计划、预防检修计划和编制修理单,组织、领导修船,进行修船工作的验收。

(3) 负责燃油、滑油、物料、备件的申领、造册保管和合理使用,做到节约能源、降低成本。

(4) 负责保管轮机设备的证书、图纸资料、技术文件,及时报告船长申请检验。

(5) 经常亲自检查机电设备的运行情况,调整不正常的运行参数,检查和签署轮机日志、电机日志,指导相关轮机员或自己填写油类记录簿。

(6) 培训和考核轮机员。

(7) 在进出港口、备车航行、过狭窄水道和其他机动航行或当班轮机员有需要时,轮机长必须在集控室指挥和监督。

(8) 在发生紧急事故时指挥机舱人员进行抢修和抢救工作,定期组织轮机部人员对应急设备进行保养和试验。

(9) 监督和签署轮机员、电子电气员、冷藏员的调任交接工作。

**2. 大管轮(second engineer)**

大管轮是轮机长的主要助手,在轮机长的领导下进行工作,轮机长不在船上时代理轮机长的工作。大管轮负责领导轮机部人员进行机电设备管理、操作、保养和检修工作,督促所属人员严格遵守工作制度、操作规程和劳动纪律,保证轮机部的各项规章制度正确执行,保证按时完成轮机部的航次计划和昼夜工作计划。在无人值班船舶航行时,与二管轮、三管轮轮值安全班;在有人值班船舶航行时,当值 04:00—08:00 和 16:00—20:00 班次。

大管轮具体工作职责如下。

(1) 负责维持机舱秩序,对机舱、工作间、材料间、备件工具及机电设备的整洁进行监督和检查，防止锈蚀、损坏和遗失，负责组织轮机部各舱室的油漆工作。

（2）负责保持轮机部有关的安全设备，如应急舱底阀、燃油应急开关、机舱水密门、安全阀、机舱灭火设备、起重设备、危险警告牌、重要的防护装置等经常处于可靠状态，定期进行必要的检查试验，并负责指导有关人员熟悉正确的管理和使用方法。

（3）负责管理主机、轴系及为主机直接服务的辅机，负责管理舵机、冷藏装置，贯彻执行操作规程，并对操作管理方法随时提出改进意见，经轮机长批准执行。

（4）负责编制本人管理的机械设备的计划修理单、航次修理单和自修计划，审核和汇编其他轮机员的修理单和自修计划，并维护机舱的安全。

（5）负责综合轮机部的预防检修和自修计划，经轮机长批准后执行。

（6）负责贯彻执行轮机部备件和物料的定额制度，及时收集、综合并审查工具、备件、物料的申领单并交轮机长核定。

（7）负责保管本人使用的技术文件、仪器、工具等。

（8）负责安排航行及停泊时的检修工作，组织、领导和检查清洁及油漆工作。

（9）监督轮机部普通船员的交接工作。

**3. 二管轮**(third engineer)

二管轮的具体工作职责如下。

（1）在轮机长和大管轮的领导下工作，负责管理发电原动机及为它服务的机械设备、机舱内部分辅机和轮机长指定由他负责的其他设备。在无人值班船舶航行时，与大管轮、三管轮轮值安全班；有人值班船舶航行时，当值00：00—04：00和12：00—16：00班次。

（2）负责制定本人主管的机械设备的预防检修计划，进行检查、测量及修理，填写并保管修理记录簿。

（3）负责编制本人主管的机械设备的计划修理单和航次修理单，提交大管轮审核；修理期间，协助监工，验收并参加自修工作。

（4）负责本人主管的机械设备的备件和专用物料的申领、验收和报销，并妥善保管，防止锈蚀、损坏或遗失。

（5）负责加装燃油（驳油），进行燃油的测量、统计和记录工作。

（6）负责保管拨交本人使用的技术文件、仪器、工具和备件等。

（7）在航行时轮值航行班；停泊时，领导由大管轮指派的人员进行检修工作，并与大管轮、三管轮轮流留船值班。

**4. 三管轮**(fourth engineer)

三管轮的具体工作职责如下。

（1）在轮机长和大管轮的领导下工作，负责管理甲板机械及泵、救生艇、应急救火泵、油水分离器、焚烧炉、空调机、辅助锅炉及其附属设备、轮机长指定的其他辅机和设备。在无人值班船舶航行时，与大管轮、二管轮轮值安全班；有人值班船舶航行时，当值08：00—12：00和20：00—24：00班次。

（2）负责制定本人主管的机械和设备的预防检修计划，进行检查测量及修理，填写并保管修理记录簿。在未配有电子电气员的船舶上，负责管理全船电气设备并领导电工工作。

（3）负责编制本人主管的机械设备的修理计划、修理单和航次修理单，提交大管轮审核。

（4）负责本人主管的机械设备的备件和专用物料的申领、验收和报销，并妥善保管，防止锈蚀、损坏或遗失。

(5) 负责保管拨交本人使用的技术文件、仪器、工具和备件等。

(6) 在航行时值航行班;停泊时领导由大管轮指派的人员进行检修工作,并与大管轮、二管轮轮流留船值班。

**5. 电子电气员**(electro-technical officer)

电子电气员是 2010 年修正的《1978 年海员培训、发证和值班标准国际公约》(简称为"STCW 公约马尼拉修正案")新设岗位,公约将电子电气员定位为操作级,其职责主要有以下三大方面。

(1) 电气、电子和控制工程:电气、电子和控制系统的监控;推进装置和辅助机械自动控制系统的监控;发电机的操作;船上计算机及其网络系统的操作;使用手动工具、电气和电子测量设备进行故障检查、维护和修理作业等。

(2) 维护和修理:维护和修理主推进装置和辅助机械的自动和控制系统;维护和修理驾驶台航行设备和船舶通信系统;维护和修理甲板机械和装卸货设备的电气、电子和控制系统;维护和修理生活设备的控制和安全系统等。

(3) 船舶操纵和人员管理:保证遵守防污染要求;负责船上防火、控制火灾和灭火;操作救生设备;在船上实施医疗急救;等等。

**6. 冷藏员**(refrigerating engineer)

冷藏员的具体工作职责如下。

(1) 在轮机长和大管轮领导下工作。

(2) 按照轮机长的指示,参加并组织冷藏机工或由大管轮派给的人员轮流值班和进行检修工作。

(3) 负责检查并按时记录冷藏库内的温度、湿度,使其经常处于规定的变化幅度之内;经常检查并保持冷藏库系统和设备的完整性、可靠性,冷藏设备发生故障时,应立即报告轮机长,并及时进行检修。

(4) 应贯彻执行冷藏设备的操作规程,防止泄漏,杜绝事故发生,延长使用寿命,保证冷冻物品的质量,不断研究改进管理办法,经轮机长批准后执行。

(5) 负责保持冷藏机室、修理间、材料库、冷藏机及管系和有关设备的清洁、整齐。

(6) 制定预防检修计划,经轮机长批准后执行。

(7) 编制计划修理和航次修理的修理单,提交轮机长审批。

(8) 负责冷冻设备所需工具、备件、物料的申领、验收、统计和报销,监督物料和备件的合理使用。

(9) 负责管理冷藏日志,按时提交轮机长审签。

(10) 保管冷藏设备的有关技术文件。

**7. 机工长**(No.1 motorman)

机工长的具体工作职责如下。

(1) 在大管轮领导下组织、安排机工值班和维修保养工作。

(2) 负责保管机舱物料、专用工具、常用工具及电焊设备,报机舱物料申领单送大管轮汇总。

(3) 安排机舱清洁工作,安排新机工跟班及熟悉基本操作。

**8. 机工**(motorman/oiler)

机工的具体工作职责如下。

(1) 在大管轮或机工长的安排下参加航行和靠泊值班,在当班轮机员领导下进行值班巡视、记录和设备操作等工作。

(2) 当不值昼夜班时,在轮机员和机工长的领导下参加机舱设备检修和机舱清洁工作。

以上是轮机部人员的基本配置情况,船舶可根据机舱自动化程度、船舶吨位、航区的不同,依公约规定适当减免操作级和支持级船员配置。

# 第 1 篇 热 工 知 识

## 第 1 章 热工基础知识

### 1.1 工质的基本状态参数

工质是指在热力设备中实现热能与机械能相互转换的媒介物质,在动力装置中用来做功的各种流动介质,如燃气、蒸汽、水、空气等,都可称之为"工质"。作为工质的物质必须具有良好的膨胀性和流动性,一般为气态物质。工质的状态参数很多,压力、温度及比体积(质量体积)是最常用的三个状态参数,称为基本状态参数。经验表明,这三个状态参数中,只要知道两个,就能确定气体工质处于什么状态。工质在动力装置中工作时,它的压力、温度是不断发生变化的,通常在船舶动力装置中确定工质的状态是用温度和压力这两个参数。

#### 1.1.1 温度

**1. 定义**

描述物体冷热程度的物理量称为温度。物体越冷,温度越低;反之,物体越热,温度越高。

从宏观角度来看,温度是一个描述热力系统平衡特性的状态参数。热力学第零定律指出:"无论多少个物体互相接触,都能达到热平衡。"它表明达到热平衡的所有物体必定具有一个共同的宏观特性,表征这个宏观特性的物理量就是温度,即一切处于热平衡的物体必须具有相同的温度。

从微观角度来看,温度是物体内部分子、原子等微观粒子不规则热运动强度的量度。微观粒子热运动越剧烈,物体的温度就越高。

**2. 温标**

温度的数值表示方法称为温度标尺,简称温标。它是表示温度高低的尺度。常用的温标有以下三种。

(1) 摄氏温标(Celsius temperature scale)。规定在标准大气压下,纯水的冰点为 0 度,沸点为 100 度,其间等分 100 份,每等份为 1 摄氏度,记作 1 ℃;摄氏温标用符号℃表示。

(2) 华氏温标(Fahrenheit temperature scale)。规定在标准大气压下,纯水的冰点为 32 度,沸点为 212 度,其间等分 180 份,每等份为 1 华氏度,记作 1 ℉;华氏温标用符号℉表示。

(3) 开氏温标(Kelvin temperature scale)。规定纯水的三相点温度(即固、液、汽三相平衡态的温度)为基本点,定义为 273.15 度,每度的间隔与摄氏温标相同,1 度记作 1 K;开氏温标用符号 K 表示。

摄氏温标和华氏温标的标定都依赖于测温物质的物理特性,温度数值与测温物质有关,称为经验温标;而开氏温标则与测温物质的物理特性无关,是国际上规定的最基本温标,开氏温标又称热力学绝对温标,简称绝对温标。

公制系统采用摄氏温标,英制系统采用华氏温度,而国际单位制系统则采用开氏温标,因此,必须掌握它们之间的换算关系。

摄氏温度与华氏温度的换算关系为

$$t\text{°F} = \frac{9}{5}t\text{°C} + 32\text{°C}$$

摄氏温度与开氏温度的换算关系为

$$T\text{K} = t\text{°C} + 273.15\text{°C}$$

在工程上采用下式计算已足够准确。

$$T\text{K} = t\text{°C} + 273\text{°C}$$

### 1.1.2 压力

**1. 定义**

热力系统内单位面积上所受到的工质的垂直作用力称为压力(在物理学中又称压强),用符号 $p$ 表示,即

$$p = \frac{F}{A}$$

式中　$F$——工质对系统内壁的垂直作用力;
　　　$A$——系统内壁受力面积。

从分子运动论观点来看,气体压力是大量气体分子无规则热运动对容器壁面的平均撞击力,其数值与单位体积内的分子数和分子的平均移动动能成正比。液体系统除传递压力外,在重力场中还有由液体的重量而产生的静压力,静压力与液柱垂直高度有关。平衡态时热力系统中各处压力均匀一致。

**2. 单位**

根据力 $F$ 和面积 $A$ 选用单位的不同,压力的单位可分为以下三类。

(1) 国际制单位:帕[斯卡](Pa),1 Pa=1 N/m²。工程上因 Pa 太小而常用巴(bar)和兆帕(MPa),1 bar=$10^5$ Pa,1 MPa=$10^6$ Pa。

(2) 英制单位:磅力/平方英寸(lbf/in²)或英寸水银柱(inHg)。

(3) 公制单位:工程大气压(at)、毫米水银柱(mmHg)、米水柱(mH$_2$O)、标准大气压(atm)。

三类单位之间的换算如表 1-1 所示。

表 1-1　不同压力单位的换算表

| 标准大气压力<br>(atm) | 毫米水银柱<br>(mmHg) | 米水柱<br>(mH$_2$O) | 巴<br>(bar) | 工程大气压<br>(at) | 磅力/平方英寸<br>(lbf/in²) | 英寸水银柱<br>(inHg) |
|---|---|---|---|---|---|---|
| $1.01\times10^5$ Pa | $1.33\times10^2$ Pa | $9.81\times10^3$ Pa | $1\times10^5$ Pa | $9.81\times10^4$ Pa | $6.89\times10^3$ Pa | $3.39\times10^3$ Pa |

**3. 大气压力($p_b$)**

大气压力是由地面上几百千米厚的空气层的重量所造成的,大小随纬度、高度和气候等条件而变化,可用气压表测定。通常所说的大气压均指当时当地大气压。在物理学中,把纬度 45°海平面上常年平均气压定义为标准大气压(atm)。

**4. 表压力、真空度及绝对压力**

工质的压力可用压力表测定,由于工程上测压仪表本身常处于大气压力作用下,因此仪表上所指示的压力并非被测系统的真实压力,而是系统压力与当时当地大气压力的某种差值。绝对压力就是指系统的真实压力,用符号 $p$ 表示;表压力是指系统压力高于大气压力时,压力表的读数,用符号 $p_g$ 表示;真空度则是指系统压力低于大气压力时压力表的读数,用符号 $p_v$ 表示。下面以 U 形管压力计测量风机吸入管与排出管的空气压力为例来说明绝对压力、表压力、真空度及大气压力之间的关系,如图 1-1 所示。

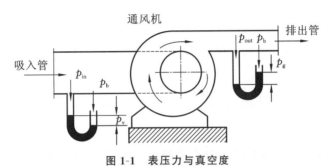

图 1-1 表压力与真空度

显然,在风机入口处有

$$p_{in} = p_b - p_v$$
$$p_v = p_b - p_{in}$$

即真空度等于大气压力减去绝对压力。在风机出口处则有

$$p_{out} = p_b + p_g$$
$$p_g = p_{out} - p_b$$

即表压力等于绝对压力减去大气压力。

图 1-2 绘出上述关系示意图。

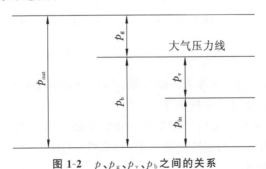

图 1-2 $p$、$p_g$、$p_v$、$p_b$ 之间的关系

注意,只有绝对压力 $p$ 才是状态参数。在计算高压容器的绝对压力时,可将大气压力视为常数,近似取 $p_b = 0.1$ MPa 或 1 atm。但当被测系统压力较小,其数值与大气压力相近时,则不能将大气压力视为常数,而应测定其具体数值。

## 1.1.3 比体积(质量体积)

单位质量的工质所占的体积称为比体积,用符号 $v$ 表示,单位为 m³/kg。其定义式为

$$v = \frac{V}{m}$$

式中　　$m$——系统内工质质量,kg；

　　　　$V$——系统所占体积,m³。

单位体积的工质所具有的质量称为密度,用符号 $\rho$ 表示,单位为 kg/m³。仍然用 $m$ 表示工质质量,用 $V$ 表示工质体积,则有

$$\rho = \frac{m}{V}$$

显然,比体积和密度互为倒数,即

$$\rho v = 1 \quad \text{或} \quad \rho = \frac{1}{v}$$

对于一定的气体工质而言,比体积、密度均为描绘分子聚集疏密程度的物理量,比体积越大,密度越小,表明气体越稀疏。

### 1.1.4　理想气体及其状态方程

**1. 理想气体**

所谓理想气体,是指一种实际上不存在的假想气体,其分子假设为弹性的、不占据体积的质点,分子之间没有作用力。

气体是远离液态的气态工质,当气体处于压力低、温度高、比体积很大的状态时,其分子浓度小,分子本身所占体积与整个气体所占体积相比要小得多,这时,分子间平均距离大,相互间作用力很弱,就很接近理想气体。理想气体实质上是实际气体压力 $p \to 0$、比体积 $v \to \infty$ 的极限状态。实际气体压力越低、温度越高,越接近理想气体。

**2. 理想气体的意义**

(1) 理想气体模型忽略了气体分子之间复杂的作用力,使分析计算成为可能,如能简便地定性分析气体的许多热力学现象,并能简捷地定量计算气体状态参数。

(2) 常温常压下,一些常用的气体工质都非常接近理想气体,如 $O_2$、$N_2$、$CO_2$、$CO$ 及混合物空气、燃气、烟气等；另外,大气或燃气中的水蒸气,因其分压力很小,分子浓度很低,亦可看作理想气体。

**3. 实际气体**

不能当作理想气体的工质,统称为实际气体。实际气体分子运动规律极其复杂,往往要借助由实验得来的图或表才能进行分析计算。

通常,液态工质和离液态不远的气态工质(蒸汽)都必须当作实际气体处理。如蒸汽动力装置中的水蒸气及制冷装置中的制冷剂氨($NH_3$)、氟利昂(R12、R22)等就不能当作理想气体。

**4. 理想气体状态方程式**

我们已知道,气体的状态可以用状态参数来确定,其中温度 $T$、压力 $p$ 和比体积 $v$ 是三个基本状态参数。实践证明,要确定处于平衡状态的气体的状态,并不需要知道全部状态参数的值,而只要知道其中任意两个独立状态参数的值,其他参数可以通过它们之间的关系式计算出来。这些关系式中最为重要的是状态方程式。

早在分子运动学说系统化之前,许多物理学家已对气体的状态变化作了大量的观察和实验研究,建立了一系列的实验定律。克拉贝龙根据前人的大量实验,提出了理想气体在状态变化时三个基本状态参数——绝对压力 $p$、比体积 $v$ 及绝对温度 $T$ 之间的关系式,即理想气体的状态方程式：

$$pv = R_g T \tag{1-1}$$

式中　$p$——气体的绝对压力,Pa;

　　　$v$——气体的比体积,m³/kg;

　　　$T$——气体的热力学温度,K;

　　　$R_g$——气体常数,J/(kg·K)。

式(1-1)是质量为 1 kg 的理想气体的状态方程式,也称克拉贝龙方程式。气体常数 $R_g$ 值,仅取决于气体的性质,与气体的状态无关。几种常见气体的气体常数见表 1-2。

表 1-2　几种常见气体的气体常数

| 物质名称 | 化学式 | 分子量 | $R_g$/[J/(kg·K)] |
|---|---|---|---|
| 氢 | $H_2$ | 2.016 | 4124.0 |
| 氦 | He | 4.003 | 2077.0 |
| 甲烷 | $CH_4$ | 16.043 | 518.3 |
| 氨 | $NH_3$ | 17.031 | 488.2 |
| 水蒸气 | $H_2O$ | 18.015 | 461.5 |
| 氮 | $N_2$ | 28.013 | 296.8 |
| 一氧化碳 | CO | 28.011 | 296.8 |
| 二氧化碳 | $CO_2$ | 44.010 | 188.9 |
| 氧 | $O_2$ | 32.0 | 259.8 |
| 空气 |  | 28.97 | 287.0 |

从式(1-1)可看出,描述气体状态的三个基本状态参数 $p$、$v$、$T$ 中,只要给定其中任意两个,气体的状态就被确定了。若气体的质量为 $m$(单位为 kg),将式(1-1)两边各乘 $m$,则得质量为 $m$ 的理想气体的状态方程式:

$$\begin{cases} mpv = mR_g T \\ pV = mR_g T \end{cases} \tag{1-2}$$

式中　$V$——质量为 $m$ 气体的体积。

式(1-1)中,气体常数 $R_g$ 随气体性质的不同而不同,在应用式(1-1)进行计算时必须预先从资料查得气体的 $R_g$ 值。为避免这一麻烦,可利用通用气体常数 $R$(也称普适气体常数)进行计算。

如果用 $M$ 代表气体的摩尔质量(其单位为千克/摩尔,即 kg/mol),将式(1-1)两边各乘 $M$,则得

$$p(Mv) = (MR_g)T \tag{1-3}$$

式中　$Mv$——气体的摩尔体积,用 $V_m$ 表示;

　　　$MR_g$——1 mol 气体的常数,以 $R$ 表示。

式(1-3)可写成

$$pV_m = RT$$

由阿伏伽德罗定律可知:在同温同压下,1 mol 的任何气体都具有相同的体积。由实验测得,在标准状态(压力为 101325 Pa,温度为 273.15 K)下,1 mol 任何气体的体积都是 22.414×$10^{-3}$ m³。

将标准状态下的压力、温度及摩尔体积代入式(1-3),可得

$$R = \frac{p_0 \cdot V_m}{T_0} = \frac{101325 \text{ Pa} \times 22.414 \times 10^{-3} \text{ m}^3/\text{mol}}{273.15 \text{ K}} = 8.3145 \text{ J/(mol} \cdot \text{K)} \quad (1\text{-}4)$$

由此得出结论,对于各种气体,其 $R$ 值都等于 8.3145 J/(mol·K),它与气体的性质和状态无关,故称 $R$ 为通用气体常数。

由于 $MR_g = R$,可得

$$R_g = \frac{R}{M} = \frac{8314.5}{M_r}$$

由上式可知,只要知道气体的摩尔质量 $M$(1 mol 物质的质量,若以 g/mol 为单位,在数值上恰好等于该物质的相对分子质量 $M_r$),就可以由通用气体常数 $R$ 求得气体常数 $R_g$。所以气体的物质的量为 $n$(物质的量 $n$ 以前习惯上称为摩尔数)的理想气体状态方程可写成

$$pV = nRT \quad (1\text{-}5)$$

式中　$V$——物质的量为 $n$ 的气体所占的体积,单位是 $10^{-3}$ m³。

式(1-1)、式(1-2)以及式(1-5)都是理想气体状态方程式,分别描述了 1 kg、$m$ kg 和 $n$ mol 气体状态变化的规律。

## 1.2　船舶动力装置中压力和温度的测量

动力装置中工质的状态可以用压力和温度来表示,所以在运行管理中各种机械设备是否正常工作,通常可通过测量工质的压力和温度来进行判断。目前比较先进的船舶是将机舱主、辅机中工质的各种压力和温度用压力表和温度表集中在机舱的集中操纵室的仪表板上反映,因此压力和温度的测量是十分重要的。本节主要介绍近代船舶动力装置中常用的几种测压仪表和测温仪表。

### 1.2.1　测压仪表

**1. 弹簧管式压力表**

这是一种最普通的测压仪表,其工作原理如图 1-3 所示。它是将一根扁圆形截面的管子,弯成圆弧形,管子 $B$ 端封闭而自 $A$ 端通入被测工质。如将 $A$ 端固定,当弹簧管内感受到被测工质的压力时,其自由端 $B$ 就会发生位移。当被测工质的压力大于大气压时,$B$ 移到 $B'$;而当工质压力小于大气压力时,$B$ 移到 $B''$。管内压力与大气压力相差越大,位移量也就越大。如果采用一扇形齿轮式杠杆传动系统,就可将此位移转变成指针的转角。而在指针的盘面上标上适当的刻度,指针就可以指出压力(或真空压力)的大小。图 1-4 为弹簧管式压力表的结构图。

改变扁圆形管的尺度和厚薄,就可以获得不同的测压范围。这种压力计的量程可以达到 $0 \sim 10000 \times 10^5$ Pa。真空压力计的刻度为 $0 \sim 0.6 \times 10^5$ Pa。

**2. U 形液柱式压力表**

这类压力表可用来测量从 $5 \sim 1 \times 10^4$ Pa 的压力或达 $1 \times 10^5$ Pa 的真空压力,因此船上常用其来测量压力较小的工质压力,例如柴油机扫气压力、锅炉鼓风机的风压等。

U 形压力表的构造如图 1-5 所示。它有一根 U 形玻璃管,管内装有液体(根据所测压力的高低,采用水银、油或水)。此液体同时起着两个作用:一是使处于不同压力下的工质间隔开来;二是平衡被测压力,并以其液位差来表示被测压力的数值。如将被测工质与 U 形管一端

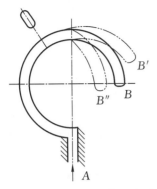

图 1-3 弹簧管式压力表工作原理

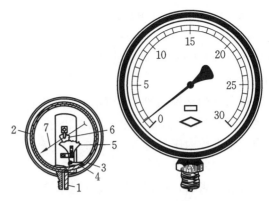

图 1-4 弹簧管式压力表的结构图

1—被测工质的接头；2—扁圆形截面管；3—自由端；
4—传动杆；5—扇形齿轮；6—小齿轮；7—指针

接通,而另一端通大气,则两边管内的液位差即反映被测工质的压力与大气压力之差。在管间标以适当的刻度即可测出被测工质的表压力。

**3. 电触点式压力表**

在现代船舶动力装置中,为了实现自动化,工质的压力除了能随时目测观察外,还要求能根据压力的高低进行自动调节,使压力稳定在某一范围之内。为此,要求测压计能传送一定的信号。最简单的一种就是电触点式压力表。

图 1-6 为电触点式压力表的构造示意图。它是在弹簧管式压力表上加装了高低限触点。当压力降低到低限时,压力表指针上所附的接触器就与低值限定器接触,而当压力达到高限时,则指针上的接触器与高值限定器接触,从而使相应的控制电路起作用,并通过指示灯显示出来或蜂鸣器报警。其限定值可根据需要加以调整。

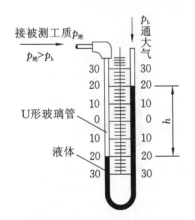

图 1-5 U 形液柱式压力表

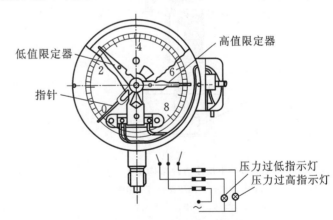

图 1-6 电触点式压力表

**4. 平均压力计和最高压力计**

这类压力计是一种专用仪表,在船上通常用来测量柴油机汽缸在一定时期内的平均压力和最高压力。

平均压力计的形式很多,但其基本原理相似。图 1-7 所示为一种常见的平均压力计的结构图。它主要由接头 1、测压器 3 和指示仪表 10 等所组成。利用接头 1 可以将平均压力计装接在柴油机汽缸的测压接头(通称示功阀)上。汽缸内压力脉动的燃气通过接头 1 并经过滤后进入测压器3的气室,在这里扩散均衡,然后进入装在气室内的毛细管,使脉动压力再一次受到阻尼后进入指示仪表10。这样,便可测得汽缸中的燃气在测量期间内的平均压力,该值由指示仪表10的指针示出。指示仪表10一般为弹簧式压力表。可按所需的测量范围选用适当量程的压力表。

最高压力计的结构如图1-8所示。它主要由接头(连接螺母1、端接头2和转动手轮10)、止回装置(止回阀体3、阀座4、止回阀5和衬套6)和指示仪表11等所组成。当止回阀5的下腔内压力大于上腔内压力时,止回阀5就打开。当下腔内的压力下降时,止回阀5就关闭,使上腔内得以保持所测得的最大压力。为了消除进入上腔中具有最大压力值的燃气的高温和脉动对指示仪表的影响,让高压燃气先通过节流圈7和蛇形管8,然后作用到指示仪表11上,使指针指示最高压力值。指示仪表11也是一只普通的压力表。

平均压力计和最高压力计所测得的数据,不仅可以用来判断柴油机各缸的负荷是否均匀,还可用来分析柴油机的工作情况。

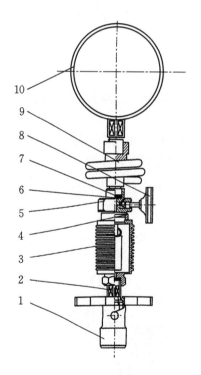

图1-7 平均压力计结构图

1—接头;2—滤网;3—测压器;4,7—垫圈;
5—放气阀;6—通道;8—手轮;
9—蛇形管;10—指示仪表

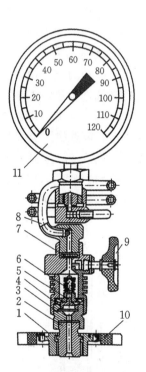

图1-8 最高压力计结构

1—连接螺母;2—端接头;3—止回阀体;4—阀座;
5—止回阀;6—衬套;7—节流圈;8—蛇形管;
9—放气阀;10—转动手轮;11—指示仪表

### 1.2.2 测温仪表

**1. 玻璃管液体温度计**

玻璃管液体温度计是利用液体在玻璃管内热胀冷缩的原理制成的。玻璃管下部有一小球与玻璃管相通,内部充入一定数量的液体,当温度变化时,因热胀冷缩液柱在玻璃管上的高度发生变化,从而能指示温度的高低。船上使用的玻璃管液体温度计常用水银和酒精液体,称为水银温度计和酒精温度计。

水银温度计的适用量程是-30～700 ℃,而在0～200 ℃的区域内使用效果最好。酒精温度计的适用量程是-100～75 ℃,所以用它来测量较低的温度。为了便于观察,酒精液体常染成红色或蓝色。

玻璃管液体温度计通常只能在被测工质处就地测量温度。

**2. 压力表式温度计**

压力表式温度计实际上就是由弹簧管式压力表和测温感受件(温包)所组成的温度计。它可以在一定的距离内测量温度。图1-9所示为其构造示意图。它具有一个专门的温包,用毛细管与压力表接通而构成一密闭系统,系统中充满液体(视所测温度范围可采用水银或二甲苯,也有充入惰性气体或饱和液体和气体的)。当温度升高时,温包内的液体发生膨胀。由于系统是密闭的,因此液体膨胀时就产生一定的压力,温度越高,其膨胀所产生的压力就越大,只要将压力表盘面的刻度分成相应的温度等份,即可反映被测工质的温度值。

这类温度计,充水银的适用量程为-30～550 ℃,充二甲苯的适用量程为-40～200 ℃。毛细管的最大长度为20～22 m。根据仪表板到被测温度点的距离,出厂时毛细管有几种不同长度的规格。

**3. 热电偶温度计**

这类温度计可以远距离遥测温度,在船上通常用来测量柴油机各缸的排气温度,并在操作台上设有切换开关,以便用一个表头可以读取每一缸的排气温度。

图1-10为热电偶温度计的构造外形和原理图。它的测温感受件是用两种不同的金属丝(例如铜-康铜、镍铬-镍或铂铑-铂等)接成的热电偶。热电偶的两端用引线接到一个毫伏计上构成一个回路。当此回路处于相同的温度下时,即各处都是环境温度时,回路中没有电流流通,毫伏计指针不动。当热接点感受的温度升高而冷接点仍为环境温度时,冷、热接点处的电势就会不一样,电流就会从高电势流向低电势,毫伏计上的指针就会移动。冷、热接点间的温差越大,电势差也就越大,电流就会越强。毫伏计上的刻度为温度刻度,这样就可指示温度值。

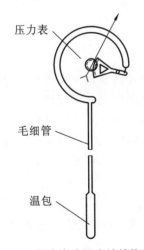

图1-9 压力表式温度计的构造

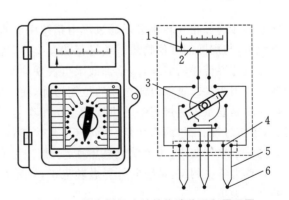

图1-10 热电偶温度计的构造外形和原理图

1—温度指针;2—表盘;3—切换开关旋钮;
4—冷接点;5—热电偶;6—热接点

这类温度计由于测量的温度是冷、热接点的温差,所以要精确地测量温度,必须使冷接点保持恒温(如 0 ℃或 15 ℃等)。

**4. 电阻温度计**

这也是一种可以遥测温度的温度计,常被用在船舶的集中仪表板上。

金属的电阻值会随温度的变化而变化。当温度升高时,金属的电阻变大。电阻温度计的感受件就是一个由金属丝绕成的电阻。其测量仪表是能反映电阻变化的特殊电工仪表,称为比率计。它的外形与毫伏计相仿,被测工质的温度可直接在比率计上读得。

工业用铂电阻温度计如图 1-11 所示。铂电阻温度计可以较为准确地测量 100~500 ℃的温度。低于 100 ℃的温度可用铜电阻温度计测量。

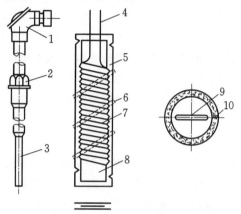

图 1-11 铂电阻温度计

1—头部;2—螺栓接口;3—保护管;4—引出银线;5—保护用云母片;
6—绑扎用银带;7—铂丝;8—云母片骨架;9—铂电阻线圈整体;10—保护管

## 1.3 功和热量

### 1.3.1 功

能量的传递和相互转化必须通过热力系统中工质的状态变化才能实现。工质在它的状态变化过程中,与周围的其他物质系统进行热量交换,也产生功交换的问题。工程热力学中把功定义为通过边界传递的能量,其全部效果可表现为举起重物。所谓"举起重物",并非指一定要举起重物。因为举起重物时使重物的位能增加,而广义上举起重物是指转变为机械能。由此,可以认为功是能量传递过程中的机械能。功用符号 $W$ 表示。功的数值不仅决定工质的初态和终态,还与过程有关,因而功是过程量,不是状态参数。

我国法定单位制中,功的单位是焦耳(J)或千焦耳(kJ)。

工程热力学中约定:系统向外界做功为正,外界对系统做功为负,即工质膨胀做功为正,工质压缩做功为负。

系统在单位时间内所做的功称为功率,单位为瓦(W)或千瓦(kW);在 1 h 内所做的功称为千瓦·时(kW·h)。

$$1 \text{ W}=1 \text{ J/s}; \quad 1 \text{ kW}=1 \text{ kJ/s}$$
$$1 \text{ kW·h}=1 \text{ kJ/s}\times 3600 \text{ s}=3600 \text{ kJ}$$

### 1.3.2 热量

当两个温度不同的物体相互接触时,两物体通过接触表面进行能量交换,最终效果是一股净能流从高温物体流向低温物体。工程热力学中把依靠温差并通过边界传递的能量称为热量。热量与热能不同,热量不是状态参数,它是系统在过程中由于温差而通过边界传递的能量,它不仅与过程初、终态有关,还与过程如何进行密切相关;热能则是物系热运动形态的反映,仅取决于状态,是状态参数。

热量用符号 $Q$ 表示,其单位是焦耳,用 J 表示,工程上常用千焦(kJ)表示,1 kJ＝1000 J。

工程热力学上约定:工质从外界吸热,热量为正;工质向外界放热,热量为负。

功和热量都不是状态参数,它们都是过程量。但功与热量是本质上不同的两种能量形态,前者是与宏观整体的运动形态相关的能量;后者是与杂乱运动相联系的能量。因而,由功转换成热量是无条件的;反之,是有条件的,必伴随某种补偿过程。

### 1.3.3 热功当量

单位热量所相当的功称为热功当量,用符号 $J$ 表示,数学表达式为

$$W = JQ$$

在国际单位制中,功和热量单位均为 kJ,故有

$$J = \frac{W}{Q} = 1 \text{ kJ/kJ}$$

在工程制中,功的单位为 kgf·m,热量单位为 kcal,故有

$$J = \frac{W}{Q} = 427 \text{ kgf·m/kcal}$$

工程上常用 kW·h(千瓦·时)和 PS·h(马力·时)作为功的度量单位,它们与 kJ、kcal 之间关系如下:

$$1 \text{ kW·h} = 3600 \text{ kJ} = 860 \text{ kcal}$$
$$1 \text{ PS·h} = 2646 \text{ kJ} = 632 \text{ kcal}$$

### 1.3.4 功热转换定律

**1. 热力学第一定律**

热力学第一定律是能量守恒与转换定律在热现象中的应用。能量守恒与转换定律是自然界的基本规律之一,它指出:自然界中一切物质都具有能量,能量不可能被创造,也不可能被消灭;但能量可以从一种形态转变为另一种形态;在能量转化的过程中,总能量保持不变。热力学第一定律指出了热能可与其他形态的能,诸如机械能、化学能等相互转化并保持总能量守恒。工程热力学主要研究热能和机械能之间的相互转化与总能量守恒问题。

热力学第一定律可表述为:输入系统的能量－输出系统的能量＝系统贮存能量的变化。

**2. 热力学第二定律**

热力学第一定律是从量的角度阐明能量传递和转化的规律,热力学第二定律则是从质的角度揭示能量传递和转化的规律。热力学第二定律实质上是对热力学第一定律的补充,它从质的角度揭示了能量传递和转化的方向、条件及限度,其中,过程进行的方向是最根本的内容。

热力学第二定律的表述有二种:开尔文的说法是"不可能制造只从一个热源取得热量,使

之完全变成机械能而不引起其他变化的循环发动机";克劳休斯的说法是"热不可能自发地、不付代价地从低温物体传到高温物体"。

### 1.3.5 功热转换装置及其效率

把热能转化为机械能的整套设备称为热能动力装置。至今,热力工程所利用的热能主要来自矿物燃料所蕴藏的化学能。燃料在适当的燃烧设备中燃烧并产生热能,在热机中再将热能转变为机械能。热能动力装置可分为两大类:蒸汽动力装置和燃气动力装置。前者如火力发电厂的蒸汽动力装置及原子能动力装置等;后者如内燃机、燃气轮机装置及喷气发动机等。制冷装置、热泵和空气分离装置等原则上属于机械能转换为热能的设备,在热力学分析上与热能动力装置有很多相似的地方。

图 1-12 所示为蒸汽动力装置系统简图。它是由锅炉、汽轮机、冷凝器、泵等组成的热力装置。燃料在锅炉中燃烧,把物质的化学能转变为热能,锅炉沸水管内的水吸热后变为蒸汽,并在过热器内过热,成为过热蒸汽。此时蒸汽的温度及压力比外界介质(空气)的温度及压力高,蒸汽具有做功的能力。它被导入汽轮机后,通过喷管,由于膨胀而压力降低、速度增大,故具有一定动能的蒸汽推动叶片,使轴转动做功。做功后的排汽(又称为乏汽)从汽轮机进入冷凝器,被冷却水冷却,凝结成水,又由泵打入锅炉内加热。如此不断循环,不断产生蒸汽,汽轮机不断对外做功。

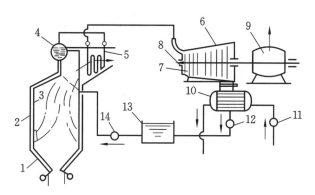

图 1-12 蒸汽动力装置系统简图
1—锅炉;2—炉墙;3—沸水管;4—汽水筒;5—过热器;6—汽轮机;7—叶轮;8—轴;
9—发电机;10—冷凝器;11—冷却水泵;12—冷凝水泵;13—供水箱;14—给水泵

热能动力装置从原理上可进一步抽象为图 1-13(a)所示的形式。其中:$T_{r_1}$ 表示提供热量的热源;$T_{r_2}$ 表示吸收工质排出热量的低温热源(或称冷源);E 表示热机装置,工质在其中循环变化,即吸热、膨胀、排热,把热能不断转换成机械能。

制冷装置的目的是把低温物体的热量向高温物体转移,因此需要外界输入功。热泵是从低温物体吸热,向高温物体输送热量的装置,其原理与制冷装置相同。上述两种装置工作原理可抽象为图 1-13(b)所示的形式。以制冷装置工作过程(见图 1-14)为例,工质在压缩机中被压缩,其压力、温度升高,接着工质在冷凝器中冷凝;然后,它通过节流阀,其温度降低到冷藏室温度以下;最后,它在冷藏室中吸热汽化,返回压缩机完成循环。如同热能动力装置一样,工质周而复始地吸热、压缩、放热,将热能从低温物体传向高温物体。

为方便起见,下面的分析都考虑 1 kg 工质,且所有功量和热量均取绝对值,凡与高温热源相关的量采用脚标1,凡与低温热源相关的量采用脚标2。

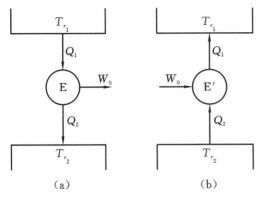
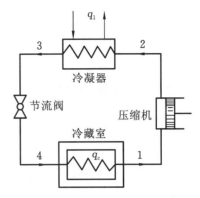

图 1-13 热能动力装置抽象图　　　　图 1-14 制冷装置工作过程示意图

**1. 热机循环及热效率**

1) 热机循环

将热能转换为机械能的循环称为热机循环。如图 1-15 所示,它由于在状态坐标图上沿正时针方向变化,故又称为正循环。

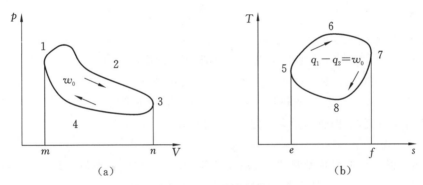

图 1-15 正卡诺循环

$p$-$V$ 图上,膨胀线 123 高于压缩线 341,输出循环净功为

$$w_0 = w_{ex}(膨胀功) - w_{com}(压缩功) = 面积_{12341}$$

$T$-$s$ 图($s$ 为比熵)上,吸热线 567 高于放热线 785,吸收循环净热量为

$$q_0 = 吸热量 - 放热量 = q_1 - q_2 = 面积_{56785}$$

由热力学第一定律可知:

$$q_0 = q_1 - q_2 = \Delta u + w_0$$

因为循环的内能变化 $\Delta u = 0$,所以有

$$w_0 = q_0 = q_1 - q_2$$

可见,热机循环由高温热源吸热 $q_1$,向低温热源放热 $q_2$,并将净热量 $q_0 = q_1 - q_2$ 转化为净功 $w_0$ 对外输出,从而达到将热能转换为机械能的目的。

2) 热效率 $\eta_t$

热效率是热机循环的经济指标,按照公式"经济指标 = $\dfrac{得到的收益}{花费的代价}$",有

$$\eta_t = \frac{w_0}{q_1} = \frac{q_1 - q_2}{q_1} = 1 - \frac{q_2}{q_1}$$

显然，$0 < \eta_t < 1$。

**2. 制冷循环及制冷系数**

1) 制冷循环

将热量从低温物体传向高温物体的循环称为制冷循环，其目的是将热量从低温物体取出，使其获得并保持低温。如图1-16所示，它由于在状态坐标图上沿逆时针方向变化，故又称为逆循环。

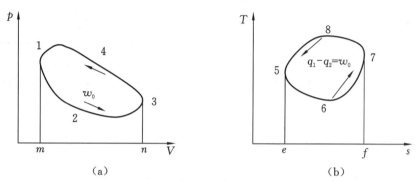

图 1-16 逆卡诺循环

$p$-$V$ 图上，膨胀线 123 低于压缩线 341，消耗循环净功为

$$w_0 = 压缩功 - 膨胀功 = 面积_{12341}$$

$T$-$s$ 图上，吸热线 567 低于放热线 785，循环净放热量为

$$q_0 = 放热量 - 吸热量 = q_1 - q_2 = 面积_{56785}$$

逆循环内能不变，根据热力学第一定律，同样可得：

$$q_0 = w_0 = q_1 - q_2$$

可见，制冷循环从低温热源吸热 $q_2$，消耗循环净功 $w_0$ 转化为净放热量 $q_0$，并将 $q_1 = q_2 + q_0$ 向高温热源放出。一般低温热源即制冷室，高温热源即环境，这样就达到了制冷的目的。

2) 制冷系数 $\varepsilon$

制冷系数是制冷循环的经济指标，按照公式"经济指标 = $\dfrac{得到的收益}{花费的代价}$"，有

$$\varepsilon = \frac{q_2}{w_0} = \frac{q_2}{q_1 - q_2}$$

显然，$\varepsilon > 0$，实际制冷系数一般大于 1。

## 1.4 水蒸气与湿空气

### 1.4.1 水蒸气的形成和性质

在船上，除空气外，水蒸气也是常用的工质。锅炉水被加热而形成水蒸气，可用于推动蒸汽机或汽轮机进行工作，也可用来加热水、燃油及烧饭。所以我们需要对水蒸气是如何形成的以及它的一些基本特性有所了解。

众所周知，水在 1 atm（约等于 $10^5$ Pa）下被加热到 100 ℃时就开始沸腾。如果继续加热，水会逐渐减少而变成蒸汽，这个过程称为汽化。当水没有完全变成水蒸气以前，无论是水还是

水蒸气,其温度均保持 100 ℃不变。但是,当压力变化时,水的沸腾温度也随之变化。例如当压力由 $1\times10^5$ Pa 增加到 $2\times10^5$ Pa 时,其沸腾温度就由 100 ℃上升到 120 ℃,即水要在 120 ℃时才开始沸腾而变成水蒸气,这时蒸汽温度亦为 120 ℃。在不同压力下水开始沸腾的温度称为该压力下水的饱和温度 $t_s$。显然,当水处于 $2\times10^5$ Pa 压力下时,如果水的温度为 100 ℃,它就不会沸腾。但是如果将其压力降低到 $1\times10^5$ Pa,水又立即沸腾。我们称此时的压力为该温度下水的饱和压力。

为了进一步分析水变成水蒸气的汽化过程,图 1-17 给出了在一个定压容器中 1 kg 水变成蒸汽的过程示意图。在定压容器中有 $p$ 等于常数的砝码压在 1 kg 水之上(见图 1-17(a)),这时水的比体积为 $v_0$,温度为 $t$,此时 $t<t_s$。如果在容器外加热,水的温度开始升高,比体积也有微小的增加。当温度达到饱和温度 $t_s$ 即 $t=t_s$(见图 1-17(b))时,水的比体积为 $v'$,水开始沸腾汽化。

继续加热,如图 1-17(c)所示,这时有部分水已经变为蒸汽,但仍有部分水保持不变。它们的温度仍为 $t_s$。直到水全部变成蒸汽,这时的比体积为 $v''$,但温度仍为 $t_s$,如图 1-17(d)所示。如果再继续加热,那么蒸汽的温度开始升高,比体积也继续增加。

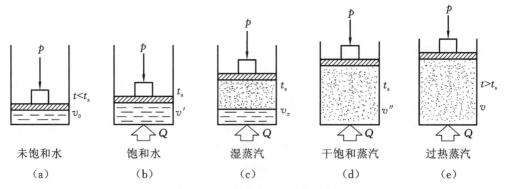

图 1-17 水在定压下的汽化过程

以上的情况可以绘成一条温度随加热量变化的曲线,如图 1-18 所示,图中 $a$、$b$、$c$、$d$、$e$ 各点对应于图 1-17 中各分图情况。

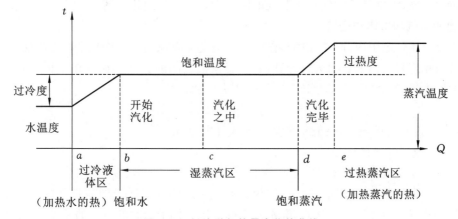

图 1-18 温度随加热量变化的曲线

$a$ 点时水温低于饱和温度的数值称为过冷度,这时所加入的热量使水温升高,而过冷度则减小。当达到 $b$ 点时,水达到饱和状态,这时的水称为"饱和水"。如果再继续加热,水就逐渐汽化,其温度不变直到 $d$ 点,即汽化完毕,这时的蒸汽称为"饱和蒸汽"。从 $b$ 点开始到 $d$ 点为止向水中加入的热量是使水汽化的热,称为"汽化潜热"。处在这一区间的是饱和水和饱和蒸汽的混合物,称为"湿蒸汽"。如果在 $c$ 点湿蒸汽中含有 60% 的饱和蒸汽与 40% 的饱和水,那么我们称这时的湿蒸汽的干度 $X=0.6$。当达到 $d$ 点后,继续加热,蒸汽干度升高,这时的蒸汽称为"过热蒸汽",过热蒸汽的温度比该压力下的饱和温度所高出的数值称为"过热度"。

水蒸气变为水的过程称为凝结,它与以上所分析的汽化过程正好相反。蒸汽在一定压力下凝结时一定要放出相当于汽化潜热的那一部分热量以后才能转变成水。

实验表明,在一定压力下将某一过冷度的水加热使之变为具有一定过热度的蒸汽,汽化潜热占有很大的比例。例如在 $1×10^5$ Pa 压力下使 1 kg 水温度升高 1 ℃ 所需的热量约为 4.2 kJ,使 1 kg 的饱和蒸汽温度升高 1 ℃ 所需的热量约为 1.89 kJ,而要使 1 kg 饱和水变成 1 kg 饱和蒸汽所需的汽化潜热则约为 2258 kJ。为此,船上用蒸汽加热水、油、烧饭以及作为暖气时,一定要使蒸汽全部凝结为水以放出其汽化潜热。而当蒸汽机或汽轮机以蒸汽作为工质工作时,由于机器中的工质如变成水就会损坏机器而使之不能连接工作,因此自蒸汽机或汽轮机中排出的一定是低压的蒸汽,该蒸汽进入冷凝器后被海水冷却而凝结成水,它的汽化潜热则被海水带走,所以损失的热量是相当大的。

### 1.4.2 湿空气

湿空气是水蒸气和干空气的混合物。完全不含水蒸气的空气称为干空气,干空气本身是氮、氧及少量其他气体的混合物,其成分比较稳定。大气中的空气或多或少都含有水蒸气,因此人们在日常生活及工程上遇到的都是湿空气。受地理位置、季节、气候等条件影响,大气成分有些变动。一般干空气各组分的标准体积分数见表 1-3。

表 1-3 干空气各组分的标准体积分数

| $N_2$ | $O_2$ | Ar | $CO_2$ | 其他 |
| --- | --- | --- | --- | --- |
| 0.78084 | 0.209476 | 0.00934 | 0.000314 | 0.0003 |

在空气调节等问题中,空气中的水蒸气起着特殊作用,所以我们必须研究气体和蒸汽的混合物的热力性质,特别是干空气和水蒸气的混合物即湿空气的热力性质。

**1. 饱和空气和未饱和空气**

在工程应用的范围内,湿空气中蒸汽的分压力通常都很低,可当作理想气体处理,因而湿空气就可当作理想气体混合物进行计算,其状态参数之间的关系遵循理想气体的规律,例如,湿空气的压力等于干空气分压力和水蒸气分压力之和,即

$$p = p_v + p_a$$

式中 $p$——湿空气的压力,一般也就是当地大气压力 $p_b$;

$p_v$——水蒸气的分压力;

$p_a$——干空气的分压力。

湿空气又是特殊的理想混合气体,因为湿空气中水蒸气在适当的条件下将发生相变。湿空气中的水蒸气通常处于过热状态,即水蒸气的分压力低于当时湿空气的温度(也是水蒸气温度)所对应的水蒸气饱和压力(见图 1-19 中状态 $a$)。这种湿空气称为未饱和空气,这是干空

气和过热蒸汽的混合物。若湿空气中水蒸气处于饱和状态,这时的湿空气便称为饱和空气(见图 1-19 中状态 $b$)。根据水蒸气饱和概念可以知道,未饱和空气可以接纳再多一些的水蒸气,当湿空气达到饱和时其中水蒸气含量达到最大值,如再加入水蒸气,就会凝结出水珠来,唯有提高空气温度,使对应的水蒸气饱和压力提高,才能进一步接纳水蒸气。

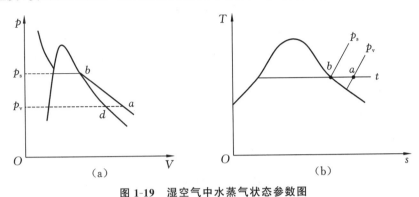

图 1-19 湿空气中水蒸气状态参数图

**2. 绝对湿度和相对湿度**

湿空气中水蒸气的含量用绝对湿度来表示,其符号为 $\rho_v$。所谓绝对湿度,是指单位体积 (1 m³) 的湿空气中所含水蒸气的质量。由于湿空气中水蒸气具有与湿空气同样的体积,故绝对湿度就是湿空气中水蒸气的密度,即

$$\rho_v = \frac{m_v}{V} = \frac{1}{v_v}$$

对于饱和空气,因其中的水蒸气处于饱和状态,故其绝对湿度为其干饱和蒸汽的密度,即

$$\rho_v'' = \frac{1}{v_v''}$$

绝对湿度并不能完全说明湿空气的潮湿程度和吸湿能力。因为同样的绝对湿度下,若空气温度不同,湿空气吸湿能力也不同。例如,若 $\rho_v = 0.009 \text{ kg/m}^3$,当湿空气温度为 25 ℃时,因其饱和密度 $\rho_v'' = 0.0244 \text{ kg/m}^3$,远大于 $\rho_v$,所以湿空气中水蒸气远未达到饱和状态,空气具有较强的吸湿能力。若空气温度较低,仅 10 ℃,则因该温度所对应的饱和压力和水蒸气饱和密度都较低, $\rho_v'' = 0.0094 \text{ kg/m}^3$,非常接近 $\rho_v$,则空气吸湿能力较小,人们就会感到阴冷潮湿。所以绝对湿度不能完全说明空气的吸湿能力,为此,引入相对湿度的概念。

相对湿度是绝对湿度与相同温度下可能达到的最大绝对湿度(即饱和空气的绝对湿度)的比值,用 $\varphi$ 表示:

$$\varphi = \frac{\rho_v}{\rho_{v,\max}} = \frac{\rho_v}{\rho_v''}$$

当 $\rho_v = 0$ 时, $\varphi = 0$,表明空气中水蒸气含量为零,此时空气为干空气; $\rho_v = \rho_v''$ 时, $\varphi = 1$,此时湿空气为饱和空气。所以相对湿度能表征湿空气距离饱和空气的程度。有时,相对湿度也叫饱和度。

由于湿空气中水蒸气也可用理想气体状态方程计算状态参数,故

$$\varphi = \frac{\rho_v}{\rho_v''} = \frac{p_v/(R_{g,v}T)}{p_s/(R_{g,v}T)} = \frac{p_v}{p_s}$$

式中   $p_s$——$T$ 温度下水蒸气的饱和压力。

由上式可知,相对湿度也可表示成空气中水蒸气分压力($p_v$)与同温度下水蒸气饱和压力($p_s$)的比值。

**3. 露点温度和湿球温度**

如前所述,未饱和湿空气中水蒸气处于过热状态(见图 1-19 中的点 $a$);而在饱和空气中的水蒸气处于饱和蒸汽状态,即处于图 1-19(a)的上平行线上。未饱和空气达到饱和状态可经历不同的途径:在温度不变的情况下,水向空气中蒸发,增加蒸汽分压力,而蒸汽分压力达到该温度相应的饱和压力 $p_s$ 时,即达到饱和空气状态,如图 1-19(b)中的定温过程 $a$—$b$ 所示;在保持湿空气中蒸汽分压力 $p_v$ 不变的情况下,当湿空气温度降到与 $p_v$ 相对应的水蒸气的饱和温度时,空气也达到饱和状态,如图 1-19(a)中等压过程 $a$—$d$ 所示。此时湿空气的温度称为露点温度,用符号 $t_d$ 表示。

通常,相对湿度可由干-湿球温度计(见图 1-20)测量干、湿球温度得到。干-湿球温度计含有两支普通温度计,其中一支的温包直接和湿空气接触,其测得的温度称为干球温度 $t$;另一支的温包则用保持浸润的湿纱布包着,测得的温度称湿球温度。如果流过的空气是未饱和的,那么湿纱布表面的水分就会不断蒸发,水蒸发时吸收热量,从而使贴近纱布的一层空气温度降低。当温度降低到一定程度时,气流传给纱布的热量正好等于水蒸发所需的热量,这时温度维持不变,此时的温度就是湿球温度 $t_w$。空气的相对湿度愈小,湿球温度比干球温度就低得愈多。如果空气是饱和的,则由于空气不能接纳更多的蒸汽,故纱布上水分不会蒸发,这时湿球温度和干球温度是相同的。

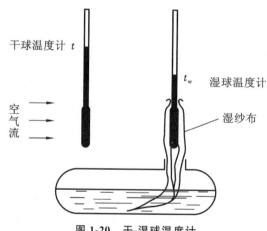

图 1-20　干-湿球温度计

根据对露点温度和湿球温度的讨论,干球温度、湿球温度和露点温度的关系如下:对于未饱和空气($\varphi<1$),$t_d<t_w<t$;对于饱和空气($\varphi=1$),$t_d=t_w=t$。

应该指出,湿球温度并非热力学状态参数,湿球温度计的读数和掠过其上的风速有一定的关系,但在风速大于 2 m/s 且小于 40 m/s 的宽广范围内,湿球温度计的读数变化很小,故工程上可近似用湿球温度作为一种表征湿空气的状态参数。在以干、湿球温度查图表或进行计算求取相对湿度等时,应以通风式干-湿球温度计的读数为准。

远洋船舶上都设有空气调节装置,其主要由过滤器、加热器、冷却器、加湿器和风机等设备构成,如图 1-21 所示。空调装置工作时,先由风机将一部分舱室内的空气(简称回风)和外界新鲜空气(简称新风)混合吸入,这能节省冷量或热量,改善系统经济性。混合风经过滤器除去灰尘。在冬季,其经加热器提高温度,再经加湿器增加相对湿度,然后送入各舱室。在夏季,除

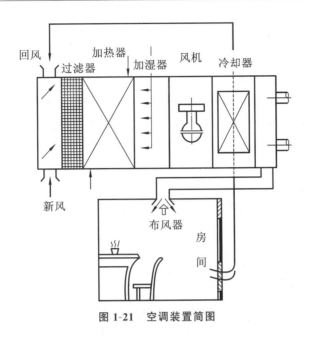

图 1-21 空调装置简图

尘后的混合风则进入壁面温度低于露点温度的冷却器降温去湿,然后送入各舱室。

## 1.5 传热学基础

热力学讨论的是热能与机械能相互转换的规律,而传热学研究的是热量传递的规律,即热量由高温物体传递给低温物体的规律,这种热量传递的过程通常称为传热过程。

传热是一种极其普遍的自然现象。研究传热问题,对于船舶来讲,有重要的实用意义。研究指出,热传递有三种基本方式,即热传导(也称导热)、热对流和热辐射。换热过程则有三个基本过程,即导热、对流换热和辐射换热。实际的热传递过程都是复合换热过程,是基本传热方式的不同组合。

### 1.5.1 导热

当物体各部分的温度不同时,热量就会自发地从温度较高的部分传递到温度较低的部分。这种不依赖物体各部分的相对位移而在物体内部进行的热量传递叫作导热。只有在固体中,我们才能观察到单纯的导热现象。气体和液体中虽然也有导热现象,但在发生导热的同时,气体或液体各部分由于温度不同而产生流动,因而就产生了物质的位移。所以这里只介绍固体的导热过程。

现以图 1-22 所示的平壁为例来说明影响导热的因素。如果平壁的导热面积是 $F(\text{m}^2)$,两侧表面的温度分别为 $t_1(℃)$ 和 $t_2(℃)(t_1>t_2)$,厚度为 $\delta$,显然,温差 $\Delta t=t_1-t_2$ 和导热面积 $F$ 越大,厚度 $\delta$ 越小时,所传导的热量必定越多。但是在 $\Delta t$、$F$ 和 $\delta$ 相同的情况下,各种材料所传导的热量并不相同。通过平壁的导热量 $Q(\text{kJ/h})$ 可以写成:

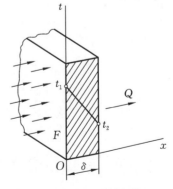

图 1-22 单层平壁的导热

$$Q = \lambda \frac{\Delta t}{\delta} F$$

式中,λ 称为材料的导热系数。不同的物质具有不同的 λ 值。λ 愈大,表示导热性能愈好。金属的 λ 值最大,液体次之,气体的 λ 值最小。习惯上常把一般温度下导热系数 λ 小于 $0.2\ \mathrm{kJ/(m^2 \cdot h \cdot ℃)}$ 的材料叫作隔热材料(或绝热材料),例如夹有空气层的铝箔隔热结构、玻璃纤维、软木、矿渣棉和聚氯乙烯泡沫塑料等。所以在设备和导管的外部包上绝热材料,就可以使 λ 减小从而减小导热的传热量。

### 1.5.2 对流换热

流体(气体)与固体壁面接触时的换热过程称为对流换热。对流换热时传热量 $Q(\mathrm{kJ/h})$ 与传热(接触)面积 $F$ 和传热温差 $\Delta t$ 之间的关系也可写为

$$Q = \alpha \cdot F \cdot \Delta t$$

式中　$\Delta t$——固体壁面温度与液体或气体温度之差,℃;
　　　$\alpha$——放热系数,$\mathrm{kJ/(m^2 \cdot h \cdot ℃)}$。

放热系数 $\alpha$ 表明对流换热的强烈程度。液体或气体流动时在壁面附近扰动的程度越剧烈,放热系数就越大。液体或气体在壁面附近发生相态变化时,放热系数也较大。

### 1.5.3 辐射换热

辐射换热是靠电磁波中的可见光线和红外线来传递热量的。它不需要冷、热两物体直接接触,即使二者之间是高度真空,只要有温差存在,就能进行辐射换热。例如太阳对地球的热传递就是通过辐射进行的。

任何物体,不论温度高低,都能产生辐射热。物体表面温度越高,辐射的热量越多。当辐射的热量 $Q$ 投射到某一物体(见图1-23)时,其中一部分 $Q_\alpha$ 被吸收,另一部分 $Q_\rho$ 被反射出来,若物体是透明的,则还有一部分 $Q_\tau$ 透射过去。按照能量守恒定律,有

$$Q = Q_\alpha + Q_\rho + Q_\tau$$

或

$$\frac{Q_\alpha}{Q} + \frac{Q_\rho}{Q} + \frac{Q_\tau}{Q} = 1$$

其中,$Q_\alpha/Q$、$Q_\rho/Q$、$Q_\tau/Q$ 分别称为该物体对投入辐射的吸收比、反射比和透射比,记为 $\alpha$、$\rho$ 和 $\tau$。

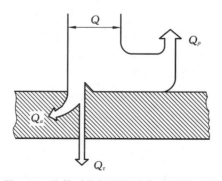

图 1-23　物体对热辐射的吸收、反射和透射

影响物体表面吸收比的因素如下：

(1) 壁面的粗糙程度,壁面越粗糙,对红外线的吸收比越大；

(2) 壁面颜色的深浅,壁面颜色越深,对可见光的吸收比越大。

不同温度的物体,向外辐射可见光线与红外线所传递的热量比例不相同。如在一般工程的高温范围(1000 K)内,主要是由红外线传递热量,所以影响吸收比的主要因素是壁面的粗糙度。这时颜色的深浅对吸收比影响不大。而对阳光来说,太阳表面的温度高达 6000 K,它的红外线与可见光线传递的热量差不多各占一半,这时物体表面的颜色对吸收比的影响增加了。所以,为了削弱对太阳辐射热的吸收,船舶上层建筑和冷藏船船体多漆成白色；而为了增强对太阳辐射热的吸收,太阳能吸收器的表面均为粗糙的黑色物体。

物体之间的相互辐射或吸收,就构成辐射换热过程。高温物体 1 总是辐射出热量而被低温物体 2 所吸收,它们之间辐射换热量可用简化后的公式表示为

$$Q = \alpha_{辐} \cdot F_2 \cdot \Delta t$$

式中　$\alpha_{辐}$——表示辐射换热强弱的辐射放热系数,kJ/(m² · h · ℃)；

　　　$F_2$——物体 2 接受辐射的表面积,m²；

　　　$\Delta t$——物体 1 与物体 2 壁面的温度差,℃。

由以上的分析可知,影响辐射放热系数 $\alpha_{辐}$ 的因素较多。它取决于高温物体的表面温度和低温物体的表面情况等。为了减小辐射传热量,使用遮热板是船上常采用的一种方法。例如,在露天甲板上设置遮阳天棚就可有效地削弱阳光对舱室的辐射热。又如在烧煤锅炉的炉门内装设一块遮热板,可以大大减小炉膛内向炉门的辐射热。

### 1.5.4　传热过程

传热过程是以上三种基本传热方式的复合过程。我们以船用锅炉中的传热过程为例说明。图 1-24 所示为被简化了的锅炉传热过程。热量由炉膛中的高温燃气传给水就是同时含有导热、对流换热和辐射换热三种基本传热方式的传热过程。高温燃气对炉胆壁面的传热包括辐射换热和对流换热两种方式。由于传热的作用,炉胆下壁面温度达到 $t_1$,热量由炉胆的下壁面传向上壁面,其温度为 $t_2$,这时的传热是以导热的方式进行的。热量由上壁面传向水的过程是以对流换热方式进行的。

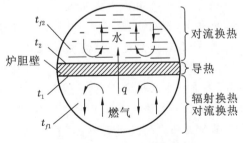

图 1-24　锅炉中的传热过程

传热过程虽然复杂,但分析三种基本传热方式后可以得知,其基本规律是：当热的一方温度越高,冷的一方温度越低,即传热双方的温差越大,传热量就越多。此外,参加传热的面积越大,传热量也越多。所以我们可以结合以上三种传热方式的计算公式将任何两物体之间的传热过程的传热量 $Q$(kJ/h)写成如下形式：

$$Q = K \cdot F \cdot \Delta t$$

式中　$F$——传热面积，$m^2$；

　　　$\Delta t$——传热双方的温差，℃；

　　　$K$——传热系数，$kJ/(m^2 \cdot h \cdot ℃)$。

显然，传热系数 $K$ 表示在传热过程中除了 $\Delta t$、$F$ 以外其他各种因素对传热过程的影响程度。它涵盖了导热系数 $\lambda$、壁厚 $\delta$、对流放热系数 $\alpha$ 以及辐射放热系数 $\alpha_{辐}$ 的全部影响。在某些热交换器，例如燃油加热器、淡水冷却器等的传热过程中，只有导热和对流换热两种传热方式。可见，在工程上并不是所有传热过程都必定包括三种传热方式，而要按具体情况进行分析。

在船舶动力装置中，根据实际情况有时要设法增加传热量，有时又要设法减小传热量。我们应该根据以上分析的各种传热方式的基本原理和相应的公式对具体情况进行具体分析，从而采取合适措施来增加或减小传热量，以满足机械设备运行的要求和提高效率。

# 拓展知识

## 热力学发展简史

火的发明是人类文明史上重要的里程碑，人类从此告别茹毛饮血的原始生活，逐渐走向文明。在古代各民族的语言里，火与热几乎是同义词。热学这门科学就起源于人类对冷与热本质的思考。

18世纪的欧洲，资本主义日益扩张，生产大革命导致对动力机械的需求日益强烈，蒸汽机由此发明。1695年法国人巴本第一个发明了有汽缸有活塞的蒸汽机，随后英国工程师瓦特对蒸汽机进行改造，增添了冷凝器、飞轮与离心节速器，发明了活塞阀，使机器由断续动作改为连续动作，第一部现代蒸汽机问世。

蒸汽机的发明，促进了人们对热学理论的研究，如热机的效率问题、热量与功的关系等，首先发展出热学的一些基本概念。

热学中最核心的概念是温度，它来自日常生活，冷热的感觉靠肢体的触摸。当物体的温度发生变化时，物体的性质（力学、电学、化学性质）会发生变化，物体的状态（固态、液态、气态）也会在一定条件下发生转变（即相变）。这些通称为热现象。

温度的测量需要温度计，历史上，伽利略、波义耳、阿蒙顿、华伦海特等人对此都做出贡献。关于热的本性，当时有两种观点：一种认为热是一种物质，即热质说；另一种认为热是物体粒子的内部运动，代表人物有笛卡儿、胡克、罗蒙诺索夫、伦福德等。他们认为："尽管看不到，也不能否定分子运动是存在的。"随着进一步的研究，人们发现与热质说矛盾的事实越来越多，当能量守恒定律发现后，人们进一步认识到热量实际上是一种能量。

能量守恒定律无疑是19世纪最伟大的发现之一，它不仅适用于无机自然界，也适用于生命过程，是自然界中最为普遍的规律。在历史上能量及其守恒的思想有悠久的渊源，目前科学界公认，能量守恒定律的奠基人是迈耶（1842年）、焦耳（1843年）和亥姆霍兹（1847年）。

德国物理学家迈耶（1814—1878）曾是一位随船医生，在一次驶往印度尼西亚的航行中给生病的船员做手术时，他发现船员静脉中血的颜色要比在德国时看到的鲜红得多，这引起了迈耶的沉思。迈耶从拉瓦锡那里得知，人的体温是靠血液的氧化来维持的。在热带，人体散热少，血液氧化少，故静脉血与动脉血的颜色差别小。他知道，动脉中的血含有许多氧，因而非常鲜红。他认为，食物中含有的化学能，可转化为热能，在热带情况下，机体中燃烧过程减慢，因而留下了较多的氧。迈耶的结论是："因此力（能量）是不灭的，而是可转化的……"

迈耶在 1841 年、1842 年撰文发表了他的观点，在 1845 年的论文中，更明确写道："无不能生有，有不能变无。""在死的或活的自然界中，这个力（能）永远处于循环和转化之中。"1842 年迈耶在《化学与药学年鉴》杂志上发表一篇短文，给出了热功当量值为 365 kgf·m/kcal（合 3.57 J/kcal）。尽管此数值比正确值小了 17%，且文中对如何得来的未作说明，但却比焦耳早了一年，算得上是世界上发表热功当量值的第一篇文章。迈耶在 1845 年自行刊印了一本小册子，对自己的观点作了较详细的说明。从中人们得知，他是根据气体的定体热容和定压热容推算出热功当量的。他的计算方法完全正确，但由于缺乏准确的数据，计算结果的误差很大。

焦耳是英国著名的实验物理学家，家境富裕，16 岁时在著名科学家道尔顿处学习，使他对科学产生浓厚兴趣。当时电机刚出现，焦耳在 1841 年发表文章指出："热量与导体电阻和电流平方成正比。"这就是著名的焦耳-楞次定律。

1845 年，焦耳为测定机械功和热之间的转换关系，设计了各种热功当量实验仪，并反复改进、反复实验。他于 1849 年发表《论热功当量》，1878 年发表《热功当量的新测定》，最后得到热功当量的数值为 423.85 kgf·m/kcal。焦耳测算热功当量用了三十多年，实验了 400 多次，付出大量的辛勤劳动。

亥姆霍兹是德国科学家，他认为，大自然是统一的，自然力（即能量）是守恒的。1847 年，他发表著名论文《论力的守恒》，在此文中亥姆霍兹总结了许多人的工作，一举把能量的概念从机械运动推广到热、电、磁，乃至生命过程，提出了普遍的能量守恒定律，为深入地理解自然界的统一性提供了有力的理论武器。

能量守恒定律这一自然界普遍规律的确立，是许多人共同完成的。除了需要物理学家的严谨外，它还需要与其他学科，特别是生命科学的配合，以开拓广阔的思维，有生物学背景的科学家在当中发挥了不可磨灭的作用。

能量守恒定律与热量是能量中的一种的概念导致热力学第一定律的建立。人们有时说，热力学第一定律就是能量守恒定律。细推敲起来，二者还有些区别。更确切地说，热力学第一定律是能量守恒定律在涉及热现象宏观过程中的具体表述。要将热力学第一定律精确地表述出来，需要使用内能、功和热量的概念。

在实际情况中，并不是所有满足热力学第一定律的过程都能实现，比如热不会自动地由低温物体传向高温物体，热传递过程具有方向性。这就导致了热力学第二定律的出现。克劳修斯、开尔文、玻尔兹曼等科学家对此做出重要贡献。1917 年，能斯特进一步提出"绝对零度是不可能达到的"热力学第三定律。

## 复习思考题

1-1　何谓"气体常数"？试讨论这一概念的具体应用。

1-2　为什么热机效率达不到 100%？它可通过哪些途径来提高？

1-3　试说明船舶管理中与水蒸气和湿空气有关的知识。

1-4　举例说明传热学在船舶上的各种实际应用。

# 第 2 篇　船舶主推进动力装置

# 第 2 章　柴油机的基本知识

## 2.1　柴油机的基本概念

### 2.1.1　热机的概念

热机是指把热能转换成机械能的动力机械。这是一种具有两次能量转换的机械。在该类机械中，燃料在一个特设的装置中燃烧，将燃料的化学能转变为热能以加热工质，然后把工质的热能转变为机械能。根据能量转换方式的不同，热机可分为外燃机和内燃机两大类。柴油机、汽油机、蒸汽机以及蒸汽轮机都是较典型的热机。

### 2.1.2　内燃机与外燃机

内燃机有柴油机、汽油机、燃气轮机等。虽然它们的机械运动形式（往复、回转）不同，但它们有一个相同的特点——燃料在发动机的汽缸内燃烧并直接利用燃料燃烧产生的高温高压燃气在汽缸中膨胀做功，燃料的化学能转变为热能（燃烧）和热能转变为机械能（燃气膨胀）这两次能量转换均发生在汽缸内部，故把此类发动机统称为内燃机。内燃机的类型很多，按所用燃料分，有汽油机、柴油机、煤气机以及双燃料机和多燃料机；按燃料燃烧的方式分，有压燃式内燃机和点燃式内燃机；按完成一个工作循环所需的活塞行程（俗称冲程）数分，有四冲程内燃机和二冲程内燃机；按进气方式分，有增压内燃机和非增压内燃机；等等。

外燃机有蒸汽机和蒸汽轮机等。在这类机械中，燃烧（燃料的化学能转变成热能）发生在汽缸外部（锅炉），燃料在锅炉内燃烧时放出的热能加热水，使水变成蒸汽；而热能转变成机械能发生在汽缸内部，蒸汽被引入汽缸内膨胀做功，推动机械运转。

内燃机由于两次能量转换均发生在汽缸内部，从能量转换的观点看，其能量损失小，具有较高的热效率。另外，内燃机在尺寸和质量等方面也具有明显优势，因而其在与外燃机的竞争中已处于领先地位。而外燃机由于热能需经中间工质（蒸汽）传递，必然存在热损失，故其热效率不高，且整个动力装置十分笨重。在能源问题非常突出的今天，它无法与内燃机竞争，已逐渐在民用船舶动力装置中被取代。

### 2.1.3　柴油机与汽油机

柴油机和汽油机同属内燃机，它们均有区别于外燃机的基本特点，但又都有各自的特点。鉴于它们是目前应用最广的两种机械，故在此进行较详细的对比、分析。

柴油机是一种压缩发火的往复式内燃机。它使用挥发性较差的柴油或劣质燃料油做燃料,采用内部混合法(燃油与空气的混合发生在汽缸内部)形成可燃混合气;缸内燃烧采用压缩式(靠缸内空气压缩形成的高温自行发火)。这种工作特点使柴油机在热机领域具有最高的热效率。柴油机除了经济性好之外,还具有功率范围大、机动性好、尺寸小、质量轻等优点,因而柴油机在工程界应用十分广泛。尤其在船用发动机中,柴油机已经取得了绝对优势地位。其不足之处在于某些部件的工作条件恶劣,存在高温、高压并有冲击性负荷;存在着振动、扭转和噪声。

汽油机是一种点燃发火的往复式内燃机。它使用挥发性好的汽油做燃料,采用外部混合法(汽油与空气在汽缸外部进气管中的汽化器进行混合)形成可燃混合气;缸内燃烧为电点火式(电火花塞点火)。这种工作特点使汽油机不能采用高压缩比,因而汽油机的经济性不能大幅提高,而且汽油机由于汽油的火灾危险性大而不能用作船用发动机,但它广泛应用于运输车辆。

柴油机与汽油机相比除了所用燃料不同外,在结构上的主要差异在于供油系统的不同或者说混合气形成方式的不同,在工作原理上的最大区别在于发火方式的不同,采用压缩发火的点火方式是柴油机不同于其他内燃机的本质特征。表 2-1 为柴油机与汽油机的比较。

表 2-1  柴油机与汽油机的比较

| 项目 | 柴油机 | 汽油机 |
| --- | --- | --- |
| 燃料(燃烧工质) | 柴油或劣质燃油 | 汽油 |
| 点火方式 | 压缩自行燃烧 | 电火花塞点燃 |
| 混合气形成方式 | 汽缸内混合 | 汽缸外混合 |
| 压缩比 | 12~22 | 6~10 |
| 有效热效率 | 0.30~0.55 | 0.15~0.40 |

## 2.2  柴油机的工作原理

### 2.2.1  柴油机工作原理常用术语

**1. 上止点**(T.D.C.)

上止点是活塞在汽缸中运动的最上端位置,也就是活塞离曲轴中心线最远的位置。

**2. 下止点**(B.D.C.)

下止点是活塞在汽缸中运动的最下端位置,也就是活塞离曲轴中心线最近的位置。

**3. 活塞行程**($S$)

活塞行程是活塞从上止点移动到下止点间的直线距离。它等于曲轴曲柄半径 $R$ 的两倍($S=2R$)。活塞移动一个行程,相当于曲轴转动 180°。

**4. 汽缸直径**($D$)

汽缸直径即汽缸的内径,简称缸径。

**5. 压缩室容积**($V_c$)

压缩室容积是指活塞在汽缸内位于上止点时,在活塞顶上方的全部空间容积,如图 2-1 所示。

**6. 汽缸工作容积($V_s$)**

汽缸工作容积是指活塞在汽缸中从上止点移动到下止点所扫过的容积,如图 2-1 所示。

**7. 汽缸总容积($V_a$)**

汽缸总容积是指活塞在汽缸内位于下止点时,活塞顶以上的汽缸全部容积。显然 $V_c$、$V_s$ 和 $V_a$ 之间存在如下关系:

$$V_a = V_s + V_c$$

**8. 压缩比($\varepsilon$)**

压缩比是指汽缸总容积 $V_a$ 与压缩室容积 $V_c$ 之比值,亦称几何压缩比,即

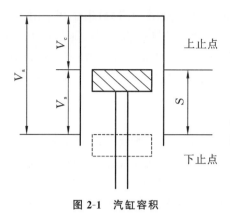

图 2-1 汽缸容积

$$\varepsilon = \frac{V_a}{V_c} = \frac{V_s + V_c}{V_c}$$

压缩比表示缸内工质压缩程度。柴油机压缩比为 12～22。中、高速机压缩比高于低速机。

### 2.2.2 四冲程柴油机工作原理

柴油机的基本工作原理是采用压缩发火方式使燃料在缸内燃烧,以高温高压的燃气作为工质,工质在汽缸中因膨胀而推动活塞做往复运动,并通过活塞-连杆-曲柄机构将往复运动转变为曲轴的回转运动,从而带动工作机械。要使燃油在柴油机汽缸中燃烧,必须先送入空气,然后将空气压缩使其达到一定的高温,再将燃油喷入汽缸才能使燃油自燃。燃油燃烧后放出大量的热,使燃气的压力、温度进一步急剧升高。这些燃气在汽缸中膨胀而推动活塞做功。膨胀终了的燃气已失去了在汽缸中继续做功的能力,必须将它排出,再使新空气进入汽缸。

综上所述,燃油在柴油机汽缸中燃烧做功,必须完成进气、压缩、燃烧、膨胀和排气五个过程。包括进气、压缩、燃烧、膨胀和排气等过程的周而复始的循环叫作工作循环。

活塞从上止点行至下止点(或相反)所走过的行程叫作冲程。所谓四冲程柴油机,就是把一个循环的五个过程即进气、压缩、燃烧、膨胀和排气分别在四个冲程内完成的柴油机。图 2-2 中的四个分图分别表示柴油机工作循环中五个过程的进行情况以及活塞、曲轴、气阀等部件的有关动作位置。

**1. 进气行程**

活塞从上止点下行,进气阀 a 已打开。由于活塞下行的抽吸作用,缸内压力下降,新鲜空气经进气阀被吸入汽缸。为了能充入更多的空气,进气阀一般在活塞到达上止点前提前开启(曲柄位于点 1),在活塞到达下止点后延迟关闭(曲柄位于点 2),曲轴转角 $\varphi_{1\text{-}2}$(图中阴影线所占的角度)表示进气持续角 $\Delta\theta_i$,为 220°～250°。

**2. 压缩行程**

活塞从下止点向上运动,自进气阀关闭(曲柄位于点 2)才开始压缩,直至活塞到达上止点(点 3)为止。进气行程吸入的新空气经压缩后,压力升高到 3～6 MPa,温度升高到 600～700 ℃(燃油的自燃温度为 210～270 ℃)。在压缩行程的后期由喷油器 c 喷入汽缸的燃油与高温空气混合、加热,并自行燃烧。曲轴转角 $\varphi_{2\text{-}3}$ 表示压缩过程,为 140°～160°。

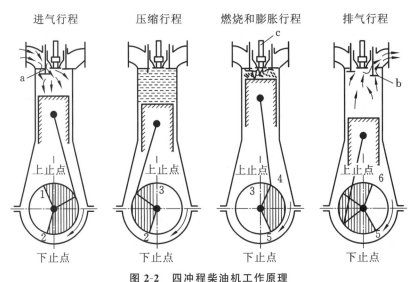

图 2-2 四冲程柴油机工作原理

### 3. 燃烧和膨胀行程

活塞在上止点附近，燃油强烈燃烧，使汽缸内的压力和温度急剧升高，最高压力达 5～8 MPa，甚至高达 15 MPa 以上，温度为 1400～1800 ℃ 或更高些。将燃烧产生的最高压力称为最高爆发压力。高温高压的燃气膨胀推动活塞下行而做功。由于汽缸容积逐渐增大，缸内压力下降，在上止点后某一时刻(点 4)燃烧基本完成。燃气膨胀持续到排气阀开启(点 5)时结束，膨胀终了时汽缸内压力为 250～450 kPa，温度为 600～700 ℃。与进气阀相同，排气阀 b 总是在下止点前(点 5)提早开启。曲轴转角 $\varphi_{3\text{-}4\text{-}5}$ 表示燃烧和膨胀过程。

### 4. 排气行程

在上一行程末，排气阀开启时活塞尚在下行，废气靠汽缸内外压力差经排气阀排出。当活塞由下止点上行时，废气被活塞推出汽缸，排气阀一直到活塞到达上止点之后(点 6)才关闭。曲轴转角 $\varphi_{5\text{-}6}$ 表示排气过程，为 230°～260°。

在活塞到达上止点之前，排气阀还未关闭，进气阀再次打开，又重复第一行程，开始第二个工作循环，以维持柴油机的持续稳定运转。

综上所述，四冲程柴油机每完成一个循环，活塞要上下运动共四次，曲轴要回转两圈，凸轮轴要回转一圈。在每个工作循环中，只有燃烧和膨胀行程是做功的。这个行程完成了两次能量转换，活塞的往复运动通过连杆-曲柄机构变成曲轴的回转运动。其他三个行程都是为燃烧和膨胀行程服务的，都需要曲轴供给能量。在单缸柴油机中，这部分能量是由曲轴上的飞轮供给的。柴油机常做成多缸形式，每个缸在不同的时刻燃烧、膨胀而做功，这样，进气、压缩、排气行程的能量可由其他正在做功的汽缸供给。

四冲程柴油机的进、排气阀的启闭都不是正好在上、下止点，而是在上、下止点前、后某一时刻。曲柄每回转 720°，进、排气阀必须各启、闭一次，它们的启闭时刻称为气阀定时，其必须严格地符合活塞的运动规律。通常气阀定时是用距相应止点的曲轴转角表示。用曲轴转角表示气阀定时的圆图称气阀定时圆图，如图 2-3 所示。

在图 2-3 中，进气阀在上止点前点 1 开启，在下止点后 2 关闭。排气阀在下止点前点 5 开启，在上止点后点 6 关闭。进气阀开启瞬时，曲柄位置与上止点间的曲轴转角称为进气提前角，如图 2-3 中的 $\varphi_1$；进气阀关闭瞬时，曲柄位置与下止点间的曲轴转角称为进气滞后角，如图

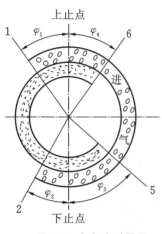

图 2-3 气阀定时圆图

2-3 中的 $\varphi_2$；以此类推，排气提前角为 $\varphi_3$，排气滞后角为 $\varphi_4$。气阀提前开启和滞后关闭是为了将废气排除干净，增加空气的吸入量，以利于燃油的燃烧。因此，气阀定时是影响四冲程柴油机做功的重要因素。

由图 2-3 还可看出，在上止点前后的一段曲轴转角内，进、排气阀有一个同时打开的角度，称为气阀重叠角，它等于进气提前角加上排气滞后角，即 $\varphi_1+\varphi_4$。在气阀同时打开期间，进、排气管与汽缸相通，此时利用废气的流动惯性，除可避免废气倒冲入进气管外，尚可抽吸新鲜空气进入汽缸。增压柴油机还可实现所谓的"燃烧室扫气"，此时不但可提高换气质量，还可以利用进气冷却燃烧室的有关部件。所以，四冲程柴油机均有一定的气阀重叠角，而且增压柴油机的气阀重叠角均大于非增压柴油机。

### 2.2.3 二冲程柴油机工作原理

二冲程柴油机是指用活塞的两个行程完成一个工作循环（进气、压缩、燃烧、膨胀和排气）的柴油机。因此，这种柴油机每完成一个工作循环，曲轴和凸轮轴均回转一圈。

二冲程柴油机没有单独的进气与排气过程，要在两个活塞行程内完成一个工作循环，其进气、排气过程只有重叠在下止点前后 120°～150°曲柄转角内进行。因此在结构上，它全部或部分地取消了进、排气阀，而是在缸套上设有气口，采用进气口-排气口或进气口-排气阀的换气形式。在进气口-排气口换气形式中，排气口比进气口略高，气口的开关均由活塞控制。另外，二冲程柴油机还设有提高进气压力的扫气泵，使新鲜空气能从扫气口进入汽缸并清扫废气出汽缸。

图 2-4 为一种二冲程柴油机工作原理图。该柴油机采用进气口-排气口换气形式。空气从扫气泵 b 的吸入口 a 吸入，经压缩后排到大容积的扫气箱 d 并保持一定压力。

在膨胀行程中，柴油机活塞下行先将排气口 f 打开（对应于曲柄在点 1 位置），汽缸内的废气从排气口泄入排气管 g。当汽缸内的压力降低到接近扫气压力时，活塞下行把扫气口 c 打开（对应于曲柄在点 2 位置），扫气空气由扫气箱 d 经扫气口进入汽缸，同时清扫废气出汽缸。于是进气和排气同时进行，一直到下止点（点 0）并转而上行把扫气口关闭为止（对应于曲柄在点 3 位置），扫气结束。活塞继续上行把排气口关闭（对应于曲柄在点 4 位置）。至此，换气过程全部完成，开始进行压缩、燃烧过程。

通常情况下，二冲程柴油机的燃烧和膨胀行程的曲轴转角为 90°～120°；换气过程曲轴转角为 130°～150°；压缩行程曲轴转角为 120°。图 2-5 为国产 ESDZ43/82B 二冲程柴油机定时圆图。

由此可见，二冲程柴油机是将进气和排气过程合并到压缩与膨胀行程中进行的，从而省略了两个行程。在换气过程中，活塞不做有效功。二冲程柴油机不同的换气形式对换气质量有很大影响。根据气流在汽缸中的流动路线，二冲程柴油机的换气形式可分为弯流（扫气空气由下而上，然后由上而下清扫废气）与直流（气流在汽缸内呈直线由下而上清扫废气）两大类。每一大类中又有不同的换气形式，如图 2-6 所示。

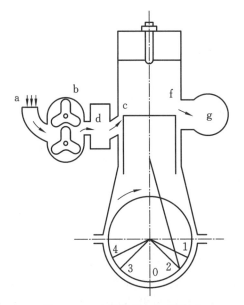

图 2-4 二冲程柴油机工作原理

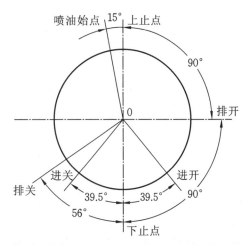

图 2-5 国产 ESDZ43/82B 二冲程柴油机定时圆图

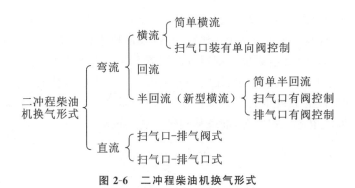

图 2-6 二冲程柴油机换气形式

弯流扫气柴油机气流在缸内流动路线长,新气与废气容易掺和混合且存在死角与气流短路现象,因而换气质量较差。但弯流扫气柴油机的结构简单,维修较方便,在行程与缸径比 $S/D<2.2$ 的船用大型柴油机中,因行程比较短,尚可保证较满意的换气质量而曾经得到普遍应用。直流扫气柴油机则相反,气流在缸内流动路线短,新气与废气不易掺和混合,因而换气质量较好,同时缸套下方受热均匀。但其结构复杂,维修较困难。现代船用大型柴油机随着行程与缸径比的增加,发展了长行程($S/D>2.5$)和超长行程($S/D>3$)柴油机,而直流扫气形式(气口-气阀式)已成为现代船用大型低速柴油机的主要换气形式。

比较四冲程与二冲程柴油机的基本工作原理,可看出两者有以下特点:

(1) 二冲程柴油机曲轴转一圈完成一个工作循环,而四冲程柴油机曲轴转两圈完成一个工作循环。对于两台汽缸尺寸及转速相同的非增压柴油机,理论上二冲程的做功能力为四冲程的两倍,但二冲程柴油机缸套上有气口,使有效膨胀行程缩短,再加上换气质量差及扫气泵消耗曲轴的有效功,二冲程柴油机的功率为四冲程柴油机的 1.6～1.8 倍。

(2) 二冲程柴油机曲轴每转一圈就有一个工作循环,因而在相同的工作条件下它的回转要比四冲程柴油机均匀,飞轮尺寸可以较小;但由于工作频繁,二冲程柴油机燃烧周围的热负荷比四冲程柴油机高,并给高增压带来困难。

(3) 在相同功率条件下,二冲程柴油机的尺寸和质量比四冲程柴油机的小。

(4) 由于二冲程柴油机换气时间短、新旧气体易掺和混合,因此二冲程柴油机换气质量比四冲程柴油机的差,耗气量也大。

(5) 二冲程柴油机的换气结构较简单,整机结构比四冲程柴油机的简单,便于维护保养。

(6) 在同样转速下,由于二冲程柴油机每转供油一次,凸轮轴转速高,因此,喷油泵柱塞的速度较高,喷油嘴热负荷也较高,容易引起喷油器孔堵塞。

### 2.2.4 增压柴油机工作原理

提高柴油机的进气压力,可以增加进气的密度,在相同容积的汽缸中,可以压入更多的空气,以便喷入更多的燃油,从而产生更多的功。这种以提高进气压力来增大柴油机功率的方法称为"增压",增压是提高柴油机功率的主要途径。

预先对新鲜空气进行压缩的压气机,有直接由柴油机的曲轴通过齿轮等机械驱动的方式,这种增压方式称为机械增压;也有用柴油机汽缸排出的废气的能量在涡轮机中膨胀做功,由涡轮机来驱动的方式,称为废气涡轮增压。采用机械增压方法时,在保持柴油机原结构尺寸的情况下,功率可提高20%～70%,但由于增压器要消耗曲轴的有效输出功,其经济性下降,效率较低,故目前已不采用;而废气涡轮增压既能提高柴油机有效平均压力和功率,同时又可降低耗油率,提高柴油机的经济性,所以它是一种最好的柴油机增压方式。

图2-7所示为一种具有废气涡轮增压的二冲程柴油机工作原理图。它的特点如下:新气从汽缸下部的扫气孔进入汽缸,而废气则通过汽缸盖上的排气阀排出汽缸。进、排气管道上分别安装了离心式压气机和废气涡轮机,废气涡轮从废气中获得能量从而带动压气机高速回转。新气经压气机压缩后压力和温度升高,然后经空气冷却器冷却,再通过水分离器除去空气中的冷凝水,最后经止回阀组进入扫气箱,准备从扫气口进入汽缸。

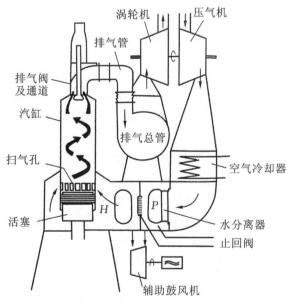

图2-7 废气涡轮增压二冲程柴油机工作原理图

废气涡轮增压柴油机汽缸内工作循环的主要过程——压缩、燃烧和膨胀的进行情况与非增压柴油机一样,只是采取了增压,使各过程的压力和温度均有所提高;至于换气过程,则与非增压二冲程柴油机相似。

四冲程增压柴油机的工作原理和二冲程增压柴油机基本相同,只是四冲程柴油机没有扫气箱,增压空气直接通过进气阀进入汽缸。

## 2.3 柴油机的主要性能指标

柴油机的性能指标通常可从动力性、经济性、可靠性、运转性(冷车起动、加速性、加载性和排放性)和耐久性等方面加以衡量。本节主要介绍动力性、经济性和排气污染指标。

### 2.3.1 动力性指标

**1. 平均指示压力 $p_i$**

平均指示压力是汽缸中假定的一个不变的平均压力,它推动活塞在一个行程内所做的功与一个工作循环的指示功相等。平均指示压力值大,说明其单位汽缸容积的做功能力大,表明其工作循环进行得比较完善。所以,平均指示压力直接反映出汽缸中工质在一个循环中的做功能力,它是衡量发动机实际循环动力性能的一个很重要的参数。

影响平均指示压力的因素有增压度、过量空气系数、工质混合和燃烧的完善程度、换气质量、负荷大小等。在各种船用柴油机中,四冲程增压柴油机具有最高的 $p_i$ 值。

**2. 指示功率 $P_i$**

指示功率是指发动机每单位时间内作用于活塞上的指示功。整台柴油机的指示功率 $P_i$(kW)的表达式为

$$P_i = \frac{p_i V_h n m i}{60000} = C \cdot p_i \cdot n \cdot i$$

式中  $i$——汽缸数;

$C$——汽缸常数,对法定单位,有 $C = V_h m / 60000$;

$V_h$——单缸容积,$m^3$;

$n$——柴油机转速,r/min;

$m$——每转工作行程数,四冲程柴油机 $m = 1/2$,二冲程柴油机 $m = 1$。

**3. 有效功率 $P_e$ 和机械损失功率 $P_m$**

从柴油机曲轴飞轮端处测量的功率称为有效功率,又叫轴功率,用 $P_e$ 表示。而机械损失功率 $P_m$ 是能量传递过程中损失掉的功率,包括摩擦损失功率、泵气损失功率和带动辅助机械所消耗的功率。所以,有效功率也就是指示功率减去机械损失功率 $P_m$ 所剩的功率,即

$$P_e = P_i - P_m$$

国家标准规定,制造厂应在铭牌上写明厂方标定的有效功率,对于船用柴油机,主要有以下两项。

(1) 1 h 功率。

柴油机允许连续运转 1 h 的最大有效功率为 1 h 功率。

(2) 持续功率。

柴油机允许长期运转的最大有效功率为持续功率。

**4. 机械效率 $\eta_m$**

柴油机功率的机械损失一般不用它的绝对值 $P_m$ 表示,而常用机械效率 $\eta_m$ 来表示。机械

效率 $\eta_m$ 是柴油机输出轴端获得的有效功率与汽缸内发出的指示功率的比值,即

$$\eta_m = \frac{P_e}{P_i} = \frac{P_i - P_m}{P_i} = 1 - \frac{P_m}{P_i}$$

故有效功率 $P_e$ 也可由指示功率 $P_i$ 和机械效率 $\eta_m$ 求得,即 $P_e = P_i \cdot \eta_m$。

机械效率 $\eta_m$ 不仅取决于设计和制造质量,还受柴油机负荷、转速、滑油温度和冷却水温度等因素的影响。目前船用柴油机的机械效率为 70%～92%。

**5. 平均有效压力 $p_e$**

平均有效压力是一个假定不变的力,它推动活塞在一个膨胀行程内所做的功,与一个循环中曲轴所输出的有效功相等。

$p_e$ 代表了单位汽缸工作容积所发出的有效功。$p_e$ 的数值,取决于工作循环进行的完善程度和机械损失的大小。它是衡量柴油机做功能力的最终参数。在相同的情况下,增压柴油机的 $p_e$ 值比非增压柴油机高,四冲程增压柴油机具有最高的 $p_e$ 值。

### 2.3.2 经济性指标

**1. 指示耗油率 $g_i$**

柴油机的指示耗油率 $g_i$ 表示单位指示功率每小时的耗油量,即

$$g_i = \frac{G_T}{P_i}$$

式中  $g_i$——指示耗油率,kg/(kW·h);
  $G_T$——柴油机每小时耗油量,kg/h;
  $P_i$——指示功率,kW。

**2. 指示热效率 $\eta_i$**

指示热效率是柴油机的实际循环指示功与得到此指示功所消耗的燃料热量之比,即

$$\eta_i = \frac{L_i}{Q_i}$$

式中  $L_i$——指示功,J;
  $Q_i$——为得到指示功 $L_i$ 所加入汽缸内的总热量,J。

对于一台柴油机,$\eta_i$ 可由其指示功率 $P_i$(kW)和每小时耗油量 $G_T$(kg/h),根据 $\eta_i$ 的定义求得:

$$\eta_i = \frac{3600 P_i}{G_T H_u}$$

式中  $H_u$——所用燃料的低热值,kJ/kg,通常取 $H_u$ 的基准值,即 42700 kJ/kg。

因 $g_i = G_T / P_i$,可得

$$\eta_i = \frac{3600}{g_i \cdot H_u}$$

**3. 有效耗油率 $g_e$**

柴油机的有效耗油率 $g_e$ 表示单位有效功率每小时的耗油量,即

$$g_e = \frac{G_T}{P_e}$$

因 $P_e = P_i \cdot \eta_m$,可得

$$g_e = \frac{G_T}{P_i \cdot \eta_m} = \frac{g_i}{\eta_m}$$

**4. 有效热效率 $\eta_e$**

有效热效率是柴油机的实际循环有效功与得到此有效功所消耗的燃料热量之比，即

$$\eta_e = \frac{L_e}{Q_i} = \frac{L_i}{Q_i} \cdot \frac{L_e}{L_i} = \eta_i \cdot \eta_m$$

式中　$L_e$——有效功，J；

　　　$Q_i$——为得到有效功 $L_e$ 所加入汽缸内的总热量，J。

由此可见，$\eta_e$ 是柴油机输出功的总效率，它包括了柴油机的一切热力损失和机械损失。与 $\eta_i$ 一样，$\eta_e$ 也可由下式求得：

$$\eta_e = \frac{3600 P_e}{G_T H_u} \quad \text{或} \quad \eta_e = \frac{3600}{g_e H_u}$$

### 2.3.3　排气污染指标

柴油机的排气中含有数量不大但非常有害的排放物，它们是一氧化碳 CO、碳氢化合物 HC、氮氧化物 $NO_x$ 和二氧化硫 $SO_2$。这些燃烧产物排入大气，污染环境而且对人体健康有害。随着环境保护意识的增强，国家对柴油机排气污染的限制也日益严格。

国际海事组织的《MARPOL73/78 公约》中关于限制船舶柴油机排气污染的最新附则（2005 年 5 月 19 日开始实施），对船舶柴油机的排放规定如表 2-2 所示。

表 2-2　船舶柴油机排放限制　　　　　　　　（单位：g/(kW·h)）

| 排放物 | 中速机 | 低速机 | 排放物 | 中速机 | 低速机 |
| --- | --- | --- | --- | --- | --- |
| $NO_x$ | 12 | 17 | $CO_2$ | 660 | 660 |
| CO | 1.6 | 1.6 | $SO_2$ | $4.2 \times S$ | $4.2 \times S$ |
| HC | 0.5 | 0.5 | | | |

注：表中 $S$ 为燃油中的含硫量(%)，不得大于 1.5%。

## 2.4　柴油机的分类

用途不同，对柴油机的要求也不同，因而柴油机的类型很多。

### 2.4.1　按工作循环分类

前面已谈到，柴油机按工作循环分类有四冲程和二冲程两种。

四冲程柴油机因结构简单、换气质量优于二冲程柴油机而适用于高转速柴油机，但其单缸功率小，不宜应用于大功率柴油机。

二冲程柴油机单缸功率大、寿命长，由于换气质量差，常用于低转速大功率柴油机中。

### 2.4.2　按进气方式分类

柴油机按进气方式可分为非增压柴油机和增压柴油机。

增压柴油机按压气机的驱动方式可分为机械增压柴油机、废气涡轮增压柴油机和复合增

压柴油机。而按增压压力 $p_k$，增压柴油机又可分为低增压、中增压、高增压和超高增压柴油机。

低增压柴油机：$p_k < 0.17$ MPa。
中增压柴油机：$p_k = 0.17 \sim 0.25$ MPa。
高增压柴油机：$p_k = 0.25 \sim 0.35$ MPa。
超高增压柴油机：$p_k > 0.35$ MPa。

### 2.4.3 按曲轴转速和活塞平均速度分类

柴油机的速度可以用曲轴转速 $n$（单位时间内曲轴的回转圈数，r/min）和活塞平均速度 $v_m\left(v_m = \dfrac{Sn}{30}，\text{单位为 m/s}，S \text{ 为活塞的行程}\right)$ 表示。根据曲轴转速和活塞平均速度，柴油机可分为以下几类：

(1) 低速柴油机，$n \leqslant 300$ r/min，$v_m \leqslant 6$ m/s；
(2) 中速柴油机，$300$ r/min $< n \leqslant 1000$ r/min，$v_m = 6 \sim 9$ m/s；
(3) 高速柴油机，$n > 1000$ r/min，$v_m > 9$ m/s。

### 2.4.4 按行程与缸径比 $S/D$ 分类

$S/D$ 对柴油机的结构和运行性能有较大的影响，按照 $S/D$ 的不同，柴油机可分为短行程、长行程和超长行程柴油机，其 $S/D$ 范围分别如下：

(1) 短行程柴油机，$S/D \leqslant 2.5$；
(2) 长行程柴油机，$2.5 < S/D \leqslant 3.0$；
(3) 超长行程柴油机，$S/D > 3.0$。

### 2.4.5 按结构特点分类

**1. 筒形活塞柴油机与十字头式柴油机**

图 2-8 为筒形活塞柴油机和十字头式柴油机的构造示意图。

如图 2-8(a)所示，筒形活塞式柴油机的特点是活塞 1 用活塞销直接与连杆 2 连接；活塞 1 的高度一般较大，活塞的导向作用由活塞本身下部的筒形裙部来承担，汽缸壁承担活塞运动时产生的侧推力；活塞底部与曲轴箱相连，汽缸多采用飞溅润滑，汽缸壁上流下的滑油直接流入曲轴箱内。它的优点是结构简单、紧凑、轻便、发动机高度较小；缺点是由于运动时有侧推力，活塞与汽缸壁之间的磨损较大。目前中、高速柴油机均采用这类机型。

如图 2-8(b)所示，十字头式柴油机的特点是用沿着导板 7 滑动的十字头 4 连接活塞杆 3 和连杆 6；活塞 1 的高度一般较小，活塞杆 3 与汽缸中心线重合，十字头的滑块 5 在导板 7 之间滑动；活塞上下运动时的导向作用主要由十字头承担，侧推力产生在滑块和导板之间；由于活塞不起导向作用而且与汽缸壁之间没有侧推力，因而两者的间隙可以较大，磨损较小，不易擦伤和卡死。此外，由于活塞杆只在垂直方向做直线运动，因而可以在汽缸下部加设一横隔板，把汽缸和曲轴箱隔开，以免汽缸中的脏油、积炭或燃气漏入曲轴箱而污染滑油。这也为十字头式柴油机使用劣质燃油创造了有利条件，同时使活塞下方形成密闭空间，可作为一个辅助压气泵。它的缺点是柴油机高度和质量增大，结构复杂。目前大型低速二冲程柴油机都采用这类机型。

## 2. 直列式柴油机和 V 形柴油机

船用柴油机通常均为多缸机,其汽缸排列有直列式和 V 形两种。

具有两个或两个以上的直立汽缸并呈一列布置的柴油机称为直列式柴油机,如图 2-9(a)所示。其汽缸个数因曲轴刚度和安装上的限制而一般不超过 12 个。当汽缸个数超过 12 个时,通常采用 V 形布置,即 V 形柴油机,如图 2-9(b)所示。它具有两列汽缸,其中心线呈 V 形,并共用一根曲轴输出功率。V 形柴油机的汽缸数可达 18 个甚至 24 个,汽缸夹角通常为 45°、60°或 90°。V 形柴油机缩短了汽缸间距和整机长度,具有较高的单机功率,通常多用于中、高速柴油机。

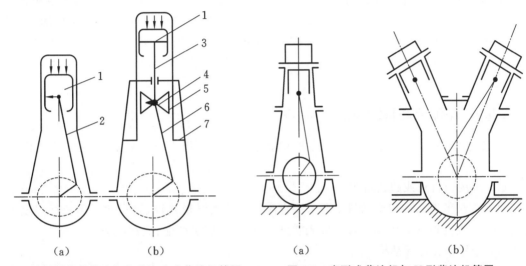

图 2-8　筒形活塞式柴油机和十字头式柴油机简图
(a)筒形活塞式柴油机;(b)十字头式柴油机
1—活塞;2,6—连杆;3—活塞杆;
4—十字头;5—滑块;7—导板

图 2-9　直列式柴油机与 V 形柴油机简图
(a)直列式柴油机;(b)V 形柴油机

## 3. 可逆转柴油机与不可逆转柴油机

可由操纵机构改变曲轴转向的柴油机称为可逆转柴油机。曲轴仅能按同一方向旋转的柴油机称为不可逆转柴油机。

在船舶上凡直接带动定螺距螺旋桨的柴油机为可逆转柴油机(多为低速柴油机);凡带有正倒车离合器、正倒车齿轮箱或可变螺距螺旋桨的柴油主机和发电柴油机均为不可逆转柴油机(多为中、高速柴油机)。

## 4. 右旋柴油机和左旋柴油机

我国标准规定:观察者从柴油机功率输出端向自由端看,曲轴运转时正车按顺时针方向旋转的柴油机称为右旋柴油机,正车按逆时针方向旋转的柴油机称为左旋柴油机。国外有些柴油机的转向与我国规定相反。

单台布置的船舶主柴油机通常为右旋柴油机。

若船舶采用双机双桨推进装置,则其常采用两螺旋桨对称向内旋转方式,即布置在机舱右舷的柴油机为右旋柴油机,亦称右机;布置在机舱左舷的柴油机为左旋柴油机,亦称左机。这样可提高船舶的操纵航行性能。

## 2.5 柴油机在船舶上的应用和发展

### 2.5.1 船舶柴油机的应用

柴油机自20世纪初开始用于商船,其由于热效率高、耗油量低、尺寸小、质量轻、起动性能好、工作可靠、能适应广泛的功率和转速范围等优点,因此获得了巨大的发展。目前,它在大、中、小型船舶上和海军舰艇上已被广泛采用。

柴油机除了作为船舶推进用的主机外,还可作为船舶发电用原动机、应急救火泵和应急空压机的原动机以及救生艇用的推进机械。船舶主机多采用低速二冲程十字头式柴油机,现在也有一些采用大功率中速四冲程柴油机;发电用原动机多采用中、高速柴油机;其他则多采用高速柴油机。总之,柴油机的类型很多,应用于船舶时,一般应根据船舶的大小、类型和用途等来选用。

### 2.5.2 船舶柴油机的发展

柴油机在船舶上的发展以船舶主机为标志。现代船用大型低速柴油主机的结构特点如下。

(1) 采用长行程或超长行程。

目前大型低速二冲程柴油机主要采用直流扫气的换气形式,汽缸尺寸采用长行程或超长行程有利于提高换气品质和混合气形成质量,从而改善燃烧性能,提高经济性。

(2) 采用钻孔冷却结构。

现代超长行程柴油机燃烧室部件的热负荷和机械负荷已很高,采用钻孔冷却结构可加强冷却效果,有利于提高增压度。

(3) 采用旋转式排气阀和液压式气阀传动机构。

旋转式排气阀可使排气阀在启闭时有微小的旋转运动,以保证气阀密封面磨损均匀、贴合严密,提高了排气阀的可靠性。液压式气阀传动机构改变了使用几十年的机械式气阀传动机构,降低了排气阀的噪声,延长了气阀机构的使用寿命。

(4) 采用VIT机构。

喷油泵采用可变喷油定时(VIT)机构,以便在较低负荷段获得良好的经济性。

(5) 采用薄壁轴瓦。

薄壁轴瓦作轴承可提高其工作可靠性。

(6) 采用独立的汽缸润滑系统。

在独立的汽缸润滑系统中,汽缸注油量随负荷自动调整,以保证汽缸套的可靠润滑。

(7) 采用焊接曲轴。

焊接曲轴是把单位曲柄通过焊接组成一个整体的焊接型曲轴。这是现代曲轴制造工艺的一项重要成就。

(8) 增设轴向减振器。

曲轴上增设轴向减振器,可有效地消减曲轴的轴向振动。

经过近几十年尤其是近十多年的发展,现代船用柴油机已经具有较高的技术水平。现在不仅低速主柴油机可用劣质燃油,有些中速发电用柴油机也可用劣质燃油,从而实现船舶"一油制",即主机、发电柴油机、锅炉均使用同一种劣质燃油,使船舶的营运成本降低。当前,船用柴油机的发展可概括为:以节能为中心,充分兼顾到排放与可靠性的要求,全面提高柴油机的性能。

## 复习思考题

2-1 在热机中柴油机有哪些优缺点?
2-2 内燃机与外燃机的本质区别是什么?
2-3 内燃机汽缸内部进行几次能量转换?实现这些能量转换要有哪些必要条件?
2-4 柴油机与汽油机各有哪些工作特点?
2-5 柴油机的工作循环由哪几个过程组成?其中哪个过程对外做功?
2-6 试画图说明四冲程柴油机的气阀定时圆图。
2-7 四冲程和二冲程柴油机各有哪些特点?
2-8 柴油机的动力性指标和经济性指标各有哪些?
2-9 什么是柴油机的机械效率?哪些因素影响其机械效率?
2-10 柴油机按曲轴转速和活塞平均速度如何分类?
2-11 柴油机按结构特点分为哪些形式?
2-12 在一艘常规的船上,有哪些地方要用到柴油机?
2-13 现代大型低速船舶主机的结构特点有哪些?

# 第 3 章 柴油机的主要结构及工作系统

## 3.1 柴油机的结构及主要部件

柴油机的主要部件是指燃烧室部件（活塞、汽缸、汽缸盖）、曲柄连杆机构（十字头、连杆、曲轴和轴承）、机架、机座和贯穿螺栓等。此外，喷油设备和换气机构也是柴油机正常运行所必不可少的。这些部件工作的情况不仅直接影响柴油机的技术性能指标，还和船舶安全航行密切相关。图 3-1 为目前应用很广泛的 Win GD(RT-flex50DF)型船用低速二冲程双燃料电喷柴油机主要部件位置示意图。

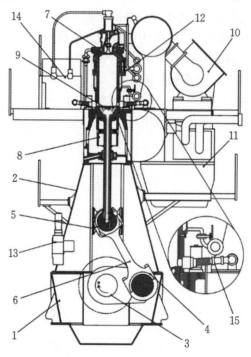

图 3-1 Win GD(RT-flex50DF)型柴油机
1—机座；2—机架；3—曲轴；4—大端轴承；5—十字头；6—连杆；7—气缸盖；8—气缸套；9—活塞；
10—涡轮增压系统；11—扫气系统；12—脉冲润滑系统；13—供给单元；14—共轨单元；15—燃气共轨

### 3.1.1 燃烧室部件

燃烧室部件是柴油机中最重要的部件，包括活塞组件、汽缸盖组件和汽缸组件。当活塞在上止点时，由汽缸盖底面、汽缸套内表面及活塞顶面共同组成的燃料与空气混合和燃烧的这一空间称为燃烧室，如图 3-2 所示。

由于燃气的压缩、燃烧和膨胀过程在燃烧室中进行，燃烧室部件将受到燃气高温、高压和腐蚀作用，活塞的摩擦、敲击和侧推力作用，以及冷却水的腐蚀和穴蚀作用，因此，它是柴油机

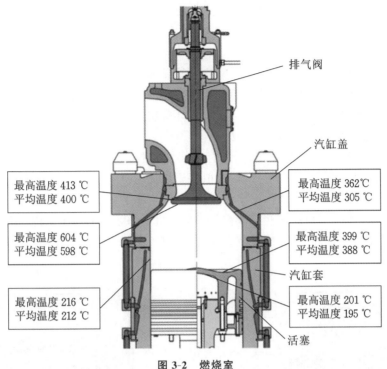

图 3-2 燃烧室

中工作条件最恶劣的部分。

燃烧室部件所承受的机械负荷,对汽缸盖和汽缸套来说主要来自气体压力和安装预紧力;对活塞来说,还有往复惯性力。柴油机的机械负荷有两个特点:其一为周期交变,其二为具有冲击性。

热负荷是指柴油机的燃烧室部件承受温度、热流量及热应力的强烈程度。热负荷过高,可使燃烧室部件材料的机械性能、承载能力降低;使受热部件膨胀、变形,改变了原来的正常工作间隙;使有些部件(如活塞)受热面烧蚀;使受热部件承受的热应力过大,产生疲劳破坏;等等。因此,限制运转中柴油机的热负荷,使之在一定范围内,这对柴油机经济、安全、可靠运转是十分重要的。

热负荷可用热流密度、热应力及温度场来表示,图 3-2 中标注了燃烧室各处温度最高值和平均值。在船舶上,轮机管理人员可较为方便地用柴油机的排气温度来判断热负荷。当柴油机循环喷油量增加(热负荷相应也提高)时,燃烧室部件的温度和排气温度都增加。通常柴油机说明书会给出排气温度的最高值,作为限制热负荷的标准。

**1. 汽缸盖**

汽缸盖是燃烧室的上盖,如图 3-3 所示。它和汽缸套、活塞共同组成燃烧室,在它上面还要安装各种阀件。这些阀件有喷油器、汽缸起动阀、示功阀、安全阀、排气阀(四冲程柴油机和气阀-气口式二冲程柴油机)、进气阀

图 3-3 单体式柴油机汽缸盖

(四冲程柴油机)等。另外,对于设置了进、排气阀的汽缸盖,还要布置进、排气道和气阀摇臂机构。

**2. 活塞**

活塞是柴油机中的关键部件,可分为十字头式活塞和筒形活塞两大类。十字头式活塞由活塞头、活塞裙、活塞环、活塞杆和活塞冷却机构等组成,多应用在低速二冲程柴油机上。筒形活塞由活塞头、活塞裙、活塞环、活塞销以及刮油环等组成,多应用在中、高速四冲程柴油机上。图 3-4 和图 3-5 为这两种活塞的典型代表。

十字头式活塞的活塞头、活塞裙、活塞杆用柔性螺栓连接,它们一般用不同的材料制成。活塞顶部有平顶、凸形顶、凹形顶等形状,这取决于燃烧室形状、扫气要求和气阀在缸盖上的布置。由于作用在活塞上的侧推力由十字头滑块承担,十字头式活塞的裙部均比较短,只有需要用活塞裙部来控制进排气口的某些弯流扫气式柴油机活塞才采用长裙结构。十字头式活塞一般只装密封环,不装刮油环,但其裙部装有承磨环,以改善活塞与汽缸的磨合。

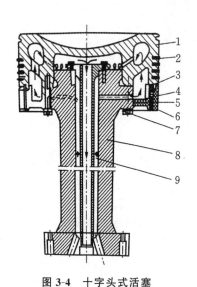

图 3-4 十字头式活塞
1—活塞头;2—活塞环;3,5—密封圈;4—活塞裙;
6,7—柔性螺栓;8—活塞杆;9—回油管

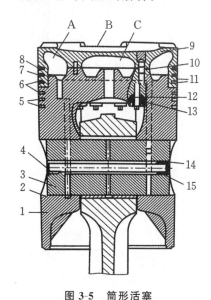

图 3-5 筒形活塞
1—活塞裙;2—卡簧;3—活塞销;4—衬管;5—刮油环;
6,7,8—压缩环;9—活塞头;10—柔性螺栓;
11,15—密封圈;12—垫块;13—螺母;
14—衬管端盖;A,C—冷却腔;B—避让坑

筒形活塞的活塞头和活塞裙有的为整体制造,有的为分别制造,然后用柔性螺栓连接起来。活塞销起连接活塞与连杆的作用并将作用于活塞上的燃气力通过连杆传给曲轴,它也是连杆的摆动轴。活塞销和与其相配的轴承是柴油机中工作条件最恶劣的摩擦副之一。活塞销与活塞和连杆的连接配合有三种形式,即固定式、浮动式和半浮动式,其中以浮动式活塞销应用最广。筒形活塞的头部和裙部分别装有密封环和刮油环,一般不装承磨环。筒形活塞的活塞裙,除承受气体力的作用外,还受到较大的侧推力作用,因此,它不但要造得十分坚韧,而且其在侧推力作用下会发生变形,使它沿活塞销轴线方向伸长,垂直于活塞销方向缩短,所以,活塞裙应采用特殊方法加工,使裙部成椭圆形,其短轴在活塞销轴线方向,长轴在垂直于活塞销轴线方向,这样可避免柴油机运行时因活塞裙的变形而使活塞与汽缸发生卡阻。

### 3. 汽缸

汽缸是柴油机的主要固定部件之一,是燃烧室部件中的主体。柴油机的工作循环是在汽缸的工作空间里进行的,活塞在汽缸内部做往复运动。在筒形活塞式柴油机中汽缸起导承作用,承受活塞的侧推力。二冲程柴油机的汽缸要开气口,布置气道。

汽缸由汽缸体和汽缸套组成。汽缸体有每缸一个的单体式,也有几个缸的缸体铸成一体的分组式,还有所有汽缸的缸体铸成一体的整体式。在尺寸较大的柴油机中,为了制造、拆装和维修方便,汽缸体多制作成单体式或分组式。在中小型柴油机中,为了减小尺寸和质量、提高刚性,汽缸体不但制作成整体式,而且与机架或曲轴箱制成一体,称为机体。通常汽缸体多采用灰铸铁制造,汽缸套采用灰铸铁、耐磨合金铸铁或球墨铸铁制造。

图 3-6 所示为 MAN B&W S-MC 和 S-MC-C 型柴油机的汽缸。它由铸铁制造的单体式汽缸体和汽缸套组成。汽缸体由贯穿螺栓固定到机架平面上,在汽缸体的上部开有大尺寸的中心孔,孔中插入汽缸套。汽缸体下部有底板将汽缸和曲轴箱隔开,汽缸体下部形成扫气空间。底板上的孔中装活塞杆填料函。汽缸体在左、右方向上设有通道 B 和 C。通道 C 平时由盖板盖住,在检修时打开,使轮机工作人员很容易接近活塞杆填料函、扫气口等部位,对填料函、缸套内表面、活塞及活塞环等进行检查,并对气口和活塞下部空间进行清洁。通道 B 与扫气箱相连,在活塞打开扫气口 A 时进行汽缸扫气。汽缸体上部安装有固定汽缸盖的螺栓。

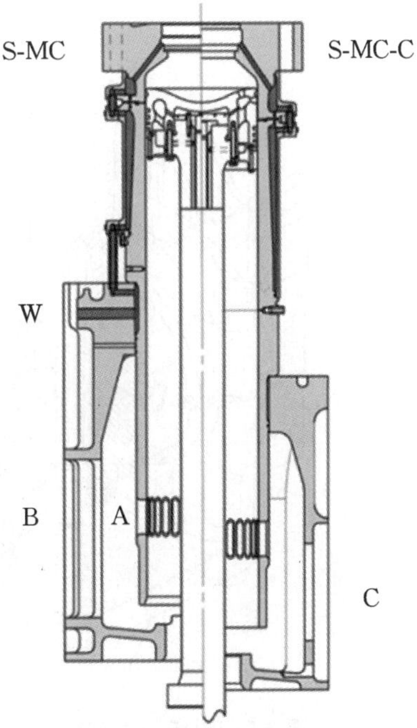

汽缸套通过上部的汽缸盖压紧在汽缸体上,当汽缸套受热时,下部可以自由膨胀。

汽缸套外部设有冷却水套,S-MC 型柴油机冷却水由 W 处进入汽缸体,然后进入冷却水套;而 S-MC-C 型柴油机未在汽缸体内设冷却水腔,冷却水直接进入冷却水套,在冷却水套上、下两端都设有橡胶圈用于密封冷却水。

汽缸套中部设有注油器接头,其内表面开有滑油槽,以保证汽缸滑油均匀分布。

图 3-6 MAN B&W S-MC 和
S-MC-C 型柴油机的汽缸
A—扫气口;B—扫气通道;
C—检修通道;W—冷却水入口

汽缸套的最下部是一圈扫气口,由活塞控制启闭。扫气口在水平和垂直方向都有一定的角度,用于控制气流使之在进气时形成一定的旋流。

S-MC-C 型柴油机汽缸套最显著的特点是缸套与汽缸盖的密封面下移,这对于改善密封面的工作条件和维持汽缸套的工作状况非常有利。

### 3.1.2 曲柄连杆机构

曲柄连杆机构是柴油机的主要运动件,包括曲轴和连杆,对于十字头式柴油机,它还包括十字头组件(见图 3-7)。曲柄连杆机构的主要作用是将活塞的往复运动转换成回转运动,并输出动力。

十字头组件是船用二冲程十字头式柴油机的特有部件。它的主要作用是将活塞组件和连杆组件连接起来,把活塞的气体力和惯性力传给连杆,承受侧推力并为活塞在汽缸中的运动提供导向作用。其主要包括十字头本体、十字头滑块和十字头轴承(连杆小端轴承)等。

筒形柴油机的连杆一般采用优质碳钢或合金钢锻造而成。连杆杆身中常钻有油孔,其作用是把滑油从大端输送到小端,以润滑连杆小端轴承和冷却活塞。连杆小端是活塞销的轴承,小端孔内压入锡青铜衬套或浇注有轴承合金的卷制衬套。

连杆大端是曲柄销轴承,通常制成剖分式结构,用螺栓连接起来。连杆大端首先要满足拆装条件,即在检修时连杆应能同活塞一起从汽缸中吊出。

图3-8所示为瓦锡兰38型柴油机的连杆,杆身中间钻孔,将滑油从连杆大端送至小端,用于润滑小端轴承及冷却活塞。杆身与连杆大端的结合面正处于连杆大端轴承座的上方,可以方便地拆卸和维护。所有螺栓用液压工具同时上紧。

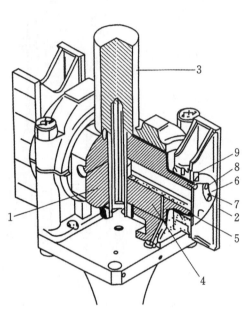
图3-7　国产6ESDZ76/160双导板式十字头
1—十字头销;2—滑块;3—活塞杆;4—内侧轴颈;
5—外侧轴颈;6—盖板;7—锁紧片;8—螺栓;9—锁板

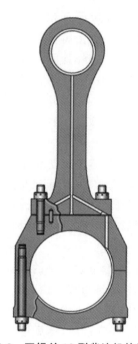
图3-8　瓦锡兰38型柴油机的连杆

### 3.1.3　曲轴

曲轴的主要作用是把活塞的往复运动通过连杆变成回转运动,把各缸所做的功汇集起来向外输出并带动柴油机的附属设备。附属设备包括柴油机的喷油泵、进气和排气阀、起动空气分配器、离心式调速器等。此外,在中小型柴油机中,为了简化系统、布置紧凑,曲轴还可带动滑油泵、燃油输送泵、淡水泵和海水泵。

曲轴主要由若干个单位曲柄、自由端和飞轮端以及平衡块等组成,图3-9所示为四冲程柴油机的曲柄排列。

单位曲柄是曲轴的基本组成部分,由主轴颈、曲柄销和曲柄臂组成。为了平衡曲柄因不平衡回转质量而产生的惯性力,有的还在曲柄臂上装有平衡重。为了减轻曲轴的质量和减小惯性力,曲柄销和主轴颈一般都采用空心结构。

曲轴的曲柄都是以汽缸的序号命名的。汽缸序号的编排方法有两种:一种是由自由端排

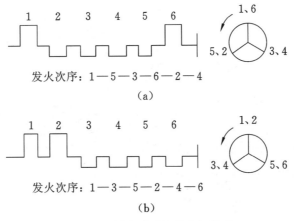

图 3-9 四冲程柴油机的曲柄排列

起,另一种是由动力端排起。曲柄的排列是由汽缸的发火间隔角和发火顺序决定的。

图 3-10 所示为 MAN B&W S-MC-C 型柴油机曲轴。锻钢曲轴由单位曲柄、自由端(首端)和功率输出端(尾端)三部分组成。曲轴为半组合式,可以是焊接型或半套合式。自由端法兰 1 用来驱动辅助设备或轴带发电机。自由端法兰后为轴向减振器的活塞 2,推力环 4 的前、后两侧都装有推力块(图 3-10 中未示出),以传递螺旋桨的推力和为曲轴提供轴向定位。推力环的外圈用来安装主动链轮,以便通过链条驱动凸轮轴。这种推力轴和曲轴制造成一体,并将推力轴承和主动链轮组合在一起的形式,可缩短柴油机长度,使布置更为紧凑。

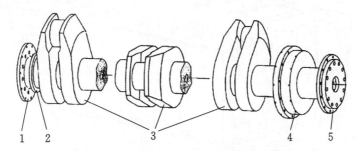

图 3-10 MAN B&W S-MC-C 型柴油机曲轴
1—自由端法兰;2—轴向减振器活塞;3—单位曲柄;4—推力环;5—功率输出端

### 3.1.4 柴油机的主要固定件

柴油机的主要固定件包括机座、机架、汽缸、贯穿螺栓和主轴承等。它们构成柴油机的骨架,用来支撑柴油机的运动机构和辅助设备,并形成柴油机的工作和运动空间。

**1. 机架**

机架是柴油机的支架,它与机座形成的曲轴箱空间是柴油机运动件的运动空间,图 3-11 所示为 MAN B&W S-MC-C 型柴油机机架立体图。

**2. 机座**

机座是柴油机的基础。它和上面的机架共同组成曲轴箱,也是柴油机装配时的基准件。

目前大型低速柴油机主要采用的是单壁深型机座,图 3-12 所示为 MAN B&W S-MC-C 型柴油机机座立体图,它主要由两侧的纵梁和带铸钢轴承座的横梁焊接而成。每侧纵梁为单层

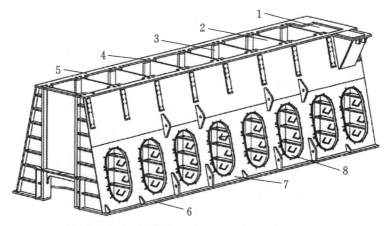

图 3-11 MAN B&W S-MC-C 型柴油机机架立体图
1—链条传动箱;2—横向隔板;3—滑块导板;4—贯穿螺栓孔;5—上面板;6—底板;7—侧板;8—道门

结构,横梁上焊有铸钢的主轴承座以支撑曲轴。在机座的首端安装有轴向减振器,用以控制轴系的轴向振动。机座尾端还设有推力轴承和驱动链条空间,用以安装推力轴承和驱动链轮。机座与船体的基座之间垫有环氧树脂或铸铁垫块,并由地脚螺栓固定。垫块用以调节机座上平面的高度和水平度。

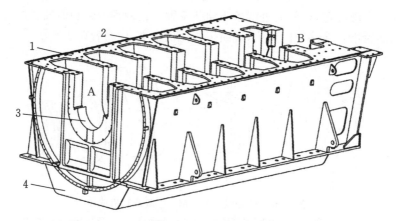

图 3-12 MAN B&W S-MC-C 型柴油机机座立体图
1—纵梁;2—横梁;3—主轴承座;4—油底壳;A—自由端;B—动力输出端

### 3. 主轴承和推力轴承

（1）主轴承。

主轴承的作用是支撑曲轴,保证曲轴正确的工作轴线,使曲轴在转动中以较小的摩擦和磨损传递动力。有些柴油机还有一道主轴承(一般为最后一道主轴承),起着轴向定位作用,称为止推轴承,用来防止曲轴在柴油机振动、倾斜和摇摆时发生轴向窜动。

（2）推力轴承。

船舶柴油机通过轴(推力轴、中间轴和艉轴)带动螺旋桨旋转。螺旋桨桨叶在旋转时给水轴向的作用力,而水对螺旋桨桨叶也产生轴向的反作用力。作用在螺旋桨上的轴向力就是使船舶前进的推力(或后退的拉力)。螺旋桨的这个推力(或拉力)通过艉轴、中间轴和推力轴作用到推力轴承上,并经过推力轴承作用到船体上。当推力轴与曲轴直接连接时,推力轴承还起到轴向定位作用。

### 3.1.5 喷油设备

船舶柴油机使用的喷射系统大多属于柱塞泵式直接喷射系统。其主要组成部件是喷油泵和喷油器。

**1. 喷油泵**

喷油泵为柱塞泵,它是喷射系统的核心部件。它的作用除了产生喷射高压外,还有定时供油与定量供油。喷油泵的定时供油由凸轮轴上的凸轮安装位置控制;其定量供油取决于柱塞上行时有效的供油行程。其油量调节方案有三种:始点调节式(调节供油始点而终点不变)、终点调节式(供油始点不变而供油终点可调)、始终点调节式(供油始、终点均可调节)。

柱塞式喷油泵的基本组成部分有柱塞与套筒、凸轮与滚轮、进油阀与出油阀以及调节机构等。喷油泵根据调节机构的特点可分为回油孔调节式(见图 3-13)与回油阀调节式(见图 3-14)两种。

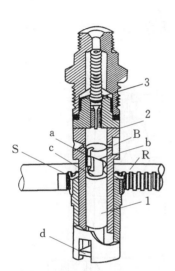

图 3-13 回油孔调节式喷油泵基本结构
1—柱塞;2—套筒;3—出油阀;R—齿条;S—齿圈;B—回油孔;a—直槽;b—斜槽;c—环形槽;d—横销

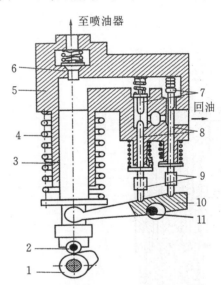

图 3-14 回油阀调节式喷油泵基本结构
1—凸轮;2—滚轮;3—柱塞;4—弹簧;5—泵体;6—出油阀;7—进、回油阀;8—顶杆;9—螺钉;10—摆杆;11—偏心轴

**2. 喷油器**

喷油器的作用是把喷油泵排出的高压燃油以雾状喷入汽缸,以利于可燃混合气的形成。对喷油器的主要要求有:保证良好的雾化质量和合理的流束形状;喷油开始和结束应利落,无滴漏和二次喷射等异常喷射现象。

喷油器分为开式和闭式两大类。开式喷油器结构简单,但雾化质量和喷射性能较差,目前船用柴油机已很少使用。闭式喷油器利用液压启阀原理,当作用在喷油器针阀承压锥面上的油压超过喷油器弹簧预紧力时针阀开启,高压燃油从喷孔中喷入汽缸雾化。因此,闭式喷油器可保证良好的雾化质量,停油时又能迅速断油,以防止燃油滴漏。因而,船用柴油机多使用闭式喷油器,又称液压启阀式喷油器,如图 3-15 所示。

闭式喷油器的形式按喷孔数目可分为单孔式和多孔式(2~9 个),喷孔直径在 0.25~1.25 mm;按是否强制冷却分为冷却式和非冷却式;按调节弹簧的位置分为弹簧上置式和弹簧下置式。

### 3.1.6 换气机构

保证柴油机按规定顺序和时刻完成进、排气过程的机构称为换气机构,又称为配气机构。二冲程气口换气的柴油机不需要设专门的换气机构,而四冲程柴油机和二冲程气口-气阀直流扫气柴油机则是通过专门的换气机构来换气的,它是这类柴油机的重要组成部分。通常换气机构由气阀机构、气阀传动机构、凸轮轴和凸轮轴传动机构组成。它的任务是保证柴油机在工作过程中按规定的时间开启或关闭各汽缸的进气阀和排气阀,使尽可能多的新鲜空气进入汽缸,并使膨胀终了的废气从汽缸排净,保证柴油机工作过程的连续和完善。

换气机构的工作情况直接影响柴油机的换气质量,进而影响柴油机的燃烧过程和做功能力。因此,正确地设计和维护管理好换气机构,对于保持柴油机良好的工作性能和使用寿命具有重要意义。图3-16为四冲程柴油机常用换气机构简图。气阀机构由气阀21、气阀阀座20、

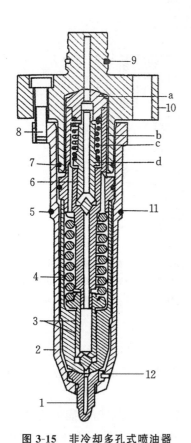

图3-15 非冷却多孔式喷油器
1—喷油嘴;2—喷油器体;3—针阀偶件;
4—弹簧;5,7,9,11—O形密封圈;
6—止回阀;8—螺钉;10—喷油器头;
12—定位销;a—止推座;b—阀体;
c—滑阀弹簧;d—滑阀

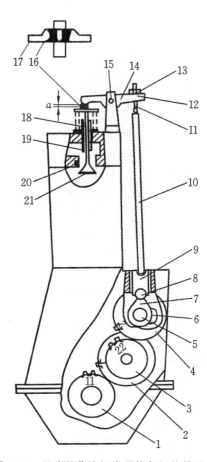

图3-16 四冲程柴油机常用换气机构简图
1—曲轴定时齿轮;2,3—中间传动齿轮;4—凸轮定时齿轮;5—凸轮轴;
6,7—进、排气凸轮;8—滚轮;9—顶头;10—顶杆;11—调节螺钉;
12—摇臂;13—锁紧螺母;14—摇臂支座;15—摇臂轴;16—连接块;
17—弹簧座;18—气阀弹簧;19—气阀导管;20—气阀阀座;21—气阀

气阀导管 19、气阀弹簧 18、弹簧座 17 和连接块 16 等零件组成。气阀靠导管导向,靠弹簧贴紧在阀座上,呈关闭状态。气阀传动机构由凸轮轴上被凸轮驱动的滚轮 8、顶头 9、顶杆 10、调节螺钉 11、摇臂 12、摇臂支座 14、摇臂轴 15 等零件组成。气阀传动机构的作用是把凸轮的运动传给气阀。当凸轮顶升气阀传动机构时,气阀及时开启。当凸轮回转过来后,在气阀弹簧的作用下气阀及时关闭。凸轮轴 5 是由曲轴经中间传动齿轮带动的,并与其保持一定的"定时"关系。凸轮轴上的进、排气凸轮 6、7 根据工作循环的要求,按时地打开或关闭装在汽缸盖上的进、排气阀。凸轮轴传动机构由装在曲轴上的曲轴定时齿轮 1,中间传动齿轮 2、3 和装在凸轮轴上的凸轮定时齿轮 4 组成。四冲程柴油机曲轴转两圈,气阀应开关一次,即要求凸轮轴转一圈。因此,齿轮传动要使曲轴与凸轮轴之间的转速比为 2∶1。

### 3.1.7 柴油机增压

**1. 柴油机增压概述**

所谓柴油机增压,就是采用提高汽缸进气压力的方法,使进入汽缸的空气密度增加,从而可以增加喷入汽缸的燃油量,以提高柴油机的平均指示压力和平均有效压力。增压技术是提高柴油机功率的有效措施。

根据驱动增压器所用的能量,增压可以分为以下三种形式。

(1) 机械增压,即增压器直接由柴油机驱动。这种增压形式将消耗柴油机的有效功率。随着增压压力的提高,柴油机所消耗的功率随之增大。因此,机械增压只适用于低增压柴油机。

(2) 废气涡轮增压,即利用柴油机排出的废气吹动涡轮机,由涡轮机带动增压器。这种增压形式可以从废气中回收部分能量,不仅提高了柴油机的功率,还提高了动力装置的经济性,因此获得了广泛应用。根据对废气能量利用方式的不同,废气涡轮增压有定压涡轮增压和脉冲涡轮增压两种基本形式。

(3) 复合增压,即既采用涡轮增压,又采用机械增压。根据两种增压器的不同布置方案,复合增压可分为串联增压和并联增压。

现代船用低速柴油机的增压压力在 0.3 MPa 左右。

**2. 废气涡轮增压器的构造**

废气涡轮增压器是由废气涡轮和压气机两部分组成的。废气涡轮增压器一般都采用离心式压气机,故依据所采用的涡轮机类型,废气涡轮增压器分为两大类:轴流式涡轮增压器和径流式涡轮增压器。目前,船用大中型柴油机均采用轴流式涡轮增压器,径流式涡轮增压器仅用于中小型柴油机。

图 3-17 为 VTR 型增压器剖视图。它由右侧的单级轴流式废气涡轮和左侧的单级离心式压气机组成。废气涡轮的叶轮和压气机的叶轮装在同一根轴上,构成废气涡轮增压器的转子,其由两端的轴承支承。

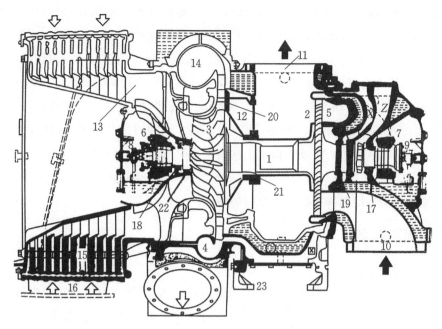

**图 3-17　VTR 型增压器剖视图**
1—轴；2—涡轮机叶轮；3—压气机叶轮；4—扩压器；5—喷嘴环；6,7—滚动轴承；
8,9—滑油泵；10—进气口；11—排气口；12—隔热墙；13—进气箱；14—排气箱；
15—消音器；16—进气管；17,18—油封；19,20,21,22—气封；23—支架

## 3.2　柴油机的工作系统

### 3.2.1　燃油系统

**1. 燃油系统的作用和组成**

燃油系统是柴油机重要的动力系统之一,其作用是把符合要求的燃油畅通无阻地输送到喷油泵入口端。该系统通常由三大环节组成:燃油的注入、贮存和驳运;燃油净化处理;燃油的使用和测量。

燃油的注入是通过船上甲板两舷装设的燃油注入法兰接头进行的。这样,从船舶的两舷均可将轻、重燃油直接注入油舱。

燃油贮存在燃油舱柜中,对于重油舱,一般在其内部装设有加热盘管,以加热重油,保持其流动性,便于驳油。

燃油系统装设有调驳阀箱和驳运泵,用于各油舱柜间的驳油。

从油舱柜中驳出的燃油在进机使用前必须经过净化处理,净化方法包括燃油的加热、沉淀、过滤与离心分离。燃油经净化后,便可通过燃油供给系统送到柴油机。燃油供给系统设有流量计,可检测燃油的消耗量。

图 3-18 为低速柴油机的燃油系统原理图。重油贮存柜中的重油可用重油驳运泵 2 驳至重油沉淀柜 3 中沉淀净化。重油分油机 4 和 7 可对重油沉淀柜中的重油进行分离净化。分离后的重油被输送到重油日用柜 8 供柴油机使用。日用柜中的重油由燃油低压输送泵 13 经滤

器和雾化加热器过滤加热后送至柴油机喷油泵19。回油经调压阀调压返回集油柜11中待重新使用。集油柜的作用如下：收集回油；保证回油经过时不断排除燃油中的气体；有些系统还将其用作量油柜，以测定主机的耗油量。系统中同时还有轻柴油系统，供主机起动和机动操纵时使用。

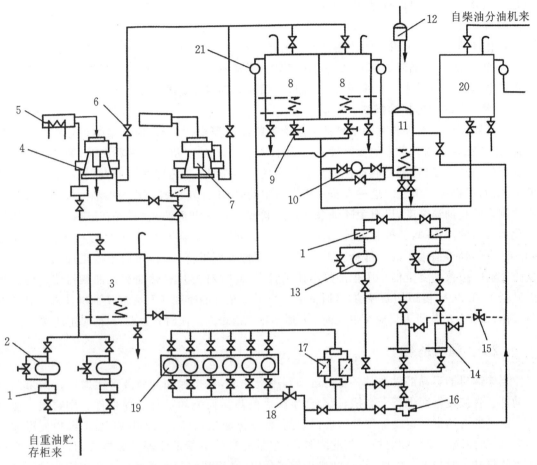

**图 3-18　燃油系统原理图**

1—粗滤器；2—重油驳运泵；3—重油沉淀柜；4,7—重油分油机；5—分油机加热器；6—截止止回阀；
8—重油日用柜；9—自动速闭截止阀；10—流量计；11—集油柜；12—凝水集合器；13—燃油低压输送泵；
14—雾化加热器；15—气动薄膜调节阀；16—燃油黏度发讯器；17—双联滤器；
18—调压阀；19—喷油泵；20—柴油日用柜；21—观察镜

近年来，高黏度劣质燃油的使用，导致其预热温度大大提高。为避免在使用高黏度（700 mm²/s）重油时因预热温度过高而汽化，一种加压式燃油系统出现了，即在日用燃油柜与燃油循环油路之间增设一台输送泵，保证柴油机喷油泵进口处的燃油压力为 0.8 MPa，以防止燃油系统在高预热温度时发生汽化和空泡现象。

**2. 燃油系统的主要设备与作用**

1）重油驳运泵

重油驳运泵的作用：将任一个重油舱中的重油驳至重油沉淀柜中进行沉淀净化处理；在各重油舱之间相互驳运重油；特殊情况下可把重油舱中的重油驳至舷外。

2) 重油的净化处理设备

重油的净化通常采用沉淀、滤清和离心分离等处理措施。

沉淀需在专设的沉淀柜中进行,按规定应至少沉淀12 h。为提高净化效率,沉淀柜中的重油应预热到50～60 ℃,并应定期放水排污。滤清由多个粗、细滤器完成。净化处理的核心环节是离心分离,其主要设备是离心分油机。

3) 雾化加热器和加热温度的控制

雾化加热器是一个重要的预热设备。为保证雾化良好,重油进入喷油泵时其黏度应降低到 $12\sim25\ mm^2/s$。通常在雾化加热器出口装有燃油黏度发讯器,它可测量燃油黏度,并通过某种调节机构来调节蒸汽阀的开度,从而保证燃油黏度与设定的雾化黏度相符。

**3. 燃油系统中的换油操作**

当船舶需要停泊较长时间或燃油管系中某些设备需要拆卸时,应在柴油机停车前改用轻柴油,以便把管系和设备中的重油冲净。此外,当柴油机处于机动操纵状态时,为使柴油机具有良好的机动性能(特别是起动性能),最好也使用轻柴油(又称轻油)。而船舶正常航行后应使用重油,以提高经济性。这种在柴油机运行中的轻、重油转换操作称为换油。换油操作的基本原则是防止油温突变,以避免喷油泵柱塞卡紧或咬死。由重油换为轻油时应首先关闭燃油雾化加热器的加热阀,关掉黏度计,随后切断重油,同时接通轻柴油,在集油柜中使原来的重油和新注入的轻柴油逐步混合稀释。由于稀释黏度比油温下降得快,所以不需再加温。由轻油换为重油时应首先将重油日用柜加热至使用状态,同时略为开启燃油雾化加热器使轻油温度上升至40 ℃以上,随后切断轻油,接通重油。为了有充分的时间顺利完成换油操作以及其他准备工作,驾驶台的值班人员应至少提前1 h通知轮机值班人员何时备车航行、何时定速航行。

### 3.2.2 润滑系统

当柴油机的运动部件在其各自的运动副中滑动时,各接触面间就要产生摩擦。如果两个运动部件直接接触而进行干摩擦,就会产生很大的热量而烧坏部件并使部件急剧磨损。通常将一定量的滑油供到运动部件的摩擦面之间,使摩擦面之间有一层油膜将其隔开,以便形成液体摩擦,从而减少发热和磨损。与此同时,一定量的滑油不断地流经各摩擦表面,还可把摩擦产生的热量及时带走。因此,当柴油机正常工作时,必须利用润滑系统向各相应部位供给足够的滑油。

柴油机的润滑系统一般是指曲柄箱油的强制循环系统;废气涡轮增压器使用透平油润滑时,需另设一个单独系统;大功率中速柴油机及大型低速柴油机的汽缸润滑也需另设单独的润滑系统,即高压脉冲汽缸油系统。

**1. 润滑系统的组成**

柴油机曲柄箱油的强制循环系统主要有两种形式:一种为湿曲柄箱式润滑系统;另一种为干曲柄箱式润滑系统。

1) 湿曲柄箱式润滑系统

在湿曲柄箱式润滑系统中,全部机油贮存在油底壳中,在中小型发动机中非常普遍。一般贮存在油底壳中的机油经粗滤器被机油泵吸出,再压送至机油滤清器底座,然后分两路:一部分机油进入离心式机油精滤器,滤清杂质后回流至油底壳;另一部分机油经粗滤器过滤后进入机油冷却器,然后去润滑柴油机各部位。在这种润滑系统中,汽缸壁与活塞之间的润滑是利用曲柄-连杆机构高速运动时飞溅起来的油滴或油雾进行的。

2) 干曲柄箱式润滑系统

干曲柄箱式润滑系统中设有专用的滑油循环柜,机座中基本上不储存滑油。图 3-19 为大型低速及中速大功率柴油机的干曲柄箱式润滑系统。

滑油循环柜 1 中的滑油经磁性粗滤器 2 由滑油泵 3 抽出,经细滤器 4 和滑油冷却器 5 输送至柴油主机 6 的滑油总管中。滑油总管中接有若干支管,此时滑油便经各支管流至主轴承、连杆轴承、十字头销轴承、滑块以及凸轮轴轴承等处进行润滑。对于采用滑油冷却活塞的柴油机,则有专门的管系供应滑油,一般与润滑用管系分开。所有润滑与冷却用的滑油在完成其任务后,经由专门的管系或孔道溢流汇集于油底壳,并流入循环柜,从而保证滑油循环使用。

滑油泵及粗、细滤器均设有两台,其中一台备用。循环柜中一般都有加热设备,以保持滑油有合适的黏度,保证油泵正常工作。系统中还设有装油管路,以便于由岸上或供油船上通过甲板上的装油管系将滑油装入各贮油柜。位于双层底的滑油柜及回油柜、污油柜,除设有隔离空舱与邻舱和船体外板隔离外,还应装有通气管、溢流管和液位指示器等。

为了对系统的滑油进行净化处理,系统还设有分油机 14 及相应的管系,有时为了提高系统的正常工作能力,还装有自动清洗和自动切换的滤器装置。

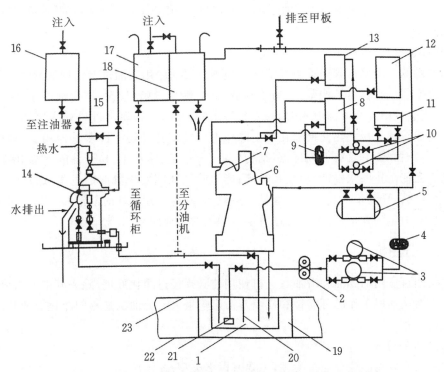

图 3-19 大型低速及中速大功率柴油机的干曲柄箱式润滑系统
1—滑油循环柜;2—粗滤器;3—滑油泵;4—细滤器;5—滑油冷却器;6—柴油主机;7—增压器;
8—增压器循环油柜;9—滤器;10—透平油循环泵;11—透平油冷却器;12—透平油柜;13—透平油重力油柜;
14—分油机;15—加热器;16—汽缸油柜;17—滑油贮存柜;18—日用滑油柜;19—隔舱;
20—纵向隔板;21—吸入口;22—船体;23—双层柜顶

废气涡轮增压器是高速回转的机械,应对其轴承的润滑给予特别注意。若柴油机选用的曲柄箱油能满足废气涡轮增压器的要求,则增压器和主机可共用一个润滑系统,但需增加一个细滤器、重力油柜和溢流管观察镜等部件。如果废气涡轮增压器采用黏度较小的透平油作为润滑剂,则应另设一个专门的系统——重力、强力混合润滑系统,如图 3-19 右上角所示。增压器循环油柜 8 中的滑油由循环油泵 10 经滤器 9 和透平油冷却器 11 送入增压器中进行润滑、冷却,然后又流回循环油柜,如此不断循环。透平油重力油柜 13 的作用在于当循环系统发生故障时,依靠重力经单向止回阀将滑油送入增压器中,以保证增压器在短期内不致过热损坏。

**2. 润滑系统的设备**

润滑系统的主要设备有滑油泵、滑油滤器和滑油冷却器等。

1) 滑油泵

滑油泵常设有两台,其中一台备用。为保证滑油压力稳定和流动均匀,常采用螺杆式油泵。在泵的吸入管路上一般装有真空表,吸入真空度应不超过 33.3 kPa。泵的排出管上装有安全阀和调节压力、流量的旁通阀。运转中的滑油压力应保持在 0.15～0.4 MPa,以保证各轴承的连续供油。滑油压力也不宜太高,否则不但增加滑油泵的负担,浪费功率,接合面易漏油,而且易形成雾状油滴且受热氧化变质,同时增加滑油的消耗量。

2) 滑油滤器

滑油泵的进口端和出口端分别设有粗、细滤器,滤器多为双联式。粗滤器可过滤机油中较粗(0.025～0.12 mm)的机械杂质;细滤器一般可过滤掉 0.01～0.04 mm 的杂质,其前后装有压力表。

3) 滑油冷却器

滑油冷却器通常采用管壳式或板式热交换器。目前船用柴油机上使用的滑油冷却器多为管壳式热交换器。它具有结构坚固、易于制造、适应性强、热容量大、压力损失小、密封性较好等优点,但当它的冷却介质为海水时,易受到海水的侵蚀,故在海水进口处需要加装一个方便更换的锌块或锌棒。板式热交换器在船上除作滑油冷却器外还有许多其他用途,如中央冷却器、活塞水冷却器等,它具有下列优点:结构紧凑、质量轻、体积小、易于清除污垢和维修;其钛合金换热表面能防止海水侵蚀,换热系数高;能消除液体间发生渗漏的危险;通过改变板片数目,极易增减热传导面积。其不足之处是费用较高,密封垫片损坏时易泄漏。柴油机滑油的进出口温度均有一定的要求,一般可通过滑油冷却器的旁通阀来调节。

### 3.2.3 分油机

船舶柴油机所用的燃油和滑油在进机使用前必须经过净化处理,除去其中的水分和杂质。其净化效果对柴油机工作的可靠性和使用寿命影响极大。分油机是船舶净化燃油和滑油必不可少的关键设备。

**1. 分油机的分类**

船用分油机以离心式分油机为主,主要有以下类型。

(1) 按结构可分为盘式分离机和管式分离机。它们仅在结构上有些区别,其工作原理是一样的。目前船舶上基本均采用盘式分离机。

(2) 按主要用途可分为分水机和分杂机。分水机主要用于净化油料中的水分,但也起分杂的作用;分杂机主要用于净化油料中的固体杂质,而无分水功能。

(3) 按净化对象可分为燃油分油机和滑油分油机。

(4) 按操作方式可分为人工排渣分油机、手控排渣分油机、程控排渣分油机和连续排渣分油机。

(5) 按连接方式可分为串联运行分油机和并联运行分油机。并联运行可以提高分离油流量;串联运行可提高分离油质量,串联运行时多是分水机在前、分杂机在后。

**2. 离心式分油机的基本工作原理**

离心式分油机实际上是一种加速沉淀设备。对于掺有杂质的油料,其在离心力场中进行油、水和杂质的沉淀要比在重力场中沉淀的速度、效率大数千倍,其沉淀净化的质量也更高。

把油料放入高速旋转(一般达 6000～8000 r/min,故不能随便互换分油机的运动零件)的容器内,见图 3-20,由于油料随容器一起高速旋转,在离心力场中油、水、杂质的密度各不相同,油的密度为 $\rho_1$,水的密度为 $\rho_2$,杂质的密度为 $\rho_3$,它们会自动沿径向分层。密度最大的杂质在最外层并聚集在容器内壁,密度最小的油在最内层,而密度介于杂质与油之间的水在中间。如果连续不断地把油料从油料进口 1 送入容器内,那么被分离的油、水便不断地从轻液出口 4 和重液出口 3 被甩出,而杂质则聚集在容器内壁。转筒的转速愈高,油、水和杂质的分离就愈彻底,效率也愈高。

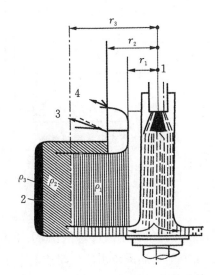

图 3-20 离心式分油机的工作原理图
1—油料进口;2—渣滓;3—重液出口;4—轻液出口

### 3.2.4 冷却系统

在柴油机中,燃料在汽缸内燃烧所产生的热量,一般只有 1/3 左右转化为有效功,还有 1/3 随废气排入大气,其余 1/3 左右热量要经过汽缸、汽缸盖和活塞等部件散到外界。为了能散出这些热量,冷却系统必须具有良好的工作性能。柴油机冷却系统的一般设置是用淡水强制冷却柴油机,并采用闭式循环系统进行冷却,然后用海水强制冷却淡水和其他载热流体(如滑油、增压空气等)。

**1. 冷却系统的分类**

冷却系统主要由冷却水泵、冷却器、膨胀水箱、温度调节器以及管路和阀件组成。冷却系统分为三大类:开式海水冷却系统、闭式淡水冷却系统和中央冷却系统。

1) 开式海水冷却系统

开式海水冷却系统是用海水作为冷却剂来冷却淡水、滑油、增压空气和空气压缩机等。该系统的基本组成是海底门和大排量海水泵。如图3-21所示,从低位海底门8、高位海底门9来的海水经滤器至海水泵3、4,然后被送往滑油、淡水冷却器和空气冷却器后排至舷外。由于海水中含有大量盐类、杂质和气体,受热后会在冷却表面沉积成水垢,降低冷却效果,所以海水的出口温度必须低于50 ℃。

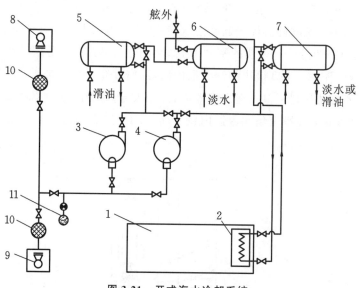

图3-21 开式海水冷却系统

1—主机;2—空气冷却器;3,4—海水泵;5—滑油冷却器;6—淡水冷却器;
7—活塞冷却器;8—低位海底门;9—高位海底门;10—滤网;11—应急吸口

2) 闭式淡水冷却系统

由于柴油机受热件工作条件不同,所要求的冷却液温度、压力和基本组成也各不相同,因而各受热件的冷却系统通常由几个单独的系统组成。闭式淡水冷却系统一般包括缸套和汽缸盖、活塞、喷油器三个。这里仅简要介绍闭式缸套水冷却系统。

闭式缸套水冷却系统原理如图3-22所示。淡水由主淡水泵供应,先进入主机缸套进行冷却,然后由淡水泵抽出循环使用。图3-22中的膨胀水箱通过平衡管与淡水泵的吸入口相连,起着容纳系统中的水受热膨胀量、定压、补水、提高系统运行效率的作用。

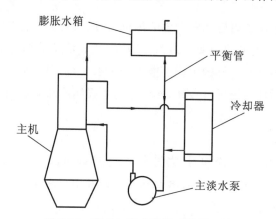

图3-22 闭式缸套水冷却系统原理图

3) 中央冷却系统

20世纪70年代初期,一种新型的柴油机冷却系统出现了,即近代的中央冷却系统,也叫集中式冷却系统,如图3-23所示。这种冷却系统的基本特点是使用不同工作温度的两个单独的淡水循环系统:高温的热淡水(80~85 ℃)闭式系统和低温的温淡水(30~40 ℃)闭式系统。前者用于冷却主机,后者用于冷却热淡水和各种冷却器。受热后的温淡水在一个中央冷却器中由开式的海水系统进行冷却,因此可保证只使用一个用海水作为冷却液的冷却器。

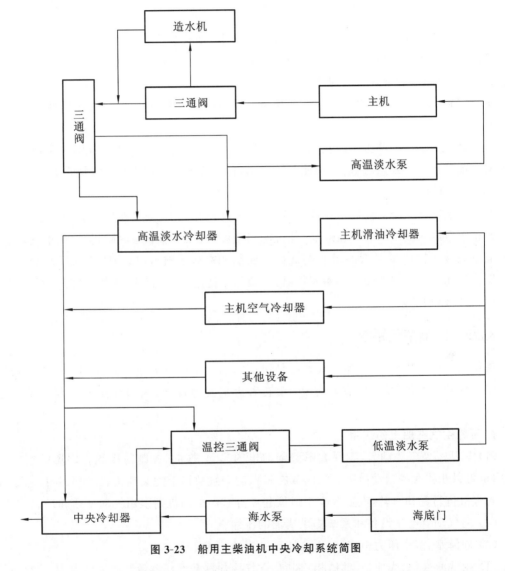

图3-23 船用主柴油机中央冷却系统简图

中央冷却系统相较于前述的传统的冷却系统有以下明显优点:海水管系及中央冷却器的维修工作减至最低限度;汽缸冷却水温度稳定,不受工况变化的影响,因而使柴油机始终在最佳冷却状态下运转;淡水循环可多年保持清洁,维修工作量极小。所以,目前建造的现代化船舶大多采用中央冷却系统。

中央冷却系统同时也存在以下缺点:增加了中央冷却器及其辅助设备与管系,因而投资费用较高;附加管系存在阻力损失,使泵送耗功有所增加。

**2. 冷却系统的设备**

1）冷却水泵

冷却水泵包括淡水泵和海水泵，一般各有两台，其中一台备用。海水泵排量很大，常在吸入管接一个应急舱底水吸口，以便机舱进水时应急排水。海水排出管道上装有与消防泵、通用泵或压载水泵排出管道相通的管系，当各泵损坏时可以互相应急代用。淡水泵和海水泵一般均采用离心泵。

2）膨胀水箱

缸套水冷却系统中均设置膨胀水箱，其作用如下：排放系统中的空气；使系统中的淡水受热后有膨胀的余地；自动向系统中补充因蒸发和泄漏而损失的水量；保证淡水泵有足够的吸入压头；可在此处投放化学药剂以对冷却水进行化学处理；若膨胀水箱中有加热蒸汽管，可加热淡水进行暖缸；观察系统中冷却水量的变化情况及间接判断柴油机缸盖、缸套是否有裂纹。

3）淡水冷却器

冷却系统中的冷却器也有管壳式和板式两种。淡水温度可以通过自动调节器来进行控制和调节。如需调整冷却水流量，必须使用淡水出口阀，淡水进口阀应始终保持全开。

4）海底门（阀）

开式海水冷却系统的海底门一般有两个，分为高位和低位，分设在船舶的两侧舷旁。高位海底门位于空载水线下约 300 mm 处，低位海底门设在舱底（靠双层底附近）。船舶进港后，由于水面下泥沙污物较多，多使用高位海底门。而船舶在海上航行时，为防止因风浪造成空吸，多使用低位海底门。当船舶在码头停靠时，一般停止使用靠近码头一侧的海底门，而改用外侧海底门，以防污物堵塞。

### 3.2.5 压缩空气系统

在柴油机动力装置中，压缩空气系统是保证船舶正常运行的不可缺少的动力源。压缩空气由于具有取之方便、易于贮存和输送、没有着火危险等优点，因而在船舶上获得了广泛的应用。

**1. 压缩空气在船上的应用**

（1）以压缩空气为动力，实现大中型柴油机的起动、换向、控制与操纵。用压缩空气起动主、副机可以获得大的起动扭矩。汽缸数在最低起动缸数以上的柴油机，一般采用压缩空气直接充入汽缸进行起动运转，汽缸数少于最低起动缸数的柴油机则多用气动马达起动。

（2）向气动自动化设备和系统提供清洁的压缩空气。

（3）向海水、淡水压力柜充气，以维持其一定的工作压力。

（4）吹洗海底门、粪便柜、油渣柜、烟囱、空气冷却器和增压器等。

（5）作为航行中汽笛、雾笛等设备的吹鸣动力。

（6）作为消防系统的动力源，例如作为粉末灭火剂的喷射动力。

（7）作为气动动力系统的能源，如气动工具、气动仪表等。

（8）作为船上的救生艇、舷梯起落装置的动力源。

（9）作为机舱和甲板的杂用空气。

（10）用于军用舰船上的武器发射和吹洗等。

船上压缩空气的用途不同,其使用压力亦不同,如表 3-1 所示。

表 3-1 船上压缩空气的使用压力范围

| 使用场合 | 压力范围/MPa |
| --- | --- |
| 柴油机起动和换向 | 3.0(随机型而异) |
| 气动仪表和杂用 | 0.6~1.0 |
| 海水、淡水压力柜 | 0.3~0.4 |
| 汽笛、雾笛 | 0.5~1.0 |
| 吹洗海底门 | 0.2~0.3 |

**2. 压缩空气系统的要求**

(1) 供主机起动用的空气瓶(主空气瓶)至少应有 2 个,其总容量应在不充气的情况下,保证每台可换向的主机能从冷车连续起动不少于 12 次,试验时应正、倒车交替进行;对每台不能换向的柴油机能从冷车连续起动不少于 6 次。空气瓶的安装应使泄放接管在船舶正常倾斜时仍有效。

(2) 用压缩空气起动的主机至少应设两台空气压缩机(又称空压机),其中一台应为独立驱动,其总排量应在 1 h 内使空气瓶由大气压力升至连续起动所需要的压力。对于无限航区的船舶,还应设置一台应急空气压缩机,以保证对空气瓶的初始充气。

(3) 在空气压缩机、空气瓶、大型低速柴油机的起动总管上安装安全阀和其他相应的阀件。

空气压缩机安全阀的开启压力不应大于工作压力的 1.1 倍。每台空气压缩机的排出管应直接与每个空气瓶连接。在空气压缩机与空气瓶之间应安装油气分离器或过滤器,用以分离并泄放压缩机排气中所含的油和水。

柴油机起动总管上的安全阀开启压力为最高起动压力的 1.1 倍。在通往柴油机的起动空气管路上装有截止止回阀,用以保护压缩空气管路不受缸内爆炸气体的影响。缸径大于 230 mm 的柴油机,其起动空气系统应安装火焰阻止器,对于直接换向的柴油机,每一起动阀处安装一个火焰阻止器;对于不可换向的柴油机则只在起动空气管上装火焰阻止器。

空气瓶是压力容器,其排出阀为止回阀,以防止当一空气瓶压力低时,另一压力高的空气瓶在开启时空气倒灌入压力低的瓶内。空气瓶应设残油、水的泄放设备。空气瓶上安全阀的开启压力不超过工作压力的 1.1 倍。若在空气进气管上或空气压缩机上装有安全阀,且在充气时能防止瓶内压力超过设计压力,则空气瓶可不安装安全阀,但应装易熔塞,熔点约为 100 ℃,其尺寸应保证失火时能有效地放出空气。

**3. 压缩空气系统的组成**

图 3-24 为一大中型船舶柴油机动力装置中的压缩空气系统图,它由两台主空压机、两个主空气瓶和压力表、减压阀、空气滤器等附件组成。一台空压机向任一主空气瓶充气,任一主空气瓶可向各用气处所供气。平时只用一个主空气瓶,另一个备用。为了确保控制阀件的灵活性和系统的工作可靠性,供控制仪表和遥控系统用的压缩空气,除经过滤器使之清洁外,还要经除湿装置使之干燥。空气瓶的压缩空气由阀 A 去起动主机;经减压阀的 0.7 MPa 空气由 AP 去清洁增压器或至喷油器试验台;经减压站和 100 $\mu$m 过滤器的 0.7 MPa 压缩空气由 B 至

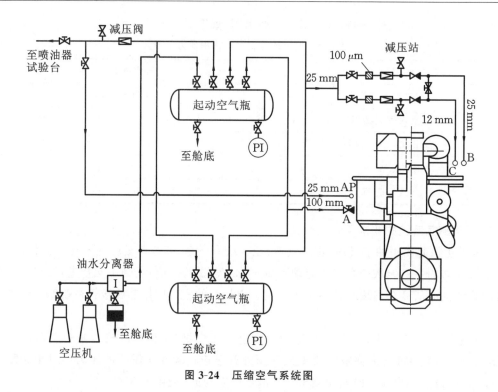

图 3-24 压缩空气系统图

操纵系统和排气阀"空气弹簧",而由 C 至安全系统紧急停车。

## 3.3 柴油机运行管理

### 3.3.1 柴油机的备车、起动和机动操纵

**1. 开航前备车**

开航前备车的目的是使船舶动力装置处于随时都能起动和运行的状态。船舶动力装置类型、功率和停泊状态不同,备车所需的时间长短不一,一般为 0.5~6 h。船舶柴油机动力装置应提前 1~2 h 备车。备车主要内容包括值班驾驶员和轮机员确认开航时间;在规定的开航时间前 1~2 h 对时钟、车钟和对舵;暖机、各动力系统准备;转车、冲车、试车等。待备车工作结束并经机、驾双方确认后,轮机员操纵车钟手柄将车钟指针摇至"STOP"位置,驾驶台车钟指针跟至并正对"STOP"位置,即表示车已备妥,随时可用。

1) 暖机

暖机是指船舶在停泊后开航前预先加热柴油机冷却系统和滑油系统中的循环液,并开动冷却水循环泵、滑油循环泵,以提高机体温度和向各运动摩擦表面供应滑油的过程。暖机的目的是使柴油机容易起动发火,减轻燃油中的硫分燃烧后生成的酸性物质对汽缸壁、活塞顶的低温腐蚀,还可以减小燃烧室部件在动车后产生的热应力。

船舶主机的暖机方法有三种:一是将运转中的发电柴油机循环冷却水通入主机冷却水中;二是利用蒸汽加热主机冷却水和滑油;三是利用电加热器加热主机冷却水。暖机时间随机器尺寸、环境温度、加温方式的不同而不同,但应保证机器起动前冷却水温度达到 60 ℃ 以上。如

果主机停泊期间能够一直处于暖机状态,则对设备保持良好的工作状态有利。

2) 滑油系统的准备

在备车开航前,应提前起动滑油分油机,对曲轴箱滑油进行加热和分离,以分离出滑油中的杂质和水分,并将滑油温度加热至 30 ℃以上。在备车开航前,必须检查滑油循环柜、增压器油液观察镜(单独润滑)、调速器油位、艉轴润滑重力油柜、艉轴尾部密封装置滑油柜、艉轴首部密封装置循环器和各中间轴承座等处的滑油油位。起动主滑油循环泵、凸轮轴油泵或凸轮轴升压泵,将油压调至规定值,以便将滑油送至各润滑表面。

检查汽缸油柜油位,检查汽缸注油器是否充满油,手动检查汽缸注油器工作情况。在柴油机转车过程中,应操纵汽缸注油器,将滑油预先送到汽缸壁周围,以减轻起动时汽缸壁的磨损。

3) 冷却系统的准备

首先检查主机膨胀水柜(也即膨胀水箱)的水位和冷却水系统中各阀门是否处于正常状态,然后开动主机淡水泵,使淡水在系统中循环并排出气体。

4) 燃油系统的准备

检查燃油沉淀柜和轻、重油日用柜的油位,并放出油柜残水,油位较低时应及时驳油,加热燃油日用柜、沉淀柜和使用中的燃油舱中的燃油(至少提前 2 d)。开动燃油输油泵、燃油循环泵,使燃油循环流动并驱排气体,检查燃油压力。

5) 压缩空气系统的准备

当值轮机员应将主、副空气瓶充气至规定压力,放掉气瓶及压缩空气系统中的水和残油。开启空气瓶出口阀、主停气阀,将主起动阀置于"自动"位置。

6) 转车

转车就是用转车机或特殊的慢转装置转动主机,以检查机器各运动部件和轴系的回转情况以及各汽缸内有无大量积水。转车前应开启示功阀,起动滑油泵,然后合上转车机并手动向汽缸内注入汽缸油。转车 1~2 转,确认机器正常后停止转车机,使转车机与主机脱开,确认连锁装置释放,并将转车机锁在脱开位置。

7) 冲车

冲车是利用起动装置供给压缩空气(不供燃油)使主机转动的操作过程。冲车可将汽缸中的杂质、残水或积油等从开启的示功阀中冲出。同时,还要在冲车过程中判断起动装置和主机工作是否正常,若有故障,排除后方可进行试车。如果主机冲车情况正常,则关闭示功阀。

8) 试车

试车的目的是检查起动系统、换向装置、燃油喷射系统、油量调节机构、调速器、主机及其系统、轴系和螺旋桨等能否工作正常。试车的操作如下:由当值轮机员先将车钟推至正车(或倒车)微速运转位置,待驾驶台回车令后,当值轮机员进行柴油机起动操作、供油,在正车微速下运转数转后停车;然后换向,进行倒车(或正车)起动、供油,微速运转后停车。

试车完毕后,将车钟回令手柄停在"停车"位置,此时船舶可随时启航,机电设备应始终处在当值轮机员的监管之下,轮机员不应远离操纵台,并与驾驶台保持联系。如果主机采用驾控方式,则将遥控旋钮转至"驾控"位置。

**2. 起动和机动操纵**

船舶在进出港、靠离码头时运动状态变化比较频繁,必须保证船舶运动状态变化时船舶动力装置能有效并安全运行。当值轮机员应严格准确地执行车令,正确操纵和管理主机。

1) 机动操纵时的操作

当机舱接到驾驶台机动操纵的指令时轮机部应立即备车,如果主机换轻油,应避免油温突变而损坏供油设备。机动操纵时应保证供电,必要时增开发电机,以满足高负荷和冲击负荷的需求。空气瓶应随时补足空气,并保证汽笛用气。当值轮机员必须集中精力,使各运转设备的主要参数在规定的范围内,必要时进行适当调整。

2) 机动操纵时的安全事项

船舶在起航和加速过程中,不应加速太快,以防柴油机热负荷、机械负荷过大;应快速越过转速禁区,防止机器发生剧烈振动。机动操纵期间,船舶航行状态多变,要随时注意配电板各仪表的工作情况,注意观察和调节冷却水、滑油的温度和压力,保持空气瓶压力在允许范围,保持正常的扫气温度和压力,注意各缸排气温度值的变化,注意各主要设备的工作状态。

### 3.3.2 柴油机运转中的管理

**1. 热力检查**

热力检查的目的是检查和确定发动机各缸燃烧情况及负荷分配的均匀程度。这是发动机正常运转、可靠工作的必要保证,也是衡量发动机运转性能和技术状态的主要内容之一。

运转中,应注意喷油设备技术状态的变化,因为喷油器性能不良常引起汽缸燃烧恶化和各缸负荷的变化。喷油器检查可以通过检测排气温度、观察排气颜色及打开示功阀观看火焰情况等方法进行。同时应检查各缸冷却水、活塞冷却液及废气涡轮增压器冷却水的出口温度,各缸冷却液出口温度与平均温度的最大温差要小于 $4\sim5$ ℃。在柴油机状态良好的情况下,排气温度只能大致反映出各缸的燃烧状态、喷油设备的情况以及负荷分配状况。为了确切了解各缸负荷的分配是否基本均匀,还应在适当时机测取各缸示功图,确定最高燃烧压力和计算平均指示压力,分析和判断各缸负荷的大小和分配是否合理、均匀。

**2. 机械检查**

运行中经常检查机器外部部件,从温差、振动、脉冲等角度判断设备工作是否正常。要及时发现机械设备连接处、阀件处的泄漏并迅速查明原因予以解决。

**3. 冷却系统的管理**

巡回检查时,应注意主机和副机膨胀水柜、喷油器冷却水柜的液位变化情况和水量消耗情况,如发现水位上升或下降,必须查明原因及时排除故障。各缸冷却水出口温度应符合说明书规定,温差应符合要求。水温过低不仅使柴油机热效率下降,增加低温腐蚀,还会让受热部件因内外温差过大而产生热应力,进而导致裂纹故障发生。水温过高则橡胶阻水圈易老化,同时冷却腔可能形成冷却水汽化使冷却效果下降。通常大型低速柴油机的冷却水出口温度为 $80\sim85$ ℃。空冷器出口的扫气温度保持在 $40\sim45$ ℃。

**4. 滑油系统的管理**

大型低速柴油机主滑油循环泵出口压力一般为 $0.2\sim0.4$ MPa。滑油冷却器前温度为 $50\sim55$ ℃,不应超过 60 ℃,冷却器前后温差为 $10\sim15$ ℃。对于中高速柴油机,滑油的压力与温度值均稍高些。柴油机运转中注意检查滑油循环柜油位,若油位发生变化,应及时查明原因并排除故障。油冷式活塞的回油应保持稳定,油量不足或中断均能造成活塞烧蚀和咬缸。定期检查推力轴承的油温,各中间轴承的油位、油温,艉轴重力油柜的液位、油温,艏、艉密封装置油柜和循环器的油位。

**5. 燃油系统的管理**

应定期清洗燃油滤器,清洗后必须充油排气。当风浪天航行时滤器须转换清洗,避免供油中断。对高压油泵、喷油器的工作状态和高压油管的脉动情况进行检查。燃油进机前要有合适的黏度,低速柴油机要求的黏度范围是 $12\sim 25~\text{mm}^2/\text{s}$。

### 3.3.3 柴油机的停车和完车

**1. 到港前的准备**

到港前应确定主机是否需要换轻油。现代船舶主机燃油系统及燃油喷射系统允许主机在使用重油状态下停车,但在下列情况需要换轻油:停机后需要进行燃油系统设备检修;船舶需进坞修理;长时间停泊;当地环保法规要求使用低硫燃油。

换油操作一般应在机动操纵用车前 1 h 进行,同时进行主机操作、高压空气准备及电力准备。

**2. 停车时的注意事项**

正常情况下的停车应保持各系统正常运转,主机处于随时可用状态。如停车时间较长,应注意各系统工质状态参数的变化,并及时调整。

**3. 完车后的操作**

当船舶进入停泊状态后,当值轮机员接到驾驶台"完车"指令时,应按完车程序做好如下工作:停掉主机的辅助鼓风机;关闭起动空气系统的主停气阀、主起动阀、空气瓶出口阀;打开各缸示功阀,合上转车机转车 $5\sim 10~\text{min}$,并手动驱动汽缸注油器,向汽缸表面注油;停燃油供给泵,关闭进出口阀及日用柜出口阀。如重油停车,循环油泵继续运行,并对燃油加热保温,温度可低于正常使用温度 20 ℃,维持 30 cSt 的黏度。如轻油停车,停循环油泵,让主滑油泵、淡水泵继续运转 30 min,充分带走运动表面的热量并使机体各部件均匀散热。

## 复习思考题

3-1 什么是燃烧室和燃烧室部件?

3-2 柴油机汽缸盖上有哪些主要部件?

3-3 简述汽缸套的润滑和冷却方式。

3-4 试述十字头式活塞和筒形活塞结构组成的异同。

3-5 曲柄排列的原则是什么?

3-6 柴油机的主要固定部件有哪些?其作用如何?

3-7 机座的作用有哪些?

3-8 对喷油泵有何要求?其油量调节的方法有哪些?

3-9 简述喷油器的分类方法。

3-10 简述换气机构的定义和组成。

3-11 简述增压的作用及形式。

3-12 简述燃油系统的组成、主要设备及作用。

3-13 燃油系统中的换油操作应注意什么?

3-14 湿曲柄箱式润滑系统和干曲柄箱式润滑系统有何异同?

3-15 简述润滑系统的主要形式及组成部件。

3-16 分水装置与分杂装置有何异同？
3-17 简述冷却系统的组成及主要分类。
3-18 膨胀水箱的作用有哪些？
3-19 船舶动力装置对压缩空气系统有何要求？
3-20 压缩空气系统的主要组成部件有哪些？
3-21 简述开航前的备车工作。
3-22 试比较转车、冲车和试车的相同点和不同点。
3-23 简述柴油机机动操纵的管理要求。
3-24 柴油机运行中的管理包括哪些方面？
3-25 简述柴油机停车和完车在管理上的不同之处。

# 第 4 章　柴油机的操纵系统

船舶经常在各种复杂的情况下航行,例如,在进出港和靠离码头时,船舶要多次改变航速和航向;在海洋中正常航行时,船舶要定速前进;在大风浪中航行时,由于船舶摇摆颠簸,主机会超速和超负荷,这时应限制主机的转速和负荷;在紧急情况下,为了避免碰撞,船舶要紧急刹车,强迫主机迅速停车和倒转。为了满足船舶机动操纵的要求,船舶主机应当具有起动和停车、定速和变速、超速和限速、超负荷和限制负荷、正车和倒车等性能。为此,作为船舶主机的柴油机,必须设置起动、换向和调速装置,以及使上述各种装置联合动作的操纵机构。

随着船舶自动化技术的发展和电子计算机在船舶上的广泛应用,船舶主机操纵日趋自动化、遥控化、智能化。近年来,新造船舶的主机几乎都是遥控操作的。这就要求轮机管理人员应掌握新技术和提高管理水平,能正确地操纵主机,迅速排除故障,保证船舶安全航行。

## 4.1　起动装置

### 4.1.1　概述

柴油机本身没有自行起动能力。要使静止的柴油机转动起来必须借助外力,从而使柴油机获得第一个工作循环的条件,即在外力作用下进行进气、压缩、喷油,直至燃油燃烧膨胀做功而推动活塞自行运转。这一过程称为柴油机起动。为了保证柴油机顺利起动,带动柴油机的外力(矩)还必须使柴油机达到一定的转速。因为转速太低,压缩过程进行缓慢,气体通过汽缸壁和活塞环处的散热较多,致使压缩终点温度下降。若压缩终点温度低,达不到燃油自燃发火的要求,柴油机也不可能自行转动起来。由此可知,柴油机的起动需要一定的转速,通常称柴油机起动所要求的最低转速为起动转速。

起动转速的大小与柴油机的类型、环境条件、柴油机的技术状态、燃油品质等有关。它是鉴别柴油机起动性能的重要标志。起动转速的范围一般如下:高速柴油机 80~150 r/min,中速柴油机 60~70 r/min,低速柴油机 25~30 r/min。

根据所采用的外来能源形式,柴油机的起动方式有如下几种:

(1)借助于加在曲轴上的外力矩使曲轴转动起来,如人力手摇起动、电力起动和气力或液压马达起动等。

(2)借助于加在活塞上的外力推动活塞运动使曲轴旋转起来,如压缩空气起动。

起动方式的选择与起动阻力矩有关。一般小型柴油机和救生艇柴油机采用电力或手摇起动,船舶主机和发电柴油机几乎全部采用压缩空气起动。

### 4.1.2　压缩空气起动装置的组成和工作原理

压缩空气起动就是将具有一定压力(2.5~3.0 MPa)的压缩空气,按柴油机的发火顺序在膨胀行程时引入汽缸,代替燃气推动活塞,使柴油机达到起动转速,完成自行发火。它的主要优点是起动能量大,起动迅速可靠,在紧急情况下还可以利用压缩空气来刹车和帮助操纵,但该装置构造较复杂,质量较大,故不适用于小型高速柴油机。

压缩空气起动装置主要包括空气压缩机、起动空气瓶、主起动阀、空气分配器、汽缸起动阀和起动控制阀等。

图 4-1 所示为压缩空气起动装置原理图。起动前,空气压缩机向空气瓶 6 充气至规定压力。当接到备车命令时,先打开空气瓶出气阀 5 和截止阀 8,使瓶中空气经截止阀 8 沿管路通至主起动阀 3 和起动控制阀 7 处等候。当接到起动命令时,将操纵手柄 4 推到"起动"位置。这时,起动控制阀 7 开启,空气进入主起动阀 3 的活塞上面,推动活塞下移,使主起动阀开启。于是,起动空气分成两路:一路为起动用的压缩空气,经总管被引至各缸的汽缸起动阀 1 下方空间等候;另一路为控制用的压缩空气,被引至空气分配器,然后按照柴油机的发火顺序依次到达相应的汽缸起动阀的顶部空间,并轮流将汽缸起动阀打开,使等候在此阀前的起动空气进入汽缸,推动活塞运动,从而使曲轴旋转。当柴油机达到起动转速时,随即将燃油手柄推至起动供油位置。待柴油机起动后,立即通过操纵手柄 4 关闭起动控制阀 7,切断起动空气。主起动阀 3 随即关闭,汽缸起动阀 1 上部空间的起动空气也经空气分配器泄放,汽缸起动阀关闭。至此,起动过程结束。然后可逐渐调节供油量,使柴油机在指定转速下运转。当无须再次起动主机时,将截止阀 8 和出气阀 5 先后关闭。

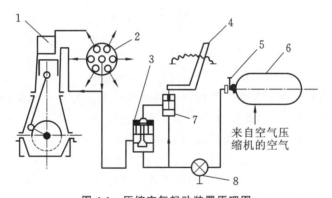

图 4-1 压缩空气起动装置原理图

1—汽缸起动阀;2—空气分配器;3—主起动阀;4—操纵手柄;
5—出气阀;6—空气瓶;7—起动控制阀;8—截止阀

为了保证柴油机使用压缩空气能迅速而可靠起动,压缩空气系统必须具备以下三个条件。

(1) 压缩空气必须具有一定的压力和一定的储量。存于空气瓶中的空气压力和储量必须满足《钢质海船入级规范》的要求。在起动装置空气瓶容量已定的情况下,压缩空气所具有的能量是由其压力决定的。压缩空气必须具有足够的压力才能使柴油机在较短的时间内达到起动转速。最低起动空气压力与柴油机的构造、起动装置的完善性以及柴油机的技术状态等因素有关。

(2) 压缩空气供气要适时并有一定的供气延续时间。因为这种起动方式是用压缩空气代替燃气推动柴油机活塞使曲轴转动的,因此压缩空气必须按照一定的时间规律送入汽缸,即在活塞处于膨胀行程之初的某一时刻开始向汽缸供气,并使之持续一段时间后结束。起动定时(即空气分配器定时)与柴油机的类型、汽缸数目、标定转速,以及起动空气压力等因素有关。合适的起动定时应以既有利于起动又节省空气消耗量为原则。船用大型低速二冲程柴油机约在上止点前 5°曲轴转角开始向汽缸供气,在上止点后 100°左右结束供气,进气延续角一般不超过 120°曲轴转角。中高速四冲程柴油机供气始点在上止点前 5°~10°曲轴转角,供气持续角因受排气阀限制一般不超过140°曲轴转角。

（3）必须保证最少汽缸数。对于船舶柴油机,应保证曲轴在任何位置都能起动,即柴油机的曲轴在任何位置时都应至少有一个汽缸处于起动位置。为此,柴油机必须有一定的汽缸数。起动所要求的最少汽缸数对二冲程柴油机为360°/100°,一般不应少于四个;对四冲程柴油机为720°/140°,一般应不少于六个。若汽缸数少于上述数值,则起动前应通过盘车使某个汽缸处于膨胀行程开始后的某一时刻。

## 4.2 换向装置

### 4.2.1 换向原理和方法

根据航行要求,如果船舶要从前进变为后退(或相反),一般是靠改变螺旋桨的旋转方向(称为直接换向),或者保持螺旋桨转向不变而改变螺旋桨叶的螺距角使推力方向改变(称为变桨距换向)来实现的。目前多数船舶使用第一种方法换向,即船舶的进退依靠螺旋桨旋转方向的改变。而改变螺旋桨转向的方法除了少数间接传动采用倒顺车离合器外,一般采用的是改变柴油机的转向。因此,要求船舶主柴油机具有换向性能。柴油机换向就是改变柴油机曲轴的旋转方向。

柴油机只有按照规定的进、排气和喷油定时以及发火顺序工作,才能够以恒定的方向连续运转。要使柴油机换向,首先应停车,然后将柴油机反向起动,最后使柴油机按反转方向运转起来。为了满足反向起动和反向运转的要求,必须改变起动定时、喷油定时和配气定时,使之与正转时有相同的规律。由于上述定时均由有关凸轮控制,故柴油机的换向问题就变为如何改变空气分配器、喷油泵和进/排气凸轮与曲轴相对位置的问题。为改变柴油机的运转方向而设置的改变各种凸轮相对于曲轴位置的机构称为换向机构。

换向时需要改变其凸轮与曲轴相对位置的设备随机型不同而异,如二冲程弯流扫气柴油机只有空气分配器和燃油凸轮需要换向;二冲程直流扫气柴油机又增加了排气凸轮的换向;而四冲程柴油机则包括空气分配器、喷油泵和进/排气阀的控制凸轮的换向。由于所需换向的设备不同,其相应的换向机构也不相同。即使所需换向的设备完全相同,也存在着不同的换向类型。

尽管换向装置种类繁多,但对换向装置的基本要求大体相同,主要如下:

（1）应能准确、迅速地改变各种换向设备的定时关系,保证正、倒车的定时相同;
（2）换向装置与起动、供油装置间应有必要的连锁机构,以保证柴油机运转安全;
（3）需要设置防止柴油机在运转过程中各凸轮定时相对曲轴发生变化的锁紧装置;
（4）换向过程所需时间必须满足《钢质海船入级规范》的要求(小于15 s)。

### 4.2.2 双凸轮换向原理及换向装置

双凸轮换向的特点是对需要进行换向的设备包括空气分配器、喷油泵、气阀等均配置两套凸轮,一套供正车时使用,一套供倒车时使用。正车时正车凸轮处于工作位置,倒车时轴向移动凸轮轴,使倒车凸轮处于工作位置。这样便可使柴油机各缸的有关定时和发火顺序符合倒车运转的需要。

以二冲程直流扫气柴油机为例来说明双凸轮换向的原理。如图4-2所示,图中实线表示正车凸轮,虚线表示倒车凸轮,正、倒车凸轮关于曲柄上、下止点位置的纵轴线对称。图4-2(a)

为喷油泵凸轮(也称燃油凸轮),当柴油机正转时,正车凸轮顺时针转动。如果凸轮的升起点 $a$ 为供油始点,图示位置曲柄正处于上止点,则供油始点 $a$ 已转过上止点 $11°$,即喷油泵正车凸轮相对于曲柄的提前角为 $11°$,此后汽缸内进入燃油发火燃烧和膨胀行程。图 4-2(b) 为排气凸轮,当曲轴按正车方向转到上止点后 $104°$,即下止点前 $76°$ 时,正车排气凸轮也转过 $104°$ 曲轴转角,开始顶起排气阀,排气过程开始。

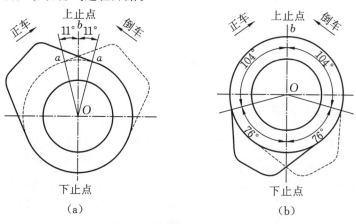

图 4-2 双凸轮换向原理图
(a)喷油泵凸轮;(b)排气凸轮

当柴油机换向后从图示位置倒转时,喷油泵和排气阀改由倒车凸轮驱动(图 4-2 中虚线所示)。这时倒车凸轮按逆时针方向转动,同样保证供油提前角为 $11°$,并在下止点前 $76°$ 使排气阀开启。

图 4-2 中未示出空气分配器凸轮,其正、倒车凸轮的布置原则与喷油泵凸轮相同。对于多缸柴油机,换向后倒转的起动顺序和发火顺序与正转时相反。例如,某二冲程六缸柴油机的正车发火顺序为 $1-6-2-4-3-5$,则倒车发火顺序为 $1-5-3-4-2-6$。

双凸轮换向装置根据移动凸轮轴所用的能量和方法不同而有不同的结构形式,一般有机械液压式和气压式。图 4-3 所示为气力-液压式换向装置,这也是目前船舶主机(MAN 型柴油机)所采用的换向装置,图中所示为倒车位置。当进行由倒车至正车的换向操作时,利用换向杆使换向阀开启,让压缩空气进入正车油瓶,倒车油瓶中的气体经换向阀泄入大气。在压缩空气的作用下,正车油瓶中的滑油被压入油缸活塞的右侧,推动活塞带动凸轮轴向左移动。与此同时,油缸活塞左侧的油被活塞压入倒车油瓶。当活塞移到左侧极限位置时,各正车凸轮正好处于相应的从动件下面,换向过程结束。

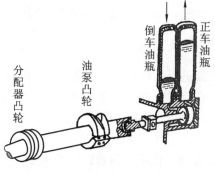

图 4-3 双凸轮换向装置

### 4.2.3 单凸轮换向原理及换向装置

单凸轮换向的特点是每个需要进行换向操作的设备(如喷油泵、空气分配器、排气阀等)都各自由一个轮廓对称的凸轮来控制,正、倒车兼用。单凸轮换向时不是轴向移动凸轮轴,而是将凸轮轴相对曲轴转过一个角度。柴油机换向时为改变定时而使凸轮轴相对曲轴转过一个角度的动作称为凸轮的换向差动,相应的角度为换向差动角。差动方向如果与换向后的新转向相同,则称为超前差动;差动方向如果与换向后的新转向相反,则称为滞后差动。单凸轮换向装置所使用的凸轮线型有两种:一般线型和鸡心形线型。前者适用于各种柴油机的凸轮,后者仅适于直流阀式换气的喷油泵凸轮。

用于完成凸轮轴与曲轴之间差动过程的换向装置,按其使用的工质和能量不同,可分为以下几种:液压差动换向装置(多为滞后差动)、气动机械差动换向装置、空气缸摇臂滚轮换向装置。后两种多为超前差动。

## 4.3 调速装置

### 4.3.1 柴油机调速的必要性

柴油机的不同转速和负荷是通过改变循环喷油量来获得的。操纵柴油机的油量调节机构,使其转速调节到规定的转速范围称为柴油机调速。为了使柴油机在规定的转速能够自动稳定运转,必须装设专门的调速装置,这种装置称为调速器。它能够根据柴油机负载自动调节供油量,使其转速维持在规定范围内。

船舶柴油机主要作为船舶主机带动螺旋桨和作为船舶副机带动发电机。由于被驱动负载的工作特性不同、运转条件不同,因而对柴油机调速的要求也不同。

作为船舶发电原动机的柴油机,要求能在外界负荷变化时保持恒定的转速,以保证发电机的电压与频率恒定。这就要求柴油机的有效功率能随外界负荷(电功率)而变并保持平衡。当外界的用电量增加时,柴油机的有效功率小于外界负荷,柴油机转速下降。若不能相应增加供油量而提高柴油机的有效功率,则在转速下降的同时,柴油机的有效功率相应降低,使柴油机与外界负荷间的功率更加不平衡。如此相互作用,最终导致柴油机自动停车。反之,当外界用电量减少时柴油机将增速。若不能根据转速的增加而降低供油量,柴油机的转速将进一步继续增加,最后导致飞车。可见,发电柴油机自身没有自动调速性能,欲使其在外界负荷变化时仍保持恒速稳定运转,必须在柴油机转速随外界负荷变化时相应地调节柴油机的供油量,使其有效功率与外界负荷的变化相适应,即在发电柴油机上必须装设定速调速器,以保证柴油机始终能以规定的转速稳定运转。

船舶推进主柴油机的运转条件和要求与发电柴油机不同。若外界负荷(如装载、海面状态等)变大而喷油量不变,柴油机就会减速,减速后螺旋桨耗功减小,从而可在一较低转速下达到功率平衡,柴油机稳定运转;反之,若外界负荷降低,则柴油机在较高转速下稳定运转。可见,主柴油机有自动变更转速以适应外界负荷变化的能力,即使没有调速器,其转速仍可自动恢复稳定。所以,若对主柴油机的运转转速并非严格地要求恒定不变,则不必装调速器。但为了防止主机在运转中断轴、螺旋桨失落或出水等造成柴油机超速飞车,根据我国有关规范规定,船舶主机必须装设可靠的调速器(限速器),使主机转速不超过115%的标定转速。不装调速器的船舶主柴油机虽然可以稳定运转,但其转速将随外界负荷的变化而变化。这种变化将对柴油机的可靠性、寿命和经济性带来不良影响。现代船舶主柴油机为了避免这种不良影响,均装有全制式调速器。它可以在柴油机的全部转速范围内,保证柴油机在任意设定的转速下稳定运转。

### 4.3.2 调速器的类型

调速器因原理、结构和用途不同而有不同的类型。船舶柴油机所使用的调速器主要有以下类型。

**1. 按调速范围分类**

(1) 极限调速器。它只用于限制柴油机的最高转速不超过某规定值,而在转速低于此规定值时不起调节作用的情况。这种调速器仅用于船舶主机,目前已很少单独使用。

(2) 定速调速器(又称为单制式调速器)。它是在任何负荷下直接调节供油量以保持柴油机在预定转速下运转的调速器。这种调速器应用于要求转速固定不变的发电柴油机上。通常,为满足多台发电柴油机并联运行的要求,定速调速器应有一定的转速调节范围(一般为 $\pm 10\%$ 的标定转速)。

(3) 双制式调速器。能维持柴油机的最低运转转速并可限制其最高转速的调速器称为双制式调速器,其中间转速由人工手动调节。这种调速器能改善柴油机怠速工况的稳定性和限制最高转速,因而用于对低速性要求较高或带有离合器的中小型船舶主机。在这种使用场合,当离合器脱开的瞬时相当于柴油机突卸负荷,该调速器就能防止柴油机飞车;在低转速接上离合器时,它又能避免柴油机转速急剧下降,并保持最低转速。

(4) 全制式调速器。在从最低稳定转速到最高转速的全部转速范围内均能自动调节油量,以保持任一设定转速不变的调速器称为全制式调速器。这种调速器广泛用于船舶主机及柴油发电机组。

**2. 按执行机构分类**

(1) 机械式(直接作用式)调速器。它是直接利用飞重产生的离心力去移动油量调节机构以调节柴油机的转速。

(2) 液压(间接作用式)调速器。它是利用飞重产生的离心力控制一个功率放大元件,再利用其液压作用所产生的更大动力去移动油量调节机构来调节柴油机转速。

(3) 电子调速器。信号监测或执行机构采用电气控制方式的调速器称为电子调速器。

### 4.3.3 超速保护装置

船用柴油机除按规定和使用要求需装设上述调速器外,为了防止在调速器故障时造成柴油机超速损坏,确保柴油机运转安全,按照我国有关规定,凡标定功率大于 220 kW 的船用主机和船用柴油发电机还应分别装设超速保护装置,以防止主机转速超过 120% 的标定转速和柴油发电机转速超过 115% 的标定转速。超速保护装置是一种运转安全装置,它与调速器不同,它只能限制柴油机转速,本身无调速特性,当柴油机在正常转速范围内时不起作用,只在柴油机转速达到规定限值时才发生动作,使柴油机立即减速或停车。按规定,超速保护装置必须与调速器分开设立而独立工作,无论柴油机的操纵机构处于什么状态,该装置的保护性动作必须迅速而准确。

通常,该装置由转速检测器、伺服机构和停车机构三部分组成。转速检测器对曲轴转速随时进行测定与判断。当转速达到规定限值时,发出准确而稳定的信号,触发伺服机构动作。伺服机构的动作具有足够的强度与幅度,保证在任何情况下均能带动停车机构立即切断燃油供应或停止汽缸进气,使柴油机停车。

按转速的测定方式,转速检测器有三种类型:离心式、电磁式、气压式。离心式利用飞块-弹簧测定转速,多用于中型柴油机;电磁式利用电磁感应原理测定转速,多用于中、低速柴油机;气压式利用增压空气压力测定转速,仅适用于机械增压的小型柴油机。

伺服机构有弹簧式、气压式、液压式,弹簧式结构简单,但需人工复位;气压式和液压式结构复杂,维护复杂,但动作作用力大且可自动复位。

## 4.4 柴油机的操纵系统

柴油机的操纵系统就是将起动、换向、调速等各装置联结成一个整体,并可以集中控制柴油机的机构。轮机人员在操纵台前,通过控制系统就可以集中控制机器,满足船舶操纵的各种要求。

随着自动化技术和电子技术的发展,各种遥控技术已广泛地应用于柴油机的操纵机构。特别是近年来电子计算机技术和微处理机已应用于主机遥控、巡回检测和工况监视等方面,不仅大大减轻了轮机人员的劳动强度,改善了工作条件,还可以避免人为操作差错,提高船舶运行的安全性、操纵性和经济性。目前,主机遥控技术水平越来越高,船舶正朝着全面自动化和智能化的方向发展。

### 4.4.1 操纵系统的基本要求

在船舶柴油机中,操纵系统是最复杂的一部分,零部件多,排列错综复杂。尤其是近年来遥控技术和自动化技术在操纵机构的应用,更增加了操纵系统的复杂程度。为了保证操纵系统能够可靠工作,船舶柴油机操纵系统应满足下列基本要求:

(1) 必须能够迅速而准确地执行起动、换向、变速和超速保护等动作,并应满足船舶规范上的相应要求;

(2) 要有必要的连锁装置,以避免误操作和事故;

(3) 必须设有必要的监视仪表和安全保护与报警装置;

(4) 操纵机构中的零部件必须灵活、可靠,不易损坏;

(5) 操作、调节方便,维护简单;

(6) 便于实现遥控和自动控制。

### 4.4.2 操纵系统的类型

按操纵部位和操纵方式,操纵系统可以分为以下三种。

(1) 机旁手动控制,操纵台设在机旁,使用相应的控制机构操纵柴油机使之满足各种工况下的需要。

(2) 机舱集控室控制,在机舱的适当位置设置专用的控制室,以实现对柴油机的控制和监视。

(3) 驾驶室控制,在驾驶室的控制台中由驾驶员直接控制柴油机。

在这三种操纵系统类型中,机旁手动控制是整个操纵系统的基础,机舱集控室控制和驾驶室控制统称遥控,即远距离操纵主机。遥控系统是用逻辑回路和自动化装置代替原有的各种手动操作。在这三个部位的操纵台上均设操纵手柄、操纵部位转换开关、应急操作按钮及显示仪表等,以便对主机进行操纵和运行状态参数的监测。尽管目前主机遥控技术已经达到了相当高的水平,但系统中仍然必须保留机旁手动控制系统,以保证对主机的可靠控制。

按遥控系统所使用的能源和工质,主机遥控系统可分为电动式主机遥控系统、气动式主机遥控系统、液力式主机遥控系统、混合式主机遥控系统、微型计算机控制系统。

1) 电动式主机遥控系统

电动式主机遥控系统是以电作为能源,通过电动遥控装置和电动驱动机构,在集控室对主机进行操作。它具有如下优缺点:该系统控制性能好,可实现准确控制,不受信号传递距离的限制,有利于远距离控制;不需要油、气管路,无油、气处理装置,不必担心漏油、漏气;易于实现较高程度的自动化,是实现主机遥控的最佳途径。电动式主机遥控系统管理水平要求高,需要配备具有一定电子技术知识且操作较熟练的管理人员。

2) 气动式主机遥控系统

该系统的能源是压缩空气,它是通过气动遥控装置和气动驱动机构对主机进行遥控的。压缩空气可直接利用主机起动用的压缩空气,只需经过减压和净化处理即可使用。信号传递范围比较远,一般在100 m以内就可满足系统的控制要求,信号传递基本不受温度、振动、电气干扰等的影响。因为有管路和气压,看得见,摸得着,动作可靠,维护方便,深受轮机人员的欢迎。但该系统信号传递没有电动式快,对气源的除油、除尘、除水的净化处理要求较高,否则易使气动元件失灵。气动系统目前也趋于小型化和集成化。

3) 液力式主机遥控系统

液力式主机遥控系统的主要优点是结构牢固,工作可靠,传递力较大。但是液压传动有惯性且所用油的黏度受温度的影响等,会使传动的灵敏性和准确性受到影响,因此该遥控系统的使用一般仅限于机舱范围内,不适用于远距离信号传递。

4) 混合式主机遥控系统

为了综合利用上述各种系统的优点,出现了许多混合式遥控系统,如电-气混合式和电-液混合式等,即从驾驶台到机舱采用电动式,机舱内采用液力式或气动式。目前,这种系统在船上应用较为广泛。

5) 微型计算机控制系统

在常规的主机遥控系统中,程序控制等功能是通过各种典型环节的控制回路完成的。微型计算机控制系统通过软件设计给出一个计算机执行程序以取代常规遥控系统的控制回路,用软件取代硬件程序。微型计算机在运行时,将根据从接口输入的车令和表征主机实际运行状态的各种信息进行综合判断和运算,得出需要的控制信息,经输出接口去控制操纵系统的执行元件,实现主机的正倒车换向、起动、停车和调速等功能操作。

其主要特点是用微处理机取代分立元件或集成逻辑电路元件,体积小,功能强,扩大了逻辑功能、运算功能,提高了灵活性,可实现最佳状态和最经济控制。

微型计算机控制系统是主机遥控系统向综合性、自动化方向发展的主要目标和方向。

通常,远距离遥控系统多采用电传动,近距离遥控系统多采用液力或气力传动。目前,我国远洋船队多采用全气动式、电-气混合式这两种形式。

主机遥控系统除了根据车钟指令通过各种逻辑回路和自动装置等完成主机起动、换向、调速和停车等程序操作外,还必须具有重复起动、慢转起动、负荷调节程序、应急停车、自动避开临界转速、故障自动减速或停车、紧急倒车等辅助功能。但柴油机的备车系统状态检查等均先由轮机人员在机舱内完成,然后转换到遥控系统控制。

### 4.4.3 几种典型的操纵系统

船用柴油机的操纵系统形式繁多,各具特点,且大多因机型而异。下面介绍几种典型的柴油机操纵机构的组成和特点。

**1. MAN B&W LMC/MCE 型柴油机的操纵系统**

MAN B&W LMC/MCE 型柴油机的操纵系统是一种电-气联合操纵系统,用于执行操纵者发出的车令。它具有以下几种控制方式:① 集控室控制;② 驾驶台控制;③ 机旁应急控制。

在机旁应急操纵台上设有遥控/应急转换阀和手轮,用于集控室和机舱应急操纵台的控制部位转换。在集控室设有驾驶室/集控室控制转换阀,用于驾驶室和集控室的控制部位转换。

LMC/MCE 型柴油机的操纵系统由下面几部分组成。

(1) 集控室操纵台与主控制阀箱在操纵台上有回令车钟、"停车-起动-供油调速"操纵手柄、驾驶室/集控室控制转换阀、主机或遥控系统中某些设备的工况显示、故障报警及安全保护的信息显示、若干应急操纵的指令按钮等。在主控制阀箱内有为实现上述主机遥控功能的既相互独立又密切相关的功能单元。

(2) 驾驶室控制台及控制阀箱主要有遥控发令车钟、集控室/驾驶室控制转换阀、电-气转换阀、主机工况显示、重要的故障报警信息显示以及若干应急操纵的指令按钮等。

(3) 机旁应急操纵台主要有遥控/应急转换阀、起动阀、停车阀、正倒车控制阀、调速手轮以及若干控制阀件等。当气动遥控系统、调速器或电子设备发生故障时,可在机旁应急操纵台操作主机。

在集控室手动控制期间,主机的起动、停车和调速由集控室操纵台上的操纵手柄以电动、气动或电-气联合方式进行。主机转速由气动设定或电子设定的调速器执行,换向操作由回令车钟手柄完成。

在驾驶室自动控制期间,主机完全由发令车钟手柄控制。

遥控系统使用单独的 0.7 MPa 压缩空气作为控制空气;系统的安全保护装置使用单独供应的 0.55 MPa 压缩空气并由单独的电子安全系统进行控制。

柴油机遥控系统的操纵设备有以下特点。

(1) 采用 2.5~3.0 MPa 压缩空气起动系统。使用单气路控制式汽缸起动阀及空气分配器、球阀式主起动阀与慢转阀。当主机停车超过 30 min 需要重新起动时,必须经慢转阀使主机慢转一圈后,才能进行起动操作。

(2) 燃油凸轮和空气分配器凸轮采用单凸轮换向装置。燃油凸轮使用鸡心凸轮,换向时使用 0.7 MPa 控制空气拉动其滚轮连杆即可。排气阀凸轮不换向。

(3) 使用 Woodward PGA 气动速度设定液压全制式调速器或电子式调速器,并酌情使用多种辅助装置,如扫气压力燃油限制器等。

(4) 安全保护系统。在下列情况下,安全系统触发相关电磁阀使柴油机停车。

① 主机超速、主滑油系统低压、凸轮轴滑油低压、推力轴承高温,以及控制室手动停车。

② 高压燃油管故障保护。当高压燃油管泄漏时,如其泄漏量大于专设节流孔的排放量,将推动相应的控制阀,使该缸喷油泵停油。

③ 特急倒车操纵中的安全措施。当在控制室进行特急倒车操纵——主机在"港内全速"以上转速运转 4 min 以上而进行倒车操纵时,30 s 后,调速器扫气压力燃油限制器的限制作用

自动取消,以保证柴油机迅速倒车运转。

④ 在操纵台上亦设有"扫气限制"开关。当此开关转换至"切断"位置时,扫气压力燃油限制作用也可取消。

⑤ 设有必需的连锁机构,如盘车机连锁、运转方向错误连锁(当主机转向与车钟指示运转方向不同时,主机自动断油)、换向连锁等。

**2. SULZER RTA 型柴油机操纵系统**

SULZER RTA 型柴油机为气动遥控系统,它能在机舱集控室(或驾驶室)遥控主机,还能在机旁应急手动操纵主机。各操纵部位可以通过转换阀转换。整个系统由三部分组成:集控室中的操纵台,控制元件箱(安装在柴油机上),柴油机的起动、换向、调速等装置。

RTA 型柴油机遥控系统的控制介质主要包括:由十字头式滑油泵提供的 $1.2\sim1.6$ MPa 的控制油,供给燃油凸轮换向伺服器和空气分配器换向伺服器;取自船舶压缩空气系统的 $8\times10^2$ kPa 的控制空气;取自船舶空气系统并减压至 $(5.5\sim6)\times10^2$ kPa 的排气阀空气弹簧控制空气;来自起动空气瓶并减压至 $6\times10^2$ kPa 的安全系统控制空气;来自起动空气瓶的 3 MPa 的起动空气。

柴油机遥控系统的控制装置有以下特点。

(1) 具有双气路汽缸起动阀和空气分配器的起动装置,特殊设计的汽缸起动阀在换向程序结束后即可进行有效能耗强制制动。

(2) 空气分配器和喷油泵的换向装置为单凸轮液压差动式换向,差动角为 98°,滞后差动。排气阀凸轮不需要换向。

(3) 采用 PGA 气动液压调速器,并装有设定转速燃油限制器、增压空气压力燃油限制器、升压器、超速电磁切断装置等辅助装置。

(4) 柴油机设有功能齐全的安全保护装置。在发生主机超速,主轴承、十字头轴承滑油低压,汽缸注油器断油,汽缸冷却水、活塞冷却水低压,排气阀空气弹簧低压,应急停车等状况下,安全切断装置或断油伺服器将切断喷油泵进油,使柴油机停机。另外,控制系统中尚设有"应急强迫用车"装置。在狭窄水道或避碰的紧急情况下,如发生自动停车现象,可按下"应急强迫用车"按钮,强制柴油机继续运转,以保证船舶安全。但此时可能造成主机严重损伤。

(5) 设有功能比较齐全的运转连锁装置,以保证柴油机的操纵过程按操纵程序正确、安全地进行,如盘车机连锁、运转方向连锁及起动连锁等。

## 4.5 电喷柴油机

电喷柴油机是将电子控制技术、计算机技术和信息处理技术综合应用于柴油机而形成的一种新型柴油机,又称电控柴油机。电喷柴油机以其功能先进、控制灵活为船舶向智能化方向发展提供了有力保障。与传统的机械控制式柴油机相比,电喷柴油机具有控制精度高、控制功能多、适应性强、调试方便等一系列优点。电喷柴油机正逐步取代传统的机械控制式柴油机而成为船舶柴油机的主流机型。WinGD(Winterthur Gas & Diesel)公司的前身瓦锡兰公司率先将共轨技术应用于大功率船用低速柴油机。1998 年,世界上第一台采用共轨喷射的大型电控低速发动机投入运行,最终推出了 RT-flex 共轨系统。MAN Energy Solutions 公司的前身 MAN Diesel & Turbo 公司从 1993 年开始研制电子控制式柴油机,2003 年,它以其 MC 系列柴油机为原型机,开发出全电子控制式的 ME 系列电喷柴油机。

### 4.5.1 电喷柴油机的特点

**1. 电喷柴油机与传统柴油机的区别**

（1）取消了传统的凸轮轴系统，利用电子计算机控制各缸的喷油定时和喷油量、排气阀定时、起动空气定时等。图4-4所示为MAN Energy Solutions公司的MC系列传统柴油机与ME系列电喷柴油机机械部分的区别。ME系列柴油机取消了庞大的凸轮链条传动机构及凸轮轴机构，取而代之的是由计算机控制的液压机构，液压机构代替凸轮机构控制高压燃油泵进行燃油喷射及排气阀开关。

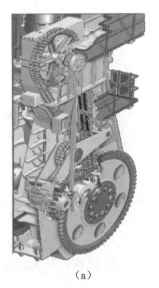 

（a） （b）

图4-4 MAN Energy Solutions公司MC系列与ME系列主机（飞轮端）
(a)MC系列；(b)ME系列

（2）采用液压伺服油系统，使用柴油机系统滑油作为工作介质，驱动高压油泵、排气阀等机构。

（3）采用汽缸压力在线检测系统，将各缸的压力实时输入计算机，确保各缸负荷均匀，同时保证不超负荷。

**2. 电喷柴油机的优点**

（1）电喷柴油机由于燃烧控制的灵活性，能够减少排放和提高经济性指标。机械式喷射系统，在燃烧的前期，燃油燃烧的速度快、放热率大，导致燃气温度高，从而使燃气中的$NO_x$量相对增加。如果采取减小喷油提前角来降低$NO_x$量，由于结构的限制，则整个燃烧过程较长，后燃严重，从而导致柴油机的经济性降低。对于机械喷射柴油机，为满足TierⅡ(Tier为氮氧化物排放控制全球区域标准)排放要求，相对于TierⅠ排放要求，平均油耗增加4~6 g/(kW·h)。而共轨系统在适当减小喷油提前角以降低燃烧温度的同时，也增大了喷油速率来缩短整个燃烧过程，加之其他方面控制的优化，与机械式喷射系统相比，其平均油耗降低4 g/(kW·h)左右。

（2）采用电磁阀控制喷油，控制精度较高，循环喷油量变动小，各缸燃烧压力、排烟温度等热力参数相当均衡；机械负荷和热负荷低；柴油机内部机械作用力、扭矩和振动较小。柴油机控制系统能够实时监测各缸负荷，并自动均衡分配负荷。操作者使用计算机可方便查看各定时参数并在运行中修改，使柴油机保持最佳运行状态。

(3)由于各种负荷状态下燃油均能很好雾化,缸内结炭明显减少,磨损减轻,可以延长设备检修周期,降低了管理人员的劳动强度。

(4)部分负荷状态下运行性能好,最低稳定转速低。柴油机在低负荷运转时,喷射压力几乎不变,同时可精确控制喷油量和气阀定时,真正做到无烟燃烧。

(5)取消了凸轮及其他传动部件,减轻了柴油的质量和磨损,从而提高了柴油机的可靠性。可以预见,随着电子产品可靠性的进一步提高和产品的批量生产,电喷柴油机制造成本将大幅度降低,无故障生命周期进一步延长。

(6)各种定时、运行模式采用计算机智能控制,为后续控制程序的更新换代提供非常方便的操作平台。

(7)电喷柴油机控制系统需要控制和监测的参数要远远多于机械式喷射柴油机,配合现代船岸通信手段,有利于岸基对柴油机状态监测和技术支持,进一步提高船舶运行的可靠性和经济性。

**3. 电喷柴油机的运转控制、检测、故障诊断系统组成**

(1)运行模式控制系统,主要包括排放控制模式、经济模式、主机保护模式、应急停/倒车的最优化模式等控制单元,可根据船舶航行的实际情况,由操作者在主机控制系统界面选择所需要的运行模式。

(2)主机控制系统,主要包括汽缸油量的控制、喷油泵的控制(汽缸压力的测量与分析、爆压的控制)、转速的控制、排气阀的控制(压缩压力的控制)、增压系统的控制等单元,以控制柴油机各系统的运行。

(3)主机工况监测与分析。该系统自动采集主机的各种运行参数,并通过计算机控制使主机始终在最佳状态下运行。该系统包括汽缸状况的监测(活塞环和汽缸套状况的监测)、汽缸压力的监测、扭振的监测等单元。

## 4.5.2 主流电喷柴油机

目前,电喷柴油机的代表机型为 WinGD 公司的 RT-flex 系列和 MAN Energy Solutions 公司的 ME 系列。但 RT-flex 系列柴油机采用的共轨系统与 ME 系列柴油机的电控燃油喷射系统具有一定的区别,具体如下。

**1. 共轨方面**

RT-flex 机型有两个共轨:一是约 20 MPa 的伺服油共轨,作为驱动排气阀和喷射控制装置的伺服油使用;二是约 100 MPa 的燃油共轨(重油或轻油),它作为柴油机的燃料油,在共轨中等待喷射。图 4-5 所示为 RT-flex 机型共轨系统图。

而 ME 机型只有一个伺服油共轨,它作为动力油使用,用于驱动排气阀和单缸高压油泵。图 4-6 所示为 ME 机型液压系统回路。

**2. 动力方面**

RT-flex 机型采用曲轴带动的复合凸轮来带动柱塞式油泵以保持油轨中 100 MPa 的燃油油压,同样由曲轴通过传动齿轮带动的伺服油泵来保持 20 MPa 的伺服滑油油压;ME 机型使用轴带液压泵给伺服共轨输入滑油(柴油机起动之前是用电动泵输入滑油的),之后高压伺服油泵再给燃油系统提供动力。

**3. 供油方面**

RT-flex 机型的高压油泵是柱塞式增压泵,图 4-7 所示为 RT-flex 机型供油系统原理图;

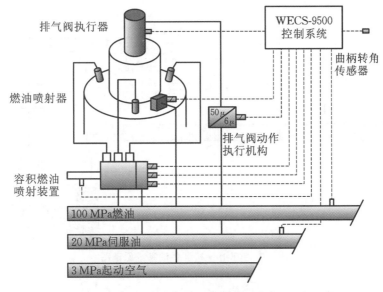

图 4-5 RT-flex 机型共轨系统图

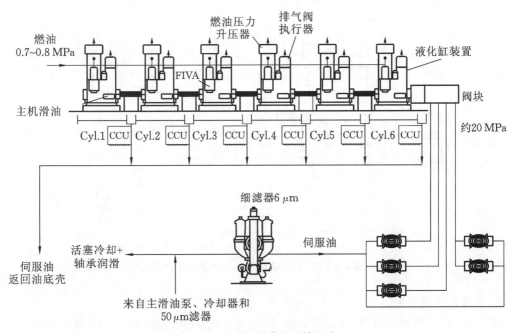

图 4-6 ME 机型液压系统回路

FIVA—燃油喷射阀；CCU—汽缸控制单元；Cyl.1,Cyl.2,…,Cyl.6—汽缸

而 ME 机型采用液压驱动式高压油泵。前者依靠凸轮的传动使燃油泵柱塞上、下运动，后者则用高压伺服油作为高压燃油的驱动动力，将燃油升压后喷射入汽缸。

**4. 喷油控制方面**

RT-flex 机型在控制喷油时，由控制系统发出信号给电磁阀，电磁阀动作使伺服油的油路变化，从而改变燃油的油路，完成喷射过程，图 4-8 所示为 RT-flex 机型喷油控制单元原理图；ME 机型在控制喷油时，同样由控制系统发出信号给电磁阀，电磁阀改变伺服油油路后，再由伺服油驱动油泵使燃油增压，完成喷射过程。

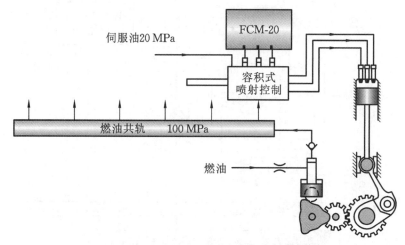

图 4-7　RT-flex 机型供油系统原理图

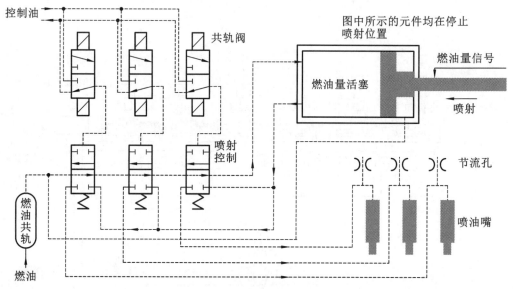

图 4-8　RT-flex 机型喷油控制单元原理图

**5. 燃油的来源方面**

RT-flex 机型的燃油来自 100 MPa 的油轨，而 ME 机型的燃油是由给油泵供给的大约 1 MPa 的燃油。

### 4.5.3　电喷柴油机的管理

电喷柴油机的管理，应在常规柴油机运行管理经验的基础上，更加注重控制系统方面的要求，具体要点如下。

（1）保证滑油系统的清洁。电喷柴油机系统里有一部分滑油是作为控制源的，对其清洁度有很高的要求。在柴油机运行过程中应特别注意滤器前后压差，及时对滑油滤器进行清洁，特别是在滑油进入共轨前。

（2）确保共轨油压管路的密封良好。共轨油压系统压力较高，如密封不良，油压下降，对燃油的喷射雾化质量影响很大。

（3）在共轨柴油机控制系统中，电磁阀是一个易损的重要元器件，应特别注意维护管理。一旦滑油污染变质，会造成电磁阀磨损加剧、动作延误或卡死，若过电流则还会造成电磁线圈烧毁。

（4）在电喷柴油机中，传感器是控制系统获取柴油机工作参数的主要途径。传感器损坏会造成柴油机控制动作失误。

## 复习思考题

4-1　柴油机的起动方式分哪几种？起动转速与哪些因素有关？
4-2　压缩空气起动装置主要由哪些部件组成？
4-3　保证柴油机用压缩空气可靠起动的条件有哪些？
4-4　换向装置的基本要求是什么？
4-5　单凸轮换向与双凸轮换向的主要差别是什么？
4-6　主柴油机与发电用柴油机对调速的要求有何异同？
4-7　调速器按调速范围分为哪几类？
4-8　何为超速保护装置？它由哪几部分组成？
4-9　柴油机操纵系统的基本要求是什么？
4-10　柴油机操纵系统按操纵部位和操纵方式可分为哪几类？
4-11　有哪几种典型的柴油机操纵系统？
4-12　简述电喷柴油机与传统柴油机的区别。
4-13　什么是电喷柴油机的共轨系统？
4-14　简述电喷柴油机的优点。
4-15　简述电喷柴油机的管理要点。

# 第 5 章  船舶推进装置

## 5.1  船舶推进装置的传动方式

船舶推进装置按动力传递到螺旋桨的传动方式不同可分为以下几种。

### 5.1.1  直接传动

直接传动是主机动力直接通过轴系传给螺旋桨的传动方式。在这种传动方式中,主机和螺旋桨之间除了传动轴系外,没有减速和离合设备,运转中螺旋桨和主机始终具有相同的转向和转速。它的主要优点是:① 结构简单,维护管理方便,只要安装时定位正确,平时管理中注意润滑与冷却,一般不会出现大问题;② 经济性好,传动损失小,传动效率高,主机多为耗油率低的大型低速柴油机,螺旋桨转速较低,推进效率较高;③ 工作可靠,寿命长。其缺点是:整个动力装置的质量、尺寸大,要求主机有可反转性能,非设计工况下运转时经济性差,船舶微速航行时速度受到主机最低稳定转速的限制。因此,这种传动方式普遍应用于大、中功率的民用船上。

### 5.1.2  间接传动

间接传动是主机和螺旋桨之间的动力传递除经过轴系外,还经过某些特设的中间环节(如离合器、减速器等)的一种传动方式。根据中间传动设备的不同,间接传动又可分为只带齿轮减速器、只带滑差离合器和同时具有齿轮减速器与离合器三种。它的主要优点是:① 主机转速可以不受螺旋桨要求低转速的限制,只要适当选择减速比,就可使主机的转速适应螺旋桨的转速要求;② 轴系布置比较自由,主机曲轴和螺旋桨轴可以同心布置,也可以不同心布置,以改善螺旋桨的工作条件;③ 在带有倒顺车离合器的装置中,主机不用换向,故主机结构简单、工作可靠、管理方便、机动性高;④ 有利于多机并车运行及设置轴带发电机。间接传动的主要缺点是轴系结构复杂,传动效率较低。这种传动方式多用于中小型船舶以及以大功率中速柴油机、汽轮机和燃气轮机为主机的大型船舶。

近年来由于动力装置节能的需要,提高螺旋桨的推进效率越来越被人们重视,而采用大直径、低转速螺旋桨是一条有效途径。在 20 世纪 70 年代初,低速柴油机利用直接传动方式带动螺旋桨的转速多在 100 r/min 以上,中速柴油机通过减速箱减速后的转速一般也不低于 90 r/min。之后随着节能型船舶的出现,减速齿轮装置广泛应用于低速柴油机领域,有的船舶低速柴油机经减速后,螺旋桨转速仅为 43 r/min,螺旋桨直径竟达 11 m。以中速柴油机为主机的船舶,为了进一步降低螺旋桨转速,减速齿轮箱的减速比也相应加大,螺旋桨转速可降至 60 r/min。随着动力装置节能技术的进一步发展,间接传动方式的应用范围将会进一步扩大。

### 5.1.3  Z 形传动

Z 形传动装置又称悬挂式螺旋桨装置。图 5-1 为 Z 形传动装置的结构原理图。主机 1 的功率经联轴器 2、离合器 3、带有万向节的传动轴 4、上水平轴 8、上部螺旋锥齿轮 9、垂直轴 12、下部螺旋锥齿轮 14 及下水平轴 15 传递给螺旋桨 13，从而推动船舶前进。

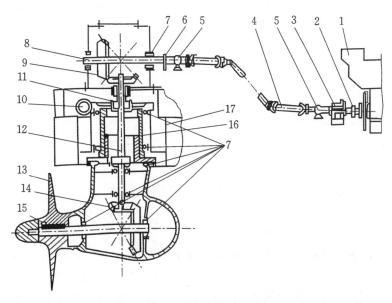

图 5-1　Z 形传动装置结构原理图

1—主机；2—联轴器；3—离合器；4—传动轴；5—滑动轴承；6—弹性联轴节；7—滚动轴承；
8—上水平轴；9—上部螺旋锥齿轮；10—蜗轮蜗杆装置；11—齿式联轴器；12—垂直轴；
13—螺旋桨；14—下部螺旋锥齿轮；15—下水平轴；16—旋转套筒；17—支架

Z 形传动方式最显著的特点是螺旋桨可绕垂直轴作 360°回转。当起动一个电动机带动蜗轮蜗杆装置 10 运动时，蜗轮带动旋转套筒 16 在支架 17 中回转，同时使螺旋桨 13 绕垂直轴 12 在 360°范围内做平面旋转运动。由于螺旋桨可绕垂直轴作 360°回转，因此它具有以下优点：① 操纵性能好。螺旋桨推力方向可以自由变化，使船舶操纵性能优于其他传动方式，特别是采用两台主机，而每台主机分别带动一个 Z 形传动装置时，可以实现船舶原地回转、横向移动、快速进退以及微速航行等。② 可以省掉舵、尾柱和尾轴管等结构，使船尾形状简单，船体阻力减小。③ 可以使用质量轻、体积小的中高速柴油机，而不需要单独的减速齿轮装置，不需要主机有换向机构，可以延长柴油机使用寿命。④ 由于这种传动装置是垂直悬挂在船尾的，可由船尾部甲板开口处吊装，检修不用进坞，大大缩短修理时间。

但因传递功率受到一定的限制，故这种传动方式仅适用于小型船舶，如港作船等。

### 5.1.4　电力传动

电力传动是主机驱动主发电机，将发出的电供到主配电板，再由主配电板供电给主电动机，从而驱动螺旋桨运转的一种传动方式。这种传动方式的优点是：① 主机和螺旋桨之间没有机械连接，可省去中间轴及轴承，机舱布置灵活；② 主机转速不受螺旋桨转速的限制，可选用中、高速柴油机，并可在柴油机恒定转速下调节电动机转速，使螺旋桨转速获得均匀、大范围的调节；③ 螺旋桨反转是靠改变主电动机（直流）电流方向来完成的，倒车功率大，操纵容易，反转迅速，船舶机动性能提高；④ 主电动机对外界负荷的变化适应性强，甚至可以短时间堵转。其缺点是：① 需要经过机械能转换为电能、电能转换为机械能两次能量转换，传动效率低;② 增加了主发电机及主电动机,动力装置的总质量和尺寸都增加,造价和维护费用提高。电力传动主要用于破冰船、拖船、渡船等。

除以上四种传动方式外,尚有喷水推进器传动等。由于发动机、传动设备、传动方式及推进器的类型很多,因此它们可组合成多种推进装置。

## 5.2 传动轴系

### 5.2.1 传动轴系的组成、作用和工作条件

从曲轴动力输出端法兰到螺旋桨间的轴及其轴承称为传动轴系,简称轴系。

**1. 轴系的组成**

(1) 传动轴:包括推力轴(有的柴油机把推力轴和曲轴制造为一体)、中间轴和尾轴。

(2) 轴承:包括推力轴承(有的柴油机推力轴承设在柴油机机座内)、中间轴承和尾轴承。

(3) 传递设备:主要有联轴器、减速器、离合器等。

(4) 轴系附件:主要是润滑设备、冷却设备、密封设备等。

图 5-2 所示为一大型低速柴油机直接传动轴系的组成简图。机舱 18 位于船舶的中后部,柴油机 1 通过推力轴、短轴 3 和中间轴 5、8、10 以及尾轴 11 驱动螺旋桨 13。推力轴承 2 给整个轴系轴向定位,推力轴由推力轴承内的径向轴承支撑,中间轴由中间轴承 4、7、9 支撑。中间轴承 12 是最后一道位于轴隧内的中间轴承,其作用是和尾轴管中的尾轴承一起支撑尾轴,也称为尾轴前轴承。

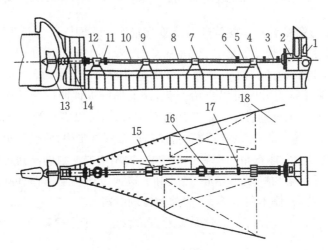

**图 5-2 直接传动轴系组成简图**

1—柴油机;2—推力轴承;3—短轴;4,7,9,12—中间轴承;5,8,10—中间轴;6—隔舱填料箱;
11—尾轴;13—螺旋桨;14—尾轴管;15—窗口;16—轴隧;17—水密门;18—机舱

尾轴从尾轴管 14 伸出船尾,曲轴、推力轴、中间轴和尾轴之间通过法兰用螺栓连接。螺旋桨用键和螺母固定到尾轴上。为了维护和管理轴系,设有轴隧 16,轴隧的顶部设有窗口 15 以吊运轴系。此窗口平时用铁板封死,用以把轴系和货舱隔开。轴隧与机舱的隔壁上装有水密门 17 和中间轴的隔舱填料箱 6。

## 2. 轴系的作用

轴系的作用是把柴油机曲轴的动力矩传给螺旋桨，以克服螺旋桨在水中转动的阻力矩，同时又把螺旋桨产生的推力传给推力轴承，以克服船舶航行中的阻力。轴系所传递的扭矩可从它传递的功率和轴的转速算出。轴上的扭矩 $M$（单位为 N·m）为

$$M = 9.55 \frac{P}{n} \times 10^3 \tag{5-1}$$

式中　$P$——轴传递的功率，kW；

　　　$n$——轴的转速，r/min。

轴系所传递的推力，可以根据螺旋桨所吸收的功率、螺旋桨的效率和船舶航速算出，轴系所传递的推力 $T$（单位为 kN）为

$$T = 1.94 \frac{P_p}{v} \eta_p \tag{5-2}$$

式中　$P_p$——螺旋桨吸收的功率，kW；

　　　$v$——船舶航速，kn；

　　　$\eta_p$——螺旋桨的效率。

## 3. 轴系的工作条件

从轴系的作用可知，轴系承受着很大的扭矩和推力。例如，在大型低速柴油机直接传动的情况下，不考虑轴系摩擦损失，若主机的有效功率为 10000 kW，转速为 100 r/min，由式（5-1）可算得轴系所受到的扭矩为 $9.55 \times 10^5$ N·m。在航速为 15 kn，螺旋桨效率为 0.5 时，可由式（5-2）算得轴系受到的推力为 646.7 kN。

由式（5-2）还可看出，螺旋桨的推力与它吸收的功率和效率成正比，与船的航速成反比。如果柴油机发出的功率不变，螺旋桨的效率不变，若船舶的航速降低，螺旋桨的推力则增大。因此，船舶在重载、逆风、污底、斜水流航行时，轴系会受到较大的推力。轴系承受的扭矩在轴系中产生扭应力，而推力将会产生压应力。除此之外，轴系和螺旋桨本身的重力以及其他附件的作用，使轴系产生弯曲应力；安装误差，船体变形，轴系的扭转振动、横向振动和纵向振动，螺旋桨的不均匀水动力作用等都会在轴系中产生附加应力。风浪大时，螺旋桨上下运动的惯性力，使尾轴产生额外的弯曲应力。上述诸力和力矩往往还是周期变化的，这就进一步增加了它们的危险性。此外，轴系在工作中，轴颈与轴承发生摩擦，当用海水作尾轴承润滑剂时，尾轴管和轴颈还要受到腐蚀作用。

由上述分析可见，轴系的工作条件很差，往往会出现损伤，严重时甚至断裂，修理时又要使船舶进坞，从而造成较大的经济损失，因此轴系有相当严格的要求。其主要要求如下：足够的强度和刚度；传动损失小；对船体变形适应性好；工作中不发生轴的扭转振动和横向振动、纵向振动；具有良好的密封、润滑和冷却；维护管理方便；等等。

### 5.2.2　传动轴系的结构

#### 1. 中间轴、推力轴、中间轴承和推力轴承

1) 中间轴和推力轴

中间轴和推力轴（推力轴承置于减速齿轮箱及主机曲轴箱中时无推力轴）的两端都是整锻法兰，法兰之间为轴干，都由径向轴承支撑，轴的支撑处为轴颈，轴颈的位置和长度由径向轴承的位置和宽度确定（轴颈长度稍大于轴承宽度），轴颈的直径比轴干大些，一般大 5~20 mm，

以便磨损后有足够的光车裕量。轴上不同直径断面的连接处都是圆滑过渡,以减小应力集中。法兰用连接螺栓固紧时产生的拉应力和传递扭矩时产生的剪应力联合作用。船舶倒航时由于螺栓受拉,拉应力大大增加,安装不正或轴系扭振等还可使螺栓受到较大的附加应力。所以连接螺栓的加工、安装都有较严格要求。为了使连接螺栓在螺栓孔中不松动,连接螺栓中应有50%以上是紧配螺栓,对于中小型船舶不少于四个,并要求紧配螺栓和其他螺栓相间排列。推力环两侧面与推力块相配,两侧面应平行且都与轴线垂直。推力轴上有推力环和甩油环,而中间轴上没有。

2) 中间轴承

中间轴承是为了减小轴系挠度而设置的支撑点,它承受着中间轴的重量以及因轴系变形和各种形式的运动造成的附加径向负荷。

中间轴承的结构形式很多,按摩擦形式不同可分为滚动式和滑动式两大类,商船上多采用滑动式。

3) 推力轴承

螺旋桨产生的推力(或拉力)通过尾轴、中间轴和推力轴作用到推力轴承上,并通过推力轴承传给船体。因此,推力轴承的作用是:传递推(拉)力;为传动轴系轴向定位;在曲轴和推力轴直接连接的情况下,推力轴承也为曲轴提供轴向定位作用。

大、中型船舶广泛应用滑动式推力轴承。图 5-3 所示为滑动式推力轴承的结构简图,其中 3 为正车推力块,4 为倒车推力块。推力块和推力环 1 相接触的面上铸有白合金。调节圈 2 和 5 用来调节推力轴承间隙 $f_1$ 和曲轴与主轴承之间的轴向相对位置。图中推力轴承正车推力块和倒车推力块都为 6 块,为了防止推力块随推力环一起转动,设有压板 6 和 7。推力轴承间隙 $f_1$ 和压板处的间隙 $i_1$ 应经常检查,使之符合说明书的规定数值。在安装推力块时,调节圈应按下述要求进行调节:当推力环与正、倒车推力块的间隙各为 $f_1/2$ 时,靠近推力轴承的最后一个曲柄的中心线应向推力轴承的方向偏移一个规定数值,以补偿曲轴在运转中的热膨胀,尽可能使各曲柄臂与主轴承之间的轴向间隙保持均等。

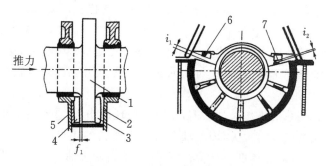

**图 5-3 滑动式推力轴承的结构简图**
1—推力环;2,5—调节圈;3,4—推力块;6,7—压板

推力轴承是在液体动力润滑下工作的,如图 5-4 所示,在工作中推力块 2 绕支持刃偏转一个小角度,使推力块与推力环 3 的工作面间形成楔形空间,滑油被转动的推力环带入楔形空间,从而产生动力油压。推力环的推力通过楔形油膜传递到推力块上,再通过支持刃传递到调节圈 1 上。

润滑推力轴承的滑油一般来自主机的滑油系统。滑油由管系通过喷嘴喷射到推力块和推力环之间,工作后的滑油由推力轴承油池溢回主机曲轴箱中。

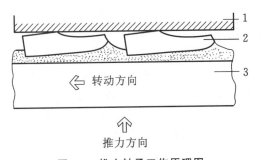

图 5-4　推力轴承工作原理图
1—调节圈；2—推力块；3—推力环

**2. 尾轴**

尾轴是穿过尾轴管伸出船尾的轴。在单轴系船上，它是轴系中最末一段轴，首端与最后一个中间轴法兰相连，尾端锥体部分安装螺旋桨，这种尾轴也称为螺旋桨轴。在用海水润滑的铁梨木轴承中，为了防止轴被腐蚀和减小轴与轴承之间的摩擦损失，在尾轴管中的轴段上装有铜套。因为铸造长的轴套有困难，红套也不方便，铜套一般由几段合成，在接缝处采用密封性良好的搭叠形式，套合后经滚压碾平，以防止海水漏入配合间隙使轴遭到腐蚀。尾轴轴干裸露在海水中的部分，一般包有玻璃钢保护层。

螺旋桨与尾轴间采用锥面结合、键连接和螺母紧固，螺柱上螺母的旋紧方向与螺旋桨的正转方向相反，使螺旋桨在正转时螺母能自动锁紧。至于倒车，因运行的时间短，功率也比正车小，所以采用止动片防松。螺母外面还装有流线型的导流罩，且为水密，既可减小水力损失，又可防止螺纹锈蚀。近年来，液压无键连接也越来越多地用在螺旋桨和尾轴的连接上。

**3. 尾轴管装置**

尾轴管装置由尾轴管（也称尾管）、尾轴承、密封装置、润滑和冷却系统组成。由于尾轴管装置具有工作条件差、发生故障时后果往往很严重、进行修理需要进船坞等特点，从设计、制造到管理各部门对它都特别重视。

1）尾轴管

尾轴管将船舶的尾尖舱和尾轴分开，内部装设尾轴承以支撑尾轴和螺旋桨，还装设尾轴密封装置，为尾轴运转提供必要的条件。尾轴管的结构有整体式和连接式两种，单轴系船舶多用整体式；连接式尾轴管是分成几段加工后由螺栓连为一个整体，多用于双轴系船舶。

2）尾轴承

尾轴承是尾轴管装置中最重要的部分，它分为水润滑和油润滑两大类型。水润滑的尾轴承材料有铁梨木、桦木层压板、橡胶等。油润滑的尾轴承有白合金滑动轴承和滚动轴承。海船上应用最广泛的是铁梨木轴承和白合金轴承。

（1）铁梨木轴承　铁梨木是一种价格昂贵的木材，组织细密，质地坚硬，抗腐蚀性好，密度大于水（约为水的 1.2 倍），它浸在水中能分泌出一种黏液，其可作为润滑剂。当铁梨木和青铜组成摩擦副时，在黏液润滑下，摩擦系数为 0.003～0.007，几乎不损伤青铜。但当水温超过 60℃ 时摩擦系数将显著增加，水中含有泥沙时磨损加快。铁梨木立纹比顺纹耐压、耐磨。一根树干截制顺纹板条比立纹板条的利用率高，为了降低费用，往往尾轴承下半部板条采用立纹，而上半部板条用顺纹，这样还可以使轴承的上、下两部分得到均匀的磨损。铁梨木在干燥时容易开裂和弯曲，且在水中工作时会被泡涨，故在加工与安装前，首先应将其置于水中浸泡，并应在轴承端部留有一定的轴向间隙（为 2～8 mm），使铁梨木有膨胀余地。

铁梨木轴承的优点是结构简单、工作可靠、管理方便、不污染海区；缺点是价格昂贵。

为防止铁梨木的干裂与变形，铁梨木的养护特别重要。在加工铁梨木时应每小时浇水两次，加工完后应同样进行湿润养护。铁梨木在镶入衬套前应在水中浸泡 2～3 周，镶入后应在衬套内孔灌水保护或用湿木屑塞满内孔。船舶进坞时，若尾轴未抽出，应每天在尾轴管内灌水 2～3 次，若已抽出尾轴，则应在尾轴孔内灌满水或塞满湿木屑。在修理过程中，不拆除的板条应涂上润滑脂，拆出的板条尚需继续使用的应浸泡在水中保存。

(2) 白合金轴承　白合金浇铸在纵向与横向都开有燕尾槽的轴承衬套（相当于瓦背）上，轴承衬套的外面与尾轴管紧密配合，在接合面的端面攻丝，用螺钉固定，以防衬套随轴一起转动。轴承内表面沿纵向在水平位置开有两道布油槽，外表面在轴向和周向开有输油槽，内、外油槽钻孔相通。滑油由设置在满载吃水线以上的重力油柜供应，以防海水浸入轴承。

白合金轴承的优点是抗压强度高、耐磨性好、散热快、摩擦损失小；缺点是结构复杂，管理工作多，如果漏油会污染海区，制造与修理要求都比较严格。

不论是铁梨木轴承还是白合金轴承，按规范规定轴承数量一般为两个。但当尾轴管较短时，设后轴承者可不设前轴承，此时在尾轴的法兰端一般要设一道中间轴承。铁梨木轴承的长度应不小于所要求的尾轴直径的四倍，白合金轴承的长度则不小于尾轴直径的两倍。

3）尾轴密封装置

尾轴和尾轴承之间按规定要留有一定的间隙，尾轴又处于水面以下，工作时需要润滑和冷却，因此为了防止舷外水沿尾轴流入船内和滑油漏泄，在尾轴管中必须设置密封装置。密封装置按所处的位置不同，可分为首密封装置和尾密封装置两种。对于油润滑尾轴承，其首密封装置用来阻止滑油漏入机舱内，而尾密封装置既阻油外漏，又阻水内漏。对于水润滑尾轴承，其仅设首密封装置，用来控制尾轴承的冷却水量。密封装置的主要要求是工作可靠、耐磨性能好、消耗的摩擦功小、散热性好，同时还要求密封元件有很好的跟踪性，使其能在尾轴下沉、跳动、轴向窜动及偏心转动时仍保持较好的密封性能。尾轴密封装置的类型很多，应用较广的有填料函型密封装置和辛泼莱克斯（Simplex）型密封装置。填料函型密封装置多用于水润滑的尾轴承密封，用滑油润滑的白合金尾轴承的密封装置，不论是首密封还是尾密封，多采用辛泼莱克斯型密封装置。

4）尾轴管装置的润滑和冷却

当船舶航行时，尾轴承及密封装置是容易发热的部件，必须进行润滑和冷却。尾轴管装置的形式虽比较多，但就其润滑剂来说却只有水和油两种，不同的润滑剂有不同的润滑和冷却方法，下面分别加以介绍。

(1) 水润滑尾轴管　在水润滑的尾轴管（如铁梨木）中，由于尾轴管位于水面之下，尾轴承中留有轴承间隙和开有纵向槽道，且这种尾轴管又不设尾密封装置，因此尾轴和尾轴承之间总是充满舷外水，而水是这些轴承材料很好的润滑剂和冷却剂。尾轴管一般穿过尾尖舱，尾尖舱在船上常用作淡水舱或压载舱。运转中尾轴承的摩擦热，一部分由船尾金属直接传给舷外水，一部分传给了尾尖舱中的淡水或海水，其余部分则由自由流经尾轴纵向槽道和间隙进入机舱的舷外水带走。在一般情况下，只要首密封装置的填料压盖压得不太紧，尾轴是能够可靠运转的。但由于在首部的尾轴承和首密封装置处容易淤积泥沙，使冷却效果变差甚至形成死水，因此水润滑尾轴管（特别是在大型船舶上），一般在首部轴承处或填料函附近，仍设置冷却水进出水管，以达到冲洗泥沙污物及加强首部冷却的目的。

（2）油润滑尾轴管　油润滑尾轴管都要装设润滑系统。中、小型船上用的润滑系统比较简单，由一个重力油柜、一台手摇泵和进回油管组成。大型船舶上用的润滑系统要相对复杂一些，图5-5所示的尾轴管润滑系统在大型船舶上应用较广。用手摇泵或电动泵将滑油注入重力油柜，由观察镜监视油柜是否注满。重力油柜内设有低油位报警。正常情况下尾轴管内始终充满滑油，消耗后由重力油柜自动补给。尾轴管中的滑油可经截止阀流至回油柜，截止阀起调节回油快慢的作用。图5-5所示系统的首、尾密封装置都采用辛波莱克斯型。尾密封（图中未示出）采用封闭在密封空间的油自行润滑，摩擦热直接传给舷外水。在这个系统中，尾轴管穿过作为水舱用的尾尖舱，尾轴承的摩擦热除可通过尾轴、尾轴管传给舷外水外，还可通过尾轴管传给尾尖舱中的水，不用再单独采取冷却措施。但首密封冷却条件差，因此图示系统专门设了密封油循环柜（低位循环油柜），并在首密封空间内设置循环器。

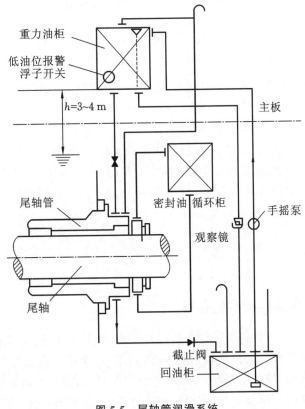

图 5-5　尾轴管润滑系统

## 5.2.3　传动轴系的管理

传动轴系的管理工作对于保证其安全可靠运转、延长其使用寿命相当重要，因此应注意做好以下工作。

（1）要确保中间轴承和尾轴管冷却海水的供应。这些海水管离泵远，管的内径小，容易被泥沙堵塞，特别是弯管处易堵，应注意疏通。

（2）注意检查中间轴承的温度、油位、油环和两端轴封密封情况。中间轴承不是强力循环润滑，每个轴承的底座都是一个油池，要特别注意最后一道中间轴承的工作温度，因为它离螺旋桨近，负荷要大一些，最容易发热。由于船体变形也可能引起某个轴承发热，在巡回检查时要注意触摸轴承。

（3）对于铁梨木轴承尾轴管，要让少量水漏入机舱内，以冷却尾轴和填料函。填料紧度要合适，过紧漏水少，易积泥沙使填料函发热；漏水太多也不合适，应把填料压盖再拧紧一些，必要时换新填料。当温度超过 60 ℃时，铁梨木尾轴承摩擦部件的摩擦系数将显著增加。

（4）对于白合金尾轴管，要确保其滑油系统正常工作。注意观察重力油柜油位、油质和油温，注意尾轴密封装置是否漏油。特别是尾密封装置，它若漏油不仅造成滑油浪费，还会污染海水。在港内一定要注意观察船尾是否有油花。在一些国家，港内漏油要受到处罚。

（5）运转中要注意观察轴的跳动情况，各轴承是否有异常的振动，个别部位是否发热甚至颜色变蓝（该处为扭转振动的节点）。在异常振动时应减速或停车，查明原因，予以排除。一般情况下，振动除和柴油机工作状况有关外，还和轴系及螺旋桨工作状况有关。桨叶碰到漂流物（如浮木、浮冰）发生了变形，桨毂松脱，桨叶或船尾轴外部缠绕了钢索、麻绳等物，尾轴承间隙太大，中间轴中心线失中，尾轴承及中间轴承损坏，新换的铁梨木轴承间隙未留足膨胀裕度等原因都有可能引起振动。应找出引起振动的原因并予以消除。尾轴振动还会引起密封装置泄漏。

（6）尾尖舱内的淡水或海水对巴氏合金轴承中滑油黏度和水冷轴承尾轴管冷却都起着一定的作用，应注意在航行中不要将尾尖舱中液体排干，在寒冷结冰地区停泊时要将尾尖舱中液体排出，以防舱内液体结冰而损坏尾轴管。

（7）要定期进坞检查轴系。单轴系船舶抽轴检验间隔期为 3 年（开有普通键槽）至 4 年（开有特殊键槽）；双轴系船舶抽轴检验间隔期为 4 年（开有普通键槽）至 5 年（开有特殊键槽）；无键槽者，尾轴抽轴检验间隔期为 5 年。将尾轴抽出时，若发现轴表面有细痕，可用油石磨去。安装时注意不要让污物落入尾轴管及油封。

## 5.3 螺 旋 桨

### 5.3.1 螺旋桨的结构和几何参数

螺旋桨是一种反作用式推进器。当螺旋桨转动时，桨推水向后（或向前）并受到水的反作用力而产生向前（或向后）的推力，使船舶前进（或后退）。螺旋桨由数片桨叶连接在共同的桨毂上构成。若桨叶和桨毂相对位置固定不变，铸成一个整体，则称为定距螺旋桨。从船后方向前看时，所见到的桨叶的一面称为叶面，也称为压力面（即推水面），另一面称为叶背，也称为吸力面（即吸水面）。桨叶与桨毂连接处称为叶根。桨叶的最外端称为叶梢。螺旋桨正车旋转时先入水的叶边称导边，后入水的叶边称随边。螺旋桨旋转时叶梢划过的圆称为叶梢圆，叶梢圆直径叫作螺旋桨的直径，用 $D$ 表示。

螺旋桨的压力面是一个螺旋面，如图 5-6 所示。若与轴线 $OO'$ 成某一固定角度的线段 $ABC$ 以等角速度绕轴线旋转，同时以等线速度沿轴线向下（或向上）移动，此线段在空间划过的轨迹所形成的曲面即螺旋面。线段上任意一点运动的轨迹为一螺旋线。螺旋面也可以看成由无数个不同半径的螺旋线所组合而成。运动线段 $ABC$ 称为该螺旋面的母线。母线上的任一点旋转一周在轴线方向上移动的距离称为螺旋线的螺距，以 $H$ 表示。若组成螺旋面的各螺旋线螺距相等，这个螺距即为螺旋面的螺距，而螺距面称为等螺距螺旋面。若把螺旋线所在的圆筒面沿垂直方向剪开展平，如图 5-7 所示，螺旋线为一直线，并得到一直角三角形，称其为螺距三角形。螺旋线与圆筒面底边所构成的倾角称为螺距角,用 $\gamma$ 表示。

如果母线上的各点以等速旋转但各点下降的速度不同,这时形成的螺旋面称为径向变螺距螺旋面。大型船舶螺旋桨的压力面大多由径向变螺距螺旋面构成,其吸力面通常则是一个复杂的螺旋面。

螺旋桨的螺距 $H$ 是指其压力面的螺距。径向变螺距螺旋桨的螺距,通常自叶根向叶梢逐渐增加,一般以 $0.7R$($R$ 为螺旋桨的半径)或 $2R/3$ 处的螺距作为螺旋桨的螺距,此值约等于螺旋桨的平均螺距。螺旋桨的螺距与直径之比,即 $H/D$,称为螺距比,它是螺旋桨的主要结构参数之一,其数值直接影响螺旋桨的性能。螺旋桨所有桨叶展平面积的总和称为螺旋桨的面积,用 $A$ 表示。以螺旋桨直径 $D$ 画出的圆的面积称为盘面积,用 $A_d$ 表示。比值 $A/A_d$ 称为盘面比,它是螺旋桨的另一个重要结构参数。盘面比大,说明螺旋桨桨叶肥大,螺旋桨面积在以 $D$ 为直径的圆面积里充实程度高,螺旋桨推水的总面积就大。

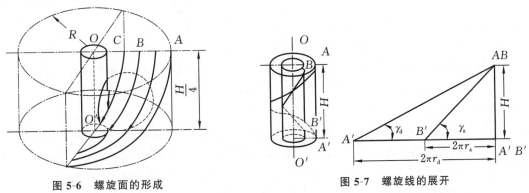

图 5-6 螺旋面的形成　　　　　　图 5-7 螺旋线的展开

### 5.3.2 螺旋桨的工作原理

若取一与桨毂共轴的圆筒形刀切割桨叶,将切得的断面展平后所得的面称为叶素断面,见图 5-8。半径为 $r$ 和 $r+dr$ 的两个叶素断面间的这部分桨叶称为叶素(或叶原体)。整个桨叶的作用可以看成无数个叶素作用的总和。因此,只要分析叶素的作用,就可推知整个桨叶以及整个螺旋桨的工作情况。

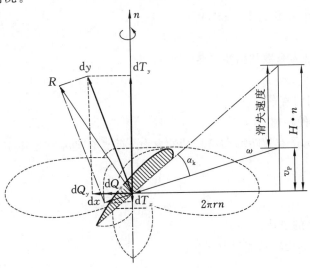

图 5-8 作用在叶素上的力

螺旋桨在水中同时参与两种运动,即绕桨毂轴线的回转运动和沿桨毂轴线的轴向运动。我们知道,螺钉在螺母中每转动一圈时前进一个螺距。当螺旋桨在水中运动时,水被它推向后移,螺旋桨前进的距离比螺距要小,这种现象称为螺旋桨的滑失。螺旋桨旋转一圈在轴向前进的距离称为进程,以 $h_P$ 表示。进程与桨直径的比值称为进程比,以 $J$ 表示,$J=h_P/D$。螺距和进程的差值称为滑失,即 $H-h_P$。滑失与螺距的比值称为滑失比,以 $S$ 表示,即

$$S=\frac{H-h_P}{H}$$

若取单位时间来考虑,设螺旋桨的转速为 $n(\text{r/s})$,则每秒叶素沿圆周方向的回转路程为 $2\pi rn$,即叶素的切向速度。每秒叶素前进的路程并不是 $Hn$,而仅为 $v_P=h_P n$,称为螺旋桨的进速,$Hn$ 与 $v_P$ 之差称为滑失速度。因此,滑失比还可表示为

$$S=\frac{Hn-v_P}{Hn}$$

由上述分析可知,半径 $r$ 处的叶素一方面以切向速度 $2\pi rn$ 绕轴心回转,一方面又以进速 $v_P$ 前进,它相对于水的速度 $\omega$ 即为这两种速度的合成。如果把叶素视为不动的,根据运动转换原理,则各种速度的方向如图 5-8 所示。水流速度 $\omega$ 与弦线间的夹角称为冲角,用 $\alpha_k$ 表示。由于叶素断面的形状与机翼断面相似,因此可以利用机翼在空气中运动时产生的升力来说明螺旋桨的受力情况。根据机翼工作的原理,在叶素上将产生升力 $dy$ 和阻力 $dx$。升力 $dy$ 垂直于 $\omega$,阻力 $dx$ 则沿着 $\omega$ 的方向。把升力 $dy$ 和阻力 $dx$ 各自分解成轴向和回转方向的分力,于是,在叶素上产生的推力 $dT=dT_y-dT_x$,在回转方向产生的阻力 $dQ=dQ_y+dQ_x$。此阻力作用在距轴心半径为 $r$ 的叶素上,它对螺旋桨产生一个阻力矩,即 $dM=r\cdot dQ$。

螺旋桨桨叶是由无数叶素合成的,各桨叶所有叶素上产生的推力 $dT$ 的总和即为螺旋桨的推力,以 $T$ 表示。各桨叶所有叶素上产生的阻力矩 $dM$ 的总和即为螺旋桨的阻力矩,以 $M$ 表示。因此,为了使螺旋桨产生推力,必须由主机发出功率克服螺旋桨的阻力矩。

### 5.3.3 螺旋桨的特性

应用因次分析法可以得出螺旋桨的推力(单位为 N)为

$$T=K_1\rho n^2 D^4 \tag{5-3}$$

螺旋桨的阻力矩(单位为 N·m)为

$$M=K_2\rho n^2 D^5 \tag{5-4}$$

式中 $K_1,K_2$——推力系数和扭矩系数;
$\rho$——水的密度,$\text{kg/m}^3$;
$D$——螺旋桨的直径,m;
$n$——螺旋桨的转速,r/s。

螺旋桨的效率 $\eta_P$ 是有效功率和消耗功率之比,而螺旋桨的有效功率为 $Tv_P$,消耗功率为 $M\omega$,因此有

$$\eta_P=\frac{Tv_P}{M\omega}=\frac{K_1}{K_2}\cdot\frac{J}{2\pi} \tag{5-5}$$

式中 $v_P$——螺旋桨的进速,m/s;
$\omega$——螺旋桨的旋转角速度,rad/s;
$J$——进程比。

式(5-3)、式(5-4)和式(5-5)是螺旋桨工作性能的基本方程式。对于几何形状一定的螺旋桨,推力系数 $K_1$ 和扭矩系数 $K_2$ 都取决于进程比 $J$,它们之间的变化关系可由实验测得,如图 5-9 所示。

由进程比定义式 $J = h_P/D = v_P/nD$ 可知,对于一定的螺旋桨,$J$ 取决于船舶的航行状态,即取决于船舶的航行工况。因此当船舶在某一工况下稳定航行时,螺旋桨就有一个固定的 $J$ 值,$K_1$ 和 $K_2$ 也成为常数。螺旋桨直径 $D$ 是固定不变的,水的密度 $\rho$ 也可认为不变,这样螺旋桨工作性能的基本方程式可表示为

$$T = C_1 n^2 \tag{5-6}$$

$$M = C_2 n^2 \tag{5-7}$$

$$\eta_P = C_0 \tag{5-8}$$

式中  $C_1, C_2, C_0$——系数,取决于船舶航行工况,当船舶在不变的工况下稳定航行时,均为常数。

螺旋桨的功率 $P_P = 2\pi n M$,将式(5-7)代入其中,得到:

$$P_P = C n^3 \tag{5-9}$$

式中,系数 $C$ 与 $C_1$、$C_2$、$C_0$ 一样,也取决于船舶航行工况。

式(5-6)和式(5-7)说明螺旋桨的推力和扭矩与其转速的平方成正比。式(5-9)说明螺旋桨吸收的功率与其转速的立方成正比。将以上三式绘成曲线,得到螺旋桨的特性曲线,如图 5-10 所示。

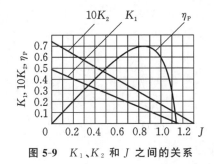

图 5-9  $K_1$、$K_2$ 和 $J$ 之间的关系

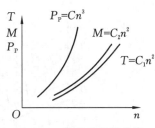

图 5-10  螺旋桨特性曲线

## 5.4  可调螺距螺旋桨

### 5.4.1  可调螺距螺旋桨的工作特性

可调螺距螺旋桨(简称调距桨)装置是通过转动桨叶与桨毂的相对位置来改变螺距,从而改变船舶航速或正倒航工况的一种推进装置。由于调距桨的螺距是能改变的,因此调距桨在原理上是一系列的定距桨。对于一个定距桨,它只有一组水动力特性曲线(见图 5-9)。而且当 $J$ 为常数时,它的推力、阻力矩、功率与转速之间的关系曲线都只有一条。因此,可以把调距桨视为一系列同一直径的具有不同螺距比的定距桨的组合,所以它的特性曲线是由多组类似于图 5-9 所示的水动力特性曲线共同组成的。为了使用方便,把调距桨工作特性曲线绘成图 5-11 所示的形式。由图可见,在阻力因素不变(即 $J$ 不变)的情况下,螺距越大,在相同转速下推力越大,转矩也越大。因而当船舶阻力发生变化(即 $J$ 变化)时,通过调整螺距比来控制螺旋桨转速、转矩及推力之间的变化,即可满足船舶阻力变化的需要。

图 5-11 还显示了螺旋桨的等效率线,可以从图中看出调距桨在不同工况时的效率变化情况。

调距桨的工作特性也可以分别用推力、阻力矩、功率与桨转速之间的关系曲线表示。图 5-12 显示了调距桨的功率-转速特性曲线。由图可见,当 $J$ 等于常数时,它是以螺距比为参变量的一组曲线。

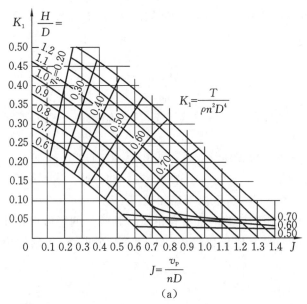

(a)

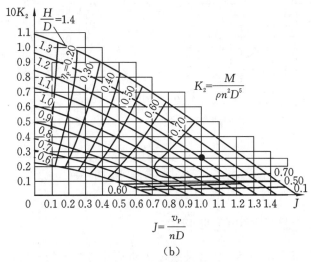

(b)

图 5-11 调距桨工作特性曲线

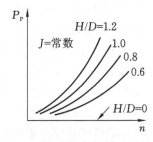

图 5-12 调距桨的功率-转速特性曲线

### 5.4.2 调距桨的优缺点

根据调距桨的特性,它和定距桨相比,具有以下优点。

(1) 部分负荷下经济性较好。当船舶在低于发动机标定功率,即在部分负荷下航行时,调节主机转速 $n$ 与螺距比 $H/D$,使机桨配合获得较大的螺旋桨效率,又有较小的耗油率,从而使船舶在该航速下每小时燃料消耗最小。这就改善了船舶的经济性,增加了续航力。

(2) 适应船舶阻力变化,充分利用主机功率。由图 5-11 可以看到,对于调距桨而言,当船舶阻力变化(即 $J$ 变化)时,只要适当选用螺距比就可使桨的扭矩系数 $K_2$ 保持不变,从而使主机在保证原转速不变的情况下所受的扭矩不变,且能发出原定功率,使船舶有较高的航速。

(3) 船舶的机动性提高。采用调距桨的船舶可利用主机转速和螺旋桨螺距来改变航速,调距桨螺距可由正最大值经零值变为负最大值,反之亦然。因此,主机不用换向就可实现船舶的进退。同时,在主机保持比较高的转速下,依靠螺距的调节可使船舶获得极慢的航速,也就是说船舶可进行无级调速,完全不受主机最低稳定转速的限制。此外,调距桨螺距由正值变为负值极为迅速,且能提供比定距桨更大的反向推力,故调距桨船舶的停船时间和滑行距离均比定距桨船舶短,一般仅为定距桨船舶的 30%~50%。所以采用调距桨的船舶在靠离码头、窄水道航行、紧急避让等情况下,机动性大为提高。

(4) 有利于推进装置驱动辅助负载。在发动机转速不变的情况下,船舶可得到全航速范围内的任何航速,因此在不同船速下发动机可以恒速运转。这对要求恒速运转的轴带交流发电机特别有利。

这一优点也适用于某些轴带辅机的工程船舶,如挖泥船、消防船等。当挖泥船满载航行或消防船全速赶赴火区时,主机的全部功率都供给螺旋桨;当船舶低速挖泥或在火区救火时,主机的大部分功率可用于驱动辅机。

(5) 延长了发动机的寿命。采用调距桨的动力装置,调节螺距数值可改变船舶航速,改变螺距的正负可改变螺旋桨推力方向,这就使主机转速可以固定在最适当的位置,减少了主机起、停次数,减少了运动部件的磨损和受热部件的热疲劳损坏。主机无须逆转,不用设换向装置,使结构简化,减少了维护管理工作。

(6) 便于实现遥控。调距桨螺距的调节,一般是在驾驶台由驾驶员直接操作,整个遥控系统较简单,容易实现。

调距桨的主要缺点如下。

(1) 调距桨和轴系的构造复杂,制造工艺要求高,所用材料也较好,还要设置一套调距机构和系统,因此造价较高。

(2) 桨毂中的转叶机构零件较多,而空间又小,可靠性不如定距桨高。这些部件难以维护保养,一旦损坏,船舶必须停航进坞,给营运带来损失。

(3) 调距桨的毂径比 $d/D$ 比定距桨的大,因此在相同的设计工况下,调距桨的效率比定距桨的效率低 1%~3%。

(4) 调距桨桨叶根部由于受叶根法兰尺寸限制和固定螺栓布置的影响,叶根剖面宽度较小,为保证根部强度,叶根厚度相应增加,使桨叶根部容易产生空泡。

调距桨因上述优点而在运行工况较多、机动性要求较高的船舶上得到了广泛的应用。随着中速大功率柴油机的不断完善和机舱自动化水平的进一步提高,采用调距桨将是船舶推进装置的一个发展方向。

### 5.4.3 调距桨装置的动作原理和组成

调距桨装置的动作原理可用图 5-13 说明。驾驶员发出的指令信号通过信号传递系统传到操纵杆 6,杆 ABC 则以 C 为支点动作,使控制阀 4 移动,让其离开中央位置。

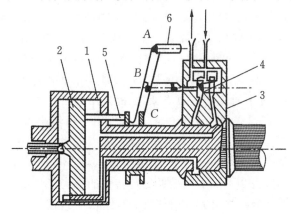

图 5-13 调距机构
1—伺服油缸;2—动力活塞;3—配油轴套;4—控制阀;5—反馈装置;6—操纵杆;杆 ABC—追随机构

此时具有一定压力的油经控制阀 4 进入配油轴套 3,由桨轴中的油道进入伺服油缸 1 的相应工作空间(另一空间回油),推动动力活塞 2。动力活塞移动带动调距杆(动力活塞杆),继而通过转叶机构使桨叶转动,使螺距发生变化。

动力活塞移动的同时还带动反馈装置 5 与移动杆 ABC 的 C 点,此时 A 点不动,于是反馈信号传到控制阀 4。将反馈信号和驾驶台指令信号进行比较,若这两个信号相等,则说明螺距已调到驾驶员所要求的值,控制阀就回到原来的平衡位置,切断压力油和回油;若反馈信号和指令信号不相等,则继续上面的调距动作,直至符合要求为止。

调距的时间是短暂的,而使螺距固定在某一要求值的位置却是长期的。如果动力活塞由于某种原因(如液压油泄漏)而偏离所要求的位置,这意味着螺距偏离了所要求的值,调距机构可通过反馈机构使动力活塞的偏移信号传到控制阀,于是重新开始一个调节过程,让动力活塞也即螺距回到原来要求的位置上。这种稳距方式是通过调节过程的动作自动完成的,称为动态稳距方式。有的调距桨装置的稳距方式是利用液体的不可压缩性,靠止回阀密封伺服油缸油腔的方法来实现的,称为静态稳距方式。

由以上调距桨的动作原理可以看出,一般调距桨装置包括以下五个基本组成部分。

(1)调距桨 包括可转动的桨叶、桨毂和桨毂内部装设的转动桨叶的转叶机构等。

(2)传动轴 一般由螺旋桨轴和配油轴组成,两者用套筒联轴器相连。这种传动轴和定距桨的传动轴不同,它是中空的,其中装调距杆(见图 5-13),或者当伺服油缸位于桨毂内时作为进、排油通道。

(3)调距机构 包括产生转动桨叶动力的伺服油缸、伺服活塞,分配压力油给伺服油缸的配油器,桨叶定位和桨叶位置反馈装置及其附属设备等。它的主要任务是调距、稳距以及对螺距进行反馈。

(4)液压系统 主要由油泵、控制阀(换向阀)、油箱管件等组成。它的作用是为伺服油缸提供符合要求的液压油。

(5)操纵系统 主要由操纵台、控制和指示系统组成。它的作用是按预先确定的控制程序同时调节发动机的转速和调距桨的螺距,以获得所要求的工况。

调距桨装置在船上的布置情况如图 5-14 所示。

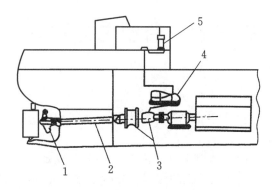

**图 5-14　调距桨装置的布置**
1—调距桨；2—尾轴；3—调距机构；4—液压动力部分；5—操纵台

调距桨的转叶机构是将往复运动转变为回转运动的机构。曲柄连杆式转叶机构如图 5-15 所示。这种机构的零件多，结构不紧凑，现已把它简化为曲柄滑块机构和曲柄销槽机构。图 5-16(a)为曲柄滑块机构，图 5-16(b)为曲柄销槽机构，它们均用一滑块代替连杆，使结构简单、紧凑。调距桨装置一般还设有应急锁紧桨叶装置，在应急情况下（如液压系统失灵），此装置可把桨叶固定在一定的正螺距值，把调距桨变为定距桨使用。

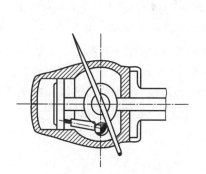

**图 5-15　曲柄连杆式转叶机构**

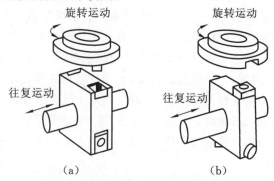

**图 5-16　曲柄滑块机构和曲柄销槽机构**
(a)曲柄滑块机构；(b)曲柄销槽机构

# 复习思考题

5-1　船舶推进装置的传动方式有哪几种？
5-2　直接传动方式的优点有哪些？
5-3　轴系由哪些主要设备组成？
5-4　推力轴承的工作原理及调节圈的作用与调节方法如何？
5-5　简述尾轴管装置的组成及尾轴承的分类。
5-6　螺旋桨的几何参数有哪些？
5-7　何为进程和滑失比？
5-8　螺旋桨的特性曲线是指什么？
5-9　调距桨的优缺点有哪些？
5-10　调距桨装置由哪几部分组成？

# 第6章 船舶电力推进*

## 6.1 概 述

电力推进的概念并非新生,其源头可追溯至100多年以前,然而,由于结构紧凑、性能可靠、具有竞争力的大功率可调速电动机的控制在当时较难实现,电力推进直到20世纪80年代才在一些新的应用领域涌现。

19世纪末,德国和俄罗斯最先开始了以蓄电池为能量源的电力推进应用试验,此后第一代电力推进技术于20世纪20年代投入使用,大大缩短了客船横渡大西洋的时间。在当时,较高的推进功率只能依靠蒸汽透平发电机。由于高效率和节能性更好的柴油机在20世纪中期兴起,蒸汽透平和电力推进技术从商船领域中逐步退出。直至20世纪80年代,电动机调速技术获得发展,首先是AC/DC整流器(可控硅整流器)在20世纪70年代出现,接着AC/AC变频器在20世纪80年代出现,使得基于电站供电的电力推进系统成为现实,它也被称为第二代电力推进装置。一个由几台发电机组组成的固定电压和频率的电站向同一个电网供电,电网再向推进系统供电,也向日常其他设施及辅助设备供电,推进控制依靠调节定距桨转速实现。这种解决方案首先应用在一些特殊船舶上,如调查船和破冰船,也应用在邮轮上。吊舱推进器在20世纪90年代初期出现,电动机被直接安装在定距桨轴上,密封于水下可360°旋转的吊舱内。当时这种概念的提出,最早是用于改善破冰船性能,很快发现它在水动力性能和机动性能方面也表现良好。在邮轮M/S ELATION号第一次应用吊舱后,吊舱的优越性广为人知,吊舱推进器很快成为新造邮轮的标准配置。传统机械推进邮轮与吊舱电力推进邮轮对比如图6-1所示。

图6-1 传统机械推进邮轮与吊舱电力推进邮轮对比

---

\* 此章为拓展学习内容。

图 6-1 中,右下为装备了 AZIPOD 吊舱推进器的电力推进邮轮 M/S ELATION,左上是其早期采用传统机械推进器的姊妹船。可以看出,邮轮推进方式由传统机械推进改为吊舱电力推进后,省掉了长轴,取消了舵机房,优化了舱室布置,节省了大量的空间,且机动性更强。

电力推进采用蒸汽透平或柴油机带动发电机,有不同的配置形式,已应用于数以百计的各种船型。随着方位推进器(azimuth thruster)和吊舱推进(podded propulsion)装置的引入,电力推进系统配置应用在不同船型中以满足运输、机动、定位等需要。目前,电力推进主要应用在以下船型:邮轮、渡轮、有动态定位要求的钻井船、侧推辅助定位锚泊的生产设施、油轮、布缆船、铺管船、破冰船、其他冰区航行船舶等。在已存在和新的应用领域的新造船舶中,电力推进的研究和评估工作仍在进行。

## 6.2 电力推进的优势与不足

在任何独立的能量系统中,生成的总能量等于消耗和损耗的能量之和。对电力系统来说,它包括电站、配电系统、变压器、调速驱动装置和电动机,其能量流如图 6-2 所示。

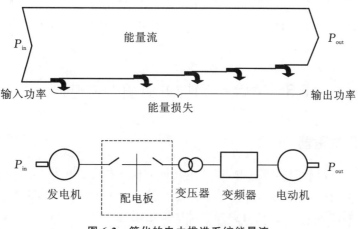

图 6-2 简化的电力推进系统能量流

图 6-2 中,原动机,如柴油机或蒸汽透平,给发电机轴输入能量;电动机,如推进电动机,则承担负载。发电柴油机轴到电动机轴之间的能量损失包括机械损失和电损失,损失主要以放热的形式呈现,导致设备和周边环境温度升高。系统中每个部件的效率可以计算出来,满载时,效率的典型值:发电机为 0.95~0.97,配电板为 0.999,变压器为 0.99~0.995,变频器为 0.98~0.99,电动机为 0.95~0.97。因此,柴油机电力推进系统的效率,从发电柴油机轴到推进电动机轴,满负荷时正常情况下为 0.87~0.93。效率也会随系统负载的波动而改变。

在原动机与推进轴系中增加了额外的设备,导致差不多有 10% 的损耗,电力推进系统的节能潜力并不是因为采用了电力设备部件,主要是因为电力推进系统中原动机工作在定速和高负荷区时对应的燃油效率较高,而机械推进系统中原动机燃油效率随负载变化差异很大,特别是在较低推力的时候(如动力定位和机动航行时),差异非常明显。另外,船舶螺旋桨的设计若是为满足高航速,则在低速时必然效率低,反之亦然。因此在设计推进系统时,实际工况十分重要。

柴油机最大的燃油效率在 60%~100% 负荷之间,这就造成了传统机械推进和电力推进在功率消耗上的差异。在柴油机电力推进系统中,电站由多台小功率的柴油发电机组组成,总运行台数可以选择以使每台运行机组负载最优、效率最高,总功率也可调整以适合船舶可能的运行工况,而且针对多数的运行模式和时间都可找到一个优化的配置方案。

电力推进装置的主要优越性有:

(1) 油耗减少和维修量降低,使得全生命周期成本降低,特别是负荷变化较大的船舶,比如许多动态定位的船舶,在它们的操作图谱中,运输和定位的时间相当;

(2) 增加了冗余,减少系统某单个故障弱点,优化原动机负载;

(3) 中、高速机质量较轻;

(4) 占用空间少,增加仓储容量;

(5) 推进装置布置灵活,推进器采用柔性电缆供电,其布置独立于原动机;

(6) 如采用方位推进器和吊舱推进器,机动性更好;

(7) 轴系变短,噪声低,振动小,空泡少,减小气蚀。

电力推进装置有以下不足:

(1) 初始投资增加;

(2) 额外增加的部件(如发电机、变压器、变频器、推进电动机等),在原动机和螺旋桨间增加了损耗;

(3) 对于刚涉足本领域的人来说,大量的新型设备需要掌握不同的操作、管理及维护策略。

## 6.3 适合电力推进船舶的推进器

### 6.3.1 方位推进器

方位推进器是可以旋转的推进器,以产生任何方向的推力。传统的方位推进器初期被用于位置保持和机动航行,近年来在电力推进船上也被用于主推装置。这种推进器是可控的,既有恒速电动机配调距桨的设计,也有调速电动机配定距桨的设计,还有少数电动机速度和螺旋桨螺距都可调的设计。调速电动机配定距桨的设计与恒速电动机配调距桨的设计相比,不但水下结构简单,而且低速推进损失小。

船舶对推进器空间的高度有严格的限制,电动机通常会水平放置,方位推进器将形成 Z 形齿轮传动,如图 6-3 所示。因为垂直安装电动机会形成 L 形齿轮传动,这样结构简单,且传动损失小,所以当推进器空间高度允许时通常垂直安装电动机。因为方位推进器被设计并最优化为单向推进,所以方位推进器在螺旋桨螺距或转速为负时产生推力的能力将被限制。

对于主推装置,为了提高其水动力性能和操舵能力,方位推进器要采用像机械吊舱那样的形状。方位推进器是从船上获得电能,驱动水平放置的电动机产生机械能,之后传给 Z 形齿轮传动的螺旋桨。方位推进器水下形体被优化为在船舶高速航行时水动力阻力低,以得到更高的推进效率。

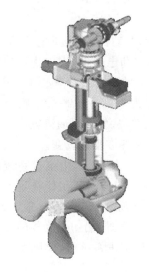

图 6-3 Z 形传动的方位推进器

## 6.3.2 吊舱推进器

类似传统的方位推进器,吊舱推进器也可以自由旋转以产生任一方向的推力。它们的主要不同之处在于吊舱电动机直接与螺旋桨轴相连,并被密封悬挂在船底的吊舱内,吊舱整体淹没在水中。高功率吊舱示意图如图 6-4 所示。调速电动机置于密封且紧凑的吊舱内,定距桨直接安装在电动机轴上。由于避免了机械齿轮传动,吊舱推进器的传动效率比方位推进器的高。电能通过柔性电缆或可 360°回转操作的滑环传输给电动机。因为螺旋桨是定距桨,且无齿轮传动,故其机械结构比较简单。

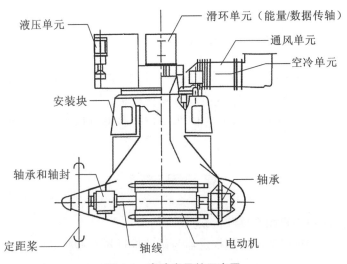

图 6-4 高功率吊舱示意图

吊舱可被设计成拉式或推式,特别是拉式吊舱,改善了螺旋桨的工作状况并使流场均匀,提高了螺旋桨的水动力效率,减轻了气蚀危险以及降低了振动和噪声。如果推力轴承允许,吊舱既可向前旋转,也可向后旋转。螺旋桨通常在主推方向上效率最高,负推能力较小,但它没有推进器的机械限制。吊舱推进器在邮轮、破冰船、供给船以及油轮上使用了 20 余年。目前新建造的现场支持船、半潜式钻井平台也使用吊舱推进器来实现动态定位以及运输和推进等功能。现在吊舱系统的可用功率范围为 1~25 MW。大型吊舱提供了维护人员直接进入吊舱进行检修的通道。

吊舱推进系统是推进单元向前迈进的一大步,这种设计还在不断发展进步,且尚未充分应用到所有船舶市场和动力设备中,它将对船舶设计产生巨大影响,适用于许多领域的新概念船。

## 6.3.3 其他形式的电力推进器

有些制造商提供双桨推进器,即两个螺旋桨或在同一桨轴上,或是对转的螺旋桨。对转的螺旋桨利用另一螺旋桨喷射水流的旋转能量来改善水动力效率并产生推力。在对转吊舱 (contra rotating pod, CRP) 中,吊舱推进装置与传统轴系传动螺旋桨相结合,如图 6-5 所示。单独的吊舱有一定的方位并由一可变速的电动机控制,螺旋桨可由电动机控制转速,也可以是一个由传统柴油机直接驱动的变螺距螺旋桨。对转吊舱在很大程度上提高了推进装置的效率,同时使得几种形式的船增强了冗余,提高了推进能力。

图 6-5　对转吊舱

电力推进是一个新兴领域,它已经成功应用于船舶,这种应用是在综合考虑建造性、操作性和经济性的基础之上,造船工程师、水动力和动力装置工程师以及电气工程专家分工协作完成的,最优化的设计方案只能在共同的设计理念和对其他方面充分理解的前提下才能得以实现。

## 复习思考题

6-1　电力推进应用于船舶有哪些优缺点?

6-2　应用于电力推进船舶的方位推进器与吊舱推进器有哪些异同?

# 第3篇 船舶辅机

## 第7章 船用泵

### 7.1 泵的概述

#### 7.1.1 泵的功用及分类

泵是用来输送液体或提高液体压力的机械。在船舶上泵是一种应用最广泛、数量和类型最多的辅助机械。主、辅机所需的燃油、滑油、冷却水,锅炉所需的燃油和补给水,生活上所需的饮用水和卫生水,压载所需的压载水,消防水和舱底水,液压舵机和液压起货机所需的动力油等,都是由泵来输送的。

船用泵的分类方式常有以下几种。

**1. 按用途分**

(1) 船舶动力装置用泵:主要有燃油泵、滑油泵、淡水泵、海水泵、液压舵机油泵、液压锚机及起货机油泵、锅炉给水泵、制冷装置用的冷却水泵、海水淡化装置给水泵和排污泵等。

(2) 船舶通用泵:主要有舱底水泵、压载水泵、消防泵、日用淡水泵及卫生水泵等。

(3) 特殊船用泵:如油船的货油泵、洗舱泵、挖泥船的泥浆泵、渔船上的捕鱼泵等。

**2. 按工作原理分**

(1) 容积式泵:靠泵工作部件的运动使工作容积周期性地增减变化而吸排液体的泵称为容积式泵。根据工作部件运动方式的不同,容积式泵又可分为往复泵和回转泵。而回转泵又包括齿轮泵、螺杆泵、叶片泵、水环泵等。

(2) 叶轮式泵:靠叶轮带动液体高速旋转而使流过叶轮的液体的压力能和动能增加而吸排液体的泵称为叶轮式泵,包括离心泵、轴流泵和旋涡泵等。

(3) 喷射泵:靠具有一定压力的流体产生的高速射流来引射需输送的流体的泵称为喷射泵。这种类型的泵主要有水喷射泵、水喷射真空泵和蒸汽喷射泵等。

**3. 按驱动力分**

(1)手动泵;(2)电动泵;(3)蒸汽泵;(4)柴油机带动泵(随车泵)。

#### 7.1.2 泵的性能参数

为了说明泵的性能,泵的铭牌和说明书上通常给出以下性能参数,以便于选用和比较。

**1. 流量**

流量是指泵在单位时间内所排送液体的数量,又称排量。它又可分为体积流量和质量流量。体积流量通常用 $Q$ 来表示,单位是 $m^3/s$、$m^3/h$、$L/min$。质量流量通常用 $G$ 来表示,单位是 kg/s、kg/min 或 t/h。

泵铭牌上标注的流量是指额定流量。

**2. 压头**

压头又称扬程,是指泵传给单位重量液体的能量,即单位重量液体通过泵后所增加的机械能,常用 $H$ 表示,单位是 m(液柱)。液体经过泵后,若液体所获得的能量(包括位能、动能和压力能)全部转换成位能,则扬程又可理解为泵能将液体所扬送的理论几何高度(它大于实际几何高度)。

泵铭牌上所标注的扬程是额定扬程,也就是泵在设计工况下的扬程。而泵的工作扬程取决于泵工作管路中的背压,它不一定正好等于额定扬程,如图 7-1 所示,根据扬程的定义可用式(7-1)估算扬程。

$$H = \frac{p_d - p_s}{\rho g} + \Delta Z + \frac{v_d^2 - v_s^2}{2g} \tag{7-1}$$

式中    $p_d$——泵的排出压力,Pa;

         $p_s$——泵的吸入压力,Pa;

         $v_d$——泵排出管内流速,m/s;

         $v_s$——泵吸入管内流速,m/s;

         $\rho$——液体的密度,kg/m³;

         $g$——重力加速度,取值为 9.8 m/s²;

         $\Delta Z$——泵吸入口与排出口的高度差,m。

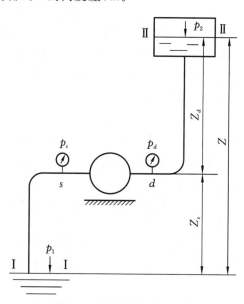

图 7-1 泵和管路系统简图

由于泵的吸排管的管径相同或相近,可认为 $v_d \approx v_s$,而 $\Delta Z$ 很小,则式(7-1)可写为

$$H \approx \frac{p_d - p_s}{\rho g} \tag{7-2}$$

应当指出,容积式泵铭牌上标注的往往不是额定扬程而是额定排出压力,它是按照试验标准连续工作所允许的最高排出压力。容积式泵工作时的实际排出压力不允许超过额定排出压

力。压力和扬程可按下式换算：

$$H = \frac{p}{\rho g}$$

**3. 功率与效率**

1) 功率

泵的功率有输出功率和输入功率之分。

(1) 输出功率 $P_e$。

输出功率又称有效功率，是指泵在单位时间内实际传给排出液体的能量，用 $P_e$ 表示，单位是 W 或 kW，它可用下式计算：

$$P_e = gGH = \rho g QH \approx (p_d - p_s) Q$$

式中　$G$——泵的质量流量，kg/s；

　　　$Q$——泵的体积流量，$m^3/s$；

　　　$H$——泵的工作压头，m；

　　　$\rho$——液体的密度，$kg/m^3$；

　　　$g$——重力加速度，取值为 9.8 $m/s^2$；

　　　$p_d$——泵的排出压力，Pa；

　　　$p_s$——泵的吸入压力，Pa。

(2) 输入功率 $P$。

输入功率又称轴功率，是指单位时间内原动机传给泵的能量，即原动机传给泵轴的功率，用 $P$ 表示。铭牌上所标注的功率指的是额定工况下的轴功率。

2) 效率

泵的效率(总效率)是指泵的输出功率与输入功率之比，通常用 $\eta$ 表示，即

$$\eta = \frac{P_e}{P}$$

由于泵在实际工作中不可避免地会产生各种能量损失，不可能把轴功率全部转变为有效功率，因此有效功率总是小于轴功率，即 $\eta < 1$。由此可见，效率是表明泵工作时经济性好坏或能量损失大小的参数。各种类型的泵因工作原理和制造工艺不同，其效率有时相差甚远，一般往复泵效率为 75%~95%，离心泵效率为 60%~90%，而喷射泵的效率则仅有 30% 左右。

泵的能量损失包括以下方面。

(1) 容积损失——泄漏及吸入液体中含有气体等造成的流量损失。它的大小用容积效率 $\eta_v$ 来衡量。容积效率 $\eta_v$ 为实际流量 $Q$ 与理论流量 $Q_T$ 之比，即

$$\eta_v = \frac{Q}{Q_T}$$

(2) 水力损失——液体流经泵内时因摩擦、撞击、旋涡等水力现象造成的压力损失。它的大小用水力效率 $\eta_h$ 来衡量。水力效率 $\eta_h$ 为实际压头 $H$ 与理论压头 $H_T$ 之比，即

$$\eta_h = \frac{H}{H_T}$$

(3) 机械损失——泵运动部件的机械摩擦所造成的能量损失(或功率损失)。它的大小用机械效率 $\eta_m$ 来衡量。机械效率 $\eta_m$ 为按理论排量和理论扬程计算的功率与输入功率之比，即

$$\eta_m = \frac{\rho g Q_T H_T}{P}$$

因此,泵的效率 $\eta$ 为

$$\eta = \eta_v \eta_h \eta_m$$

泵铭牌上标注的效率是指泵在额定工况下的总效率。应当指出,泵的效率仅是对泵本身而言,并没有把原动机的效率和传动装置的效率包括在内。

**4. 转速**

泵的转速是指泵轴每分钟的回转数,用 $n$ 表示,单位是 r/min。一般交流电动机驱动的泵,其转速是恒定的。对于没有回转轴的由蒸汽直接作用的往复泵,常以每分钟活塞的往复次数来代替转速。电动往复泵泵轴(曲轴)的转速一般比原动机转速低,泵铭牌上所标注的转速是指泵轴的额定转速。

## 7.2 船 用 泵

### 7.2.1 往复泵

往复泵是人类最早应用于生产实践中的一种液体输送机械。现今,往复泵虽然在很多场合已被结构简单和流量范围更广的离心泵所代替,但在小流量、高压头以及要求具有自吸能力的场合,它仍起着无法取代的独特作用。

**1. 往复泵基本工作原理**

往复泵属于容积式泵,它是利用活塞或柱塞在泵缸中的往复运动,造成工作腔室的容积变化,从而实现吸排液体和传递能量的,所以又称为活塞泵或柱塞泵。

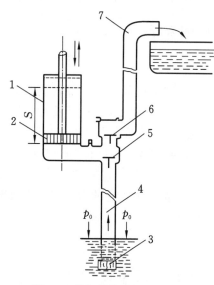

图 7-2 单缸单作用往复泵简图
1—泵缸;2—活塞;3—底阀;4—吸入管;
5—吸入阀;6—排出阀;7—排出管

图 7-2 所示为单缸单作用往复泵简图,其主要部件是泵缸 1、活塞 2、吸入阀 5 和排出阀 6 等。活塞经活塞杆传动,由原动机经传动机构带动在泵缸内做上下往复运动。泵缸经吸、排阀分别与吸、排管相通。吸入管伸入吸入液面以下,而排出管则一直通到贮液柜中。

泵起动后,当活塞被原动机带动自下而上移动时,活塞下侧工作腔室的容积就逐渐增大,压力也随之降低。这时排出阀严密关闭,吸入管中原来滞留的空气将会顶开吸入阀进入泵缸的工作腔室内,于是吸入管内的压力也就降低,一部分液体在吸入液面上的气压作用下沿吸入管上升。当活塞向下回行时,活塞下侧工作腔室的容积逐渐减小,腔室中的气体压力升高,迫使吸入阀关闭,并有一部分气体顶开排出阀,经排出管排出泵外。这样,活塞继续在泵缸内做上下往复运动,吸入管和泵缸内的空气将会被逐渐抽出,泵缸和吸入管内形成低压,液体在吸入液面上气压的作用下沿吸入管"自行吸入",最后液体充满泵缸和吸入管内,泵就开始进行正常吸排液体。

以上是泵在起动时进行"干吸"的吸排原理。任何容积式泵都能自行排除泵内和吸入管内的气体,并自行吸入液体,这种工作能力称为容积式泵的自吸能力(或干吸能力)。

实际中,容积式泵为防止泵内发生干摩擦而造成严重磨损,在起动前仍需预先向泵内灌液。一般在往复泵的吸入管下端装设一个带莲蓬头滤网的单向底阀,对吸入管内的液体起止回作用,阻止管内液体流回吸液池,使泵内随时都存留液体,便于泵迅速、正常起动。活塞泵在泵内充满液体的情况下起动时,吸入行程刚开始,液体就在吸入液面与泵缸压差作用下被吸入泵缸;而在排出行程开始时,泵缸中的液体受活塞的挤压,使液体压力迅速升高并顶开排出阀,立即排出。这种活塞泵在活塞的一个往返行程中只吸排一次,称为单作用泵。

图7-3所示为单缸双作用往复泵工作原理图,它的活塞两侧均为工作腔室,各有一组泵阀,即一对吸入阀7和排出阀5。阀箱被两组吸、排阀分隔为三层,上、下小室分别与排出管与吸入管连接,中层的两个小室分别连通泵缸的两个工作腔室。活塞在泵缸中做往复运动,吸入管中的液体就会轮流经阀箱中两组吸、排阀和左、右小室被吸入泵缸和排出到排出管中。这种泵在活塞的一个往返行程中活塞两侧的工作腔室各吸排一次,称为双作用泵。

往复泵的作用次数是指泵在一个双行程中所能吸排液体的次数,有单作用、双作用、三作用和四作用之分。例如由三个单作用泵缸可以组成一个三缸三作用泵;同样,由两个双作用泵缸可以组成一个双缸四作用泵。

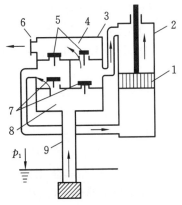

图7-3 单缸双作用往复泵的工作原理图
1—活塞;2—泵缸;3—阀箱;
4—排出室;5—排出阀;6—排出管;
7—吸入阀;8—吸入室;9—吸入管

**2. 往复泵的流量**

1) 理论流量

往复泵的理论流量等于单位时间内活塞在泵缸内所扫过的排出容积,即

$$Q_T = 60KA_e Sn$$

式中 $Q_T$——泵的理论流量,$m^3/h$;

$K$——泵的作用次数;

$S$——活塞工作行程,m;

$n$——泵转速,$r/min$,或活塞每分钟的双行程数;

$A_e$——活塞平均有效工作面积,$m^2$。

对于活塞两侧泵缸腔室都参与工作的活塞泵,其活塞平均有效工作面积按下式计算:

$$A_e = \frac{\pi}{4}(D^2 - d^2/2)$$

式中 $D$——活塞直径,m;

$d$——活塞杆直径,m,对于单作用泵及由$K$个单作用泵组合在一起的多作用泵,$d=0$。

2) 实际流量$Q$

往复泵的实际流量$Q$总是小于理论流量$Q_T$,这是因为:

(1) 往复泵的泵阀、活塞环及活塞杆填料密封处不严密而有一定的泄漏;

(2) 往复泵工作时,活塞运动方向改变,而阀的运动因受惯性力影响不能及时启闭,故排量减小;

(3) 在吸入过程中,如果吸入条件恶化(如滤器堵塞、液体黏度太大等),由于泵的吸入口和泵缸内的压力太低,溶解于液体中的气体就会析出而形成气泡,或者液体因汽化产生蒸汽泡,吸入的液体中可能含有气泡,或者外界空气从活塞杆的填料箱或吸入管接头处漏入泵内,则泵内将会因气(汽)体占有工作空间而使吸入量和排出量降低。

往复泵的容积效率 $\eta_v$ 与泵的转速、液体的性质、工作压力、泵阀的加工精度、泵的装配质量等有关,往复泵的容积效率 $\eta_v$ 一般在 85%～95%。故往复泵的实际流量 $Q = \eta_v Q_T$。

**3. 往复泵的工作特点**

（1）有自吸能力。

所谓自吸能力,是指泵依靠自身能抽除泵内及吸入管路中的空气从而吸入液体的一种能力。自吸能力与泵的形式和密封性能有重要关系。值得注意的是,在实际装置中往复泵都装有单向底阀,使停泵后吸入管与泵内仍充满液体,以减少下次起动供液时间和防止活塞在缸内干摩擦。

（2）可产生较高的压头或排出压力。

泵能产生的最大压头主要取决于原动机的功率、泵本身的强度和密封性能,而与泵流量无关。但泵的实际工作压头却取决于管路特性和泵的特性,若使用不当,就可能出现实际工作压头高于泵能产生的最大压头从而使泵损坏或原动机过载的现象。故泵的出口需设安全阀,以限制泵的最大工作压头,防止泵损坏或原动机过载。

（3）理论流量与压头(或排出压力)无关。

泵的理论流量仅取决于转速、泵缸的几何尺寸(缸径和行程)和作用数,而与泵的工作压头无关。泵的实际流量,在额定工作压头范围内,也几乎与工作压头无关。因此,往复泵不能采用改变排出阀开度的办法来调节流量,否则只能引起排出压力升高、功率增大甚至发生超负荷的危险。如需调节流量,只能采用回流(旁通)调节法或吸入部分空气法。

（4）流量不均匀,存在惯性影响。

由于泵缸内的活塞做不等速运动,使泵的流量不均匀,管路中的液流做变加速运动而产生惯性影响。其中单作用泵尤甚,而多作用泵也只是有所改善而已。

（5）转速不宜太高。

泵的转速过高,阀迟滞所造成的容积损失会相应增加,阀撞击引起的噪声和磨损将加剧。此外,液流的惯性阻力损失也将增加,特别是在吸入行程,易导致缸内压力过低而发生汽蚀现象。所以,电动往复泵的转速大多在 200～300 r/min。

（6）不宜输送含有固体杂质的液体。

往复泵的活塞与泵缸之间以及阀与阀座之间都是精密配合面,如有杂质进入,会加快配合面磨损或令阀不能正常关闭,使泵工作失常。

上述工作特点中,前三点是容积式泵共同的特性。

往复泵在流量相同时比其他泵笨重,造价较高,管理维护也较麻烦,故在船上只用于需自吸的场合,如作舱底水泵和油轮扫舱泵等,但柱塞式往复泵广泛应用于液压传动中。

### 7.2.2 回转泵

回转泵是利用工作部件的回转运动使其工作腔室容积发生变化来吸排液体的。根据回转部件的不同,回转泵的结构形式较多,在船上常用的有齿轮泵、叶片泵和螺杆泵三种。回转泵和往复泵同属于容积式泵,因此也具有容积式泵的特性,如具有自吸能力,理论流量与压头无关,而实际流量与压头之间无特定的函数关系等。同时,回转泵与往复泵结构上的差异使它具有以下特性。

（1）回转部件结构基本上是平衡对称布置,适合于高转速工作。因此,一般回转泵可以与高速原动机直接连接传动,结构紧凑,外廓尺寸小,质量轻。

(2) 泵吸排液体的方向取决于泵轴转向。回转部件的连续回转运动使泵的流量较均匀,泵本身不需要吸、排阀。泵排出腔需设安全阀或溢流阀,以限定排出压力。

(3) 转子和定子是回转接触的,摩擦面多,所以回转泵适用于输送各种无颗粒杂质的油类及较高黏度液体,管路中需设滤器。

**1. 齿轮泵**

1) 齿轮泵的基本工作原理

齿轮泵的主要工作部件通常就是一对互相啮合的齿轮。泵的吸排作用就是通过这对齿轮的啮合回转而产生的。图 7-4 所示为齿轮泵工作原理图。

图 7-4 中,主动齿轮 1 和从动齿轮 2 安装在泵体 3 中的两平行转轴上,由原动机带动做等速回转。齿轮的外周和两侧都被泵体和端盖所包围,形成密封空间。在这个空间中,由于互相啮合着的牙齿 A、B 和 C 的分隔,又构成两个彼此隔离的空腔,即与吸入口 4 相通的吸入腔和与排出口 5 相通的排出腔。当泵轴带动齿轮按图示方向回转时,因为齿 C 逐渐退出啮合,其所占据的齿间容积就会逐渐扩大,压力相对降低,于是,油液从吸入管吸入泵中,并充满整个齿间。

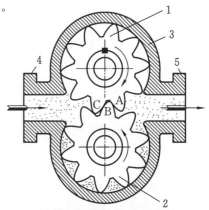

**图 7-4 齿轮泵工作原理图**
1—主动齿轮;2—从动齿轮;
3—泵体;4—吸入口;5—排出口

随着齿轮的不断旋转,进入齿间的油液即被带到压力较高的左侧排出腔中。在排出腔,由于轮齿各齿不断啮入齿间,因此,原来充满齿间的油液即被挤出;因两齿轮互相啮合,而泵体与各齿齿顶之间以及端盖与齿轮端面的间隙又很小,所以高压油液既不能从齿轮之间进入吸入腔,也不能从齿轮侧面和外周大量漏回吸入腔,只能沿排出管向外排出。

2) 齿轮泵流量

假设各齿谷内的油液全部能够被排出,并设齿谷容积等于轮齿的体积。对于具有两个相同齿轮的齿轮泵,每转的几何排量为

$$q = \pi Dhb \times 10^{-5}$$

式中 $q$——几何排量,L/r;

$D$——齿轮节圆直径,mm;

$h$——轮齿的有效工作高度,mm;

$b$——齿宽,mm。

因 $D=mz$,$h=2m$(齿全高 2.25 m 减去顶隙 0.25 m),同时考虑到用一个轮齿的有效体积来代替另一齿轮的齿间工作容积实际上是偏小的,即齿谷容积大于齿峰体积,故应乘一个大于 1 的修正系数 $K$。这样,齿轮泵的平均理论流量可由下式估算而得:

$$Q_T = 2\pi K z m^2 b n \times 10^{-6}$$

实际流量为

$$Q = 2\pi K z m^2 b n \eta_v \times 10^{-6}$$

式中 $Q_T$——平均理论流量,L/min;

$Q$——实际流量,L/min;

$K$——修正系数,一般为 1.05～1.15;

$z$——齿数；

$m$——齿轮模数；

$n$——转速,r/min；

$\eta_v$——容积效率。

值得注意的是,产品的实际流量是按照出厂试验来确定的,并且容积效率被定义为额定排出流量与空载时流量之比值。

3) 齿轮泵的工作特点

(1) 泵的吸排作用完全是由齿轮的啮合回转所产生的,并以轮齿退出啮合的一侧为吸入侧,进入啮合的一侧为排出侧。因此,液体的吸排方向完全取决于泵轴的回转方向。

(2) 泵的吸排工作必须靠齿轮与齿轮以及齿轮与泵体、端盖间的密封来保证。密封性能越好,吸、排腔间的泄漏越少,泵的容积效率以及它所能建立的压头就越高。这就对泵的加工精度、装配质量、抗磨损措施等提出了较高的要求。

(3) 齿轮泵的排量是连续的,但并不完全均匀,其排量不均匀度取决于齿轮泵的齿数和齿形。

(4) 齿轮泵不需要吸、排阀门,结构也较简单。

(5) 齿轮泵工作时泵内摩擦面较多,故只宜用来运送油液。

**2. 叶片泵**

1) 叶片泵的结构和工作原理

(1) 单作用叶片泵的结构和工作原理。

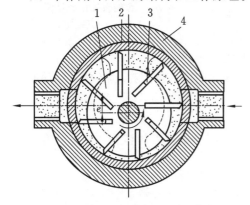

图 7-5 单作用叶片泵工作原理图
1—转子；2—定子；3—叶片；4—泵体

图 7-5 所示为单作用叶片泵工作原理图,它主要由转子 1、定子 2、叶片 3 和泵体 4 等组成。泵体 4 内装配有一个内腔壁面为圆柱形的定子 2 (即泵缸),圆柱形转子 1 偏心地安装于定子中,它们的偏心距为 $e$。转子的若干滑槽内均装有可以滑动伸出或压入的叶片 3,整个转子由泵轴带动回转。在定子和转子的两侧端面上紧贴着两个配油盘。这样,每相邻的两个叶片间都形成一个小的密封容积并随叶片回转。两个配油盘上各开设一对圆弧形吸、排油窗口(如图 7-5 中虚线所示),以将工作空间与泵的吸入口和排出口连通。

当转子回转时,叶片由于离心力作用而伸出,使叶片顶端紧抵于定子内表面并且随转子转动。如转子按图 7-5 中所示逆时针方向回转,两叶片间的工作空间在右半周中容积逐渐增加而压力降低,泵外油液经泵的吸入口和配油盘的圆弧形吸油窗口吸入。充满叶片间的液体随转子转动,当它通过吸、排油窗口之间的密封区并逐渐转入左半周时,叶片被定子内壁逐渐压入滑槽内,叶片间的容积减小,将挤压油液经排油窗口排出,再经泵的排出口排至泵外。

单作用叶片泵的每相邻两叶片转到吸、排油口间的密封区时,所接触的定子曲线不是与转子同心的圆弧,密封区的圆心角略大于相邻叶片所占圆心角。相邻叶片在密封区内转动时,叶片间的工作容积先略有增大,然后略有缩小,会产生困油现象,但不太严重,通过在排出口边缘开三角形卸荷槽的方法即可解决。

单作用泵在每一转中每个工作空间只完成一次吸排油。由于吸、排油窗口两侧压力差的作用,单作用泵的转子承受不平衡的液压径向力,作用于转子轴心,使轴承载荷增加,故单作用泵不适合在高压下工作。此外,单作用泵流量不均匀,但结构简单、紧凑,制造加工较容易。单作用叶片泵因液压径向力无法自行平衡,故又称为非卸荷式叶片泵。

(2) 双作用叶片泵的结构和工作原理。

图 7-6 所示为双作用叶片泵工作原理图。其基本结构与单作用泵类似,只是定子 2 的内表面曲线由两段长半径 $R$ 的圆弧、两段短半径 $r$ 的圆弧和连接它们的四段过渡曲线组成,近似呈一椭圆形。装在转轴上的圆柱形转子 1 与定子同心,转子两侧的配油盘各有四个配油口。

由图 7-6 可见,当转子由短半径 $r$ 顺时针转向长半径 $R$ 处时,两相邻叶片间的工作空间的容积逐渐增大,压力降低,经配油盘的配油口左上或右下吸油;当叶片由长半径 $R$ 向短半径 $r$ 处转动时,叶片间工作空间容积减小,经配油盘的配油口左下或右上排油;当相邻两叶片同时位于吸、排配油口之间的封油区时,它们正好将吸、排口隔开,这时叶片顶端与定子的圆弧部分接触,旋转时两叶片间的容积不变,不会产生困油现象。

从图 7-6 中可以看出,转子每转一周,每两相邻叶片间的工作空间就会进行两次吸油和两次排油(右下和左上吸油,左下和右上排油)。这种泵因吸排空间完全对称布置,作用在转子上的油压作用力可以互相平衡,故不会产生不平衡径向力。因此,双作用叶片泵又称为平衡式或卸荷式叶片泵。当然,要完全平衡径向力,其工作腔数(即叶片数)必须是 4 的倍数。为了满足密封条件,叶片数不得少于 6 片。显然,双作用叶片泵适用于高压场合。

2) 叶片泵的流量

图 7-7 所示为双作用叶片泵流量计算简图,由图可见泵工作时相邻两叶片间的容积变化量 $\Delta V = V - V'$,即为这个小的工作空间每一次的吸排量,把各个工作空间的容积变化量相加,可以得出泵的每一次吸排量,再减去叶片所占体积,就可导出双作用叶片泵的平均理论流量计算式:

$$Q_\mathrm{T} = 2bn[\pi(R^2 - r^2) - (R - r)\delta z/\cos\theta]$$

式中　$Q_\mathrm{T}$——平均理论流量,$\mathrm{m}^3/\mathrm{min}$;

　　　$R,r$——定子内表面圆弧区的长、短半径,m;

　　　$b$——叶片宽度,m;

　　　$\delta$——叶片厚度,m;

　　　$z$——叶片数目;

　　　$n$——泵轴的转速,$\mathrm{r/min}$;

　　　$\theta$——叶片前倾角。

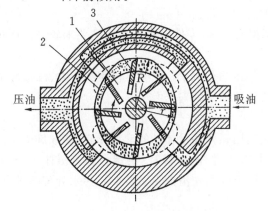

图 7-6　双作用叶片泵工作原理图
1—转子;2—定子;3—叶片

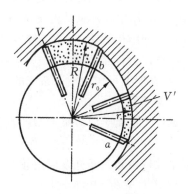

图 7-7　双作用叶片泵流量计算简图

由上式可知,因主要结构尺寸 $R$、$r$、$b$、$z$ 等均为常数,所以双作用叶片泵的理论流量是不能改变的,属于定量泵。只要定子线型和叶片数目设计恰当,泵的理论流量可达到均匀。但由于每一叶片间的容积从封油区进入高压的排油区时,油液也有一定的可压缩性,故泵的实际瞬时流量会稍有脉动。单作用叶片泵的流量脉动比双作用叶片泵大些。

单作用叶片泵由于叶片根部的空间与吸、排油腔相通,也有吸、排油液作用,故计算流量无须考虑叶片占有容积的影响,其理论流量为

$$Q_T = [\pi(R+e)^2 - \pi(R-e)^2] = 4\pi Rebn$$

式中:$Q_T$ 为理论流量,$m^3/min$;$e$ 为定子与转子中心间的偏心距。

这种泵可以用改变偏心距 $e$ 的方法来改变流量。如果在泵体内设有推动定子相对转子中心偏移的手动调节机构,以改变 $e$ 的大小或方向,就可以满足泵的变量或变向要求。

叶片泵的实际流量 $Q$ 主要取决于泵的容积效率 $\eta_v$,实际流量 $Q = \eta_v Q_T$。泵内的密封性能愈好,$\eta_v$ 和 $Q$ 就愈大。叶片泵的密封间隙主要有转子与两侧配油盘的轴向间隙、叶片顶端与定子的径向间隙、叶片表面与滑槽的间隙。其中转子与配油盘的轴向间隙的密封性能最差,因为该间隙处泄漏路径短,泄漏最为严重,对泵的容积效率 $\eta_v$ 影响最大。叶片泵的 $\eta_v$ 一般比齿轮泵高。双作用叶片泵 $\eta_v$ 在 0.8~0.95,单作用叶片泵 $\eta_v$ 在 0.58~0.92。

3) 叶片泵的特点

叶片泵除了具有回转型容积式泵的一般特点外,还具有以下特点。

(1) 双作用叶片泵没有困油现象,流量较均匀,流量和压力脉动性小,故工作平稳,噪声和振动小。但单作用叶片泵由于封油区叶片间的容积有改变,故有困油现象,而它的瞬时流量也不均匀,流量脉动比双作用叶片泵的大。

(2) 双作用叶片泵转子所受的液压径向力完全平衡,故轴承不受偏载荷,磨损小,使用寿命长,并且工作压力也较高。叶片泵的内部密封性能、容积效率和工作压力都比齿轮泵高。普通叶片泵的额定工作压力不超过 7 MPa,高压叶片泵可达 14~21 MPa。

(3) 转速较高,一般在 500~2000 r/min。转速太低时,叶片外移困难,而转速太高时流量增加,吸入流速太高,容易产生气穴现象而不能正常吸入。

(4) 结构紧凑,尺寸较小,流量较大。

(5) 叶片泵对工作条件要求严格。油液含有杂质会使叶片在槽内咬死,故叶片泵对油液的清洁度要求高,同时对油液的黏度也较敏感。叶片抗冲击能力较差,且容易卡住,若叶片槽中间隙和转子端面间隙不合适,也会影响泵的正常工作。

(6) 双作用叶片泵结构复杂,各零件间摩擦面较多,零件制造加工精度要求较高。而单作用叶片泵的结构较简单,制造较容易。

根据以上特点,双作用叶片泵可适用于工作压力较高、流量较大和要求压力、流量脉动小的场合,在船上可作为液压系统的工作油泵或清洁油类的输送泵等。

**3. 螺杆泵**

螺杆泵也属于回转泵类型的容积式泵,它利用螺杆在泵体的衬套中回转,使螺旋槽间液体产生轴向移动而完成吸、排工作。目前,螺杆泵有单螺杆、双螺杆、三螺杆和五螺杆之分,而商船以单螺杆泵和三螺杆泵应用较为普遍,在船舶上常用作滑油泵、燃油泵、污水处理输送泵等。

1) 螺杆泵的工作原理

螺杆泵是依靠封闭容积的轴向移动来达到吸排液体的。其工作原理与不旋转的螺母在只做回转运动的螺杆上产生轴向位移的原理类似。

如图7-8所示,设想一个固定的圆筒C内,插入一根长螺杆a,在螺杆的螺牙间所充满的液体如同一个"液体螺母",再利用一根带齿的可滑动齿条与螺杆相啮合,当螺杆回转时,螺牙间的液体就会像螺母那样做轴向位移,从一端吸入而从另一端排出。但是,在图7-8所示的这种装置中,螺杆左边的齿条要满足螺杆做连续回转工作的需要,就要无限长,这是不可能的。人们就设计用从动螺杆来代替齿条与主动螺杆相啮合,就形成了现在的螺杆泵。当主动螺杆回转时,与之相啮合的从动螺杆随之转动,螺牙间的液体就会不断地沿着轴向移动,从而达到输送液体的目的。

2) 三螺杆泵的结构和工作原理

三螺杆泵的螺杆螺牙为摆线,双头螺纹,属于密封式螺杆泵,在船上被广泛用于主机滑油泵、燃油泵以及液压动力油泵。图7-9所示为船用立式三螺杆泵的总体结构。

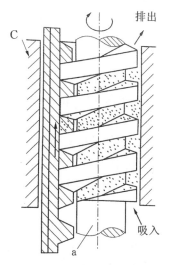

图7-8 螺杆泵工作原理图

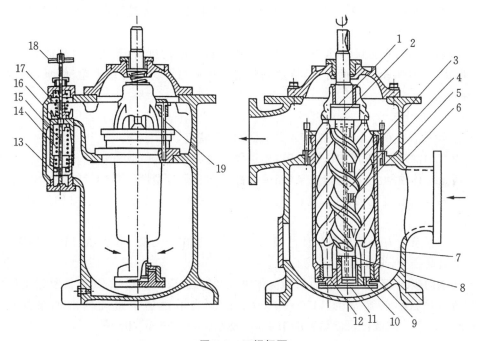

图7-9 三螺杆泵

1,8—推力垫圈;2—平衡活塞;3,5—从动螺杆;4—主动螺杆;6—泵体;7—衬套;9,10—平衡轴套;11—盖板;12—推力垫块;13—止动销;14,17—弹簧;15—调节螺杆;16—安全阀;18—手轮;19—泄油管

从图7-9中可看出,主动螺杆4及与之相啮合的两个从动螺杆3和5,装在泵体6的衬套(泵缸)7中。主动螺杆的排出端由滑动轴承支撑,吸入端插入平衡轴套10中。从动螺杆的排出端未设轴承,吸入端插在平衡轴套9中。当主动螺杆被原动机带动做逆时针方向回转时,与其啮合的两根从动螺杆就反向转动,油液从泵缸下部进入而从上部排出。

泵工作时,由于两从动螺杆与主动螺杆左右对称啮合,故主动螺杆(凸螺杆)立式布置时径向力完全平衡,它不承受弯曲负荷。而从动螺杆(凹螺杆)由于只有一边处于啮合状态,它无论在空转还是输液时都存在径向不平衡力。此径向力由衬套(泵缸)来承受。由于比压不大,故此处磨损较轻,一般也不会引起螺杆变形。

轴向力的平衡,除了在主动螺杆的排出端设平衡活塞2,以平衡其大部分推力外,还在吸入端设有平衡轴套9、10和盖板11,以便形成三个平衡轴向推力的油腔。通过主动螺杆中央的油孔,可将排出端的油液引至上述腔室,因而泵运行中在螺杆下端产生一个与轴向力方向相反的平衡力。只要适当选择轴套内径,就可使轴向推力完全得以平衡。为了保证平衡活塞产生的平衡推力稳定,在其背面有泄油管19,将油泄回吸入腔,使背压保持稳定。此外,泵还设有推力垫圈1、8和推力垫块12,用来承受未平衡的轴向推力。

为了防止螺杆泵排出压力过高而引起泵体损坏或电动机过载,在泵体侧面设有双向安全阀。阀芯是一个中空的筒状体,下端与端盖套筒为滑动配合,顶部钻有几个小孔,可将高压液体引入阀内,以便减小高压作用面积。弹簧14和17分别通过弹簧座压紧在阀顶及调节螺杆15的凸肩上。弹簧14的下弹簧座与调节螺杆15为螺纹配合,且由固定于端盖套筒上的止动销13进行周向定位。弹簧14的张力可用转动手轮18调节。当排出压力大于调定值时,弹簧14被压缩(弹簧17受凸肩限制不动),阀芯下移开启,将高压油泄回吸入空间;当用辅泵供油而使吸入压力过高时,作用在阀芯下部环形端面上的液压作用力就克服弹簧17的张力,使阀芯上移开启,将油液泄入排出口。

安全阀还可作为旁通阀(或调压阀)使用。为了减轻起动负荷,起动前可反时针转动手轮18,放松弹簧14,使安全阀旁通打开,待达到额定转速后再顺时针转动手轮,使泵达到要求的排出压力。

3) 螺杆泵的特点

螺杆泵除具有容积式泵的一般特点外,还有以下特点。

(1) 没有困油现象,流量和压力均匀,故工作平稳,噪声和振动小。

(2) 所送液体搅动少,有些螺杆泵(如单螺杆泵和非密封型螺杆泵)对杂质也不太敏感,能输送的液体种类和黏度范围较广,适合输送高黏度的重油和不宜搅拌的液体(例如供给油水分离器的含油污水)。

(3) 三螺杆泵受力情况和密封性能良好,允许的工作压力高,可达20 MPa,特殊时可达40 MPa,而且磨损少,维修工作少,寿命长。

(4) 从轴向吸入,不存在离心力妨碍液体吸入的问题,吸入性能好;又无往复运动部件,故适用于高转速情况,转速常为1450~3000 r/min,有的由透平带动的滑油泵甚至高达10000 r/min以上。三螺杆泵流量范围很广,一般为0.6~600 m$^3$/h。

螺杆泵的主要缺点是螺杆的加工和装配要求较高,价格约为同规格齿轮泵的5倍;轴向尺寸较大,对高压泵尤为突出,导致转子刚性较差。

在船上,螺杆泵主要用作主机的滑油泵、燃油泵、小型油轮的货油泵或液压系统的工作油泵。单螺杆泵适于泵送污秽液体,常用作向油水分离器供水的污水泵。

### 7.2.3 离心泵

离心泵属于叶轮式泵,它是利用叶轮在泵壳中做等速回转,使处于叶轮中的液体随叶轮一起转动,从而产生离心力并飞离叶轮,以达到吸排液体的一种泵。

从结构和运转形式来看,离心泵与回转泵基本相同,不同之处是离心泵的叶轮与流道没有金属摩擦;在工作原理上,离心泵与回转泵完全不一样,回转泵的吸排是靠容积变化,而离心泵则靠液体在叶轮的回转运动中受离心力作用,使叶轮中心与泵腔外产生压力差而吸排液体。

**1. 离心泵的基本结构和工作原理**

图 7-10 为单级离心泵结构简图,其主要部件包括叶轮 1 和泵壳 3。叶轮是由 5~7 个叶片 2 和前后盖板所构成,并用键和螺母固定在泵轴 6 的一端。轴的另一端经填料轴封装置从泵壳中伸出,由原动机带动按标示的方向旋转。泵壳 3 呈螺旋形,称为蜗壳或螺壳。

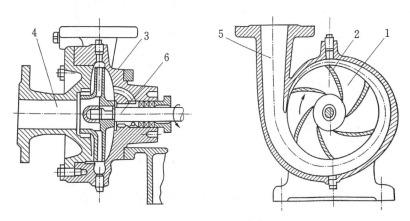

**图 7-10 单级离心泵结构简图**
1—叶轮;2—叶片;3—泵壳;4—吸入接管;5—扩压管;6—泵轴

一般离心泵没有自吸能力,在起动前必须首先使泵内和吸入管中完全充满液体。当叶轮随泵轴回转后,叶片迫使液体随叶轮旋转,在离心力的作用下,液体从叶轮中心叶片入口处被甩向叶轮外周,直至流出叶轮时,液体的压力和速度都有增加。与此同时,叶轮中心区压力下降,在吸入液面和叶轮中心叶片入口处间压力差作用下,液体从吸入液面经吸入管进入泵的吸入口和叶轮中心区。泵内由蜗壳汇集从叶轮流出的液体,并平稳地导入截面渐扩的扩压管。扩压管起能量转换作用,液体流经扩压管时速度降低而压力升高,最后经泵的排出口进入排出管中。这样,当叶轮连续回转时,液体就会连续不断地从吸入液面被吸入泵内,获得能量后排出泵外,输送到所需要的场合。

离心泵起动前所灌注的液体称为"引水"。为灌注"引水",在泵壳的最高处装设一个引水旋塞,并在吸入管下端装设一个单向阀作为底阀。

**2. 离心泵的定速特性曲线**

在转速一定时,表征离心泵的压头、轴功率、效率和允许吸上真空度与排量之间关系的曲线,称为离心泵的定速特性曲线。它是用实验方法测定的:在恒定转速下,改变排出阀开度,测出泵在不同工况时的排量 $Q$、压头 $H$、轴功率 $P$ 和允许吸上真空高度 $H_s$,并根据 $Q$、$H$ 算出不同工况下的有效功率 $P_e$,根据 $P$ 和 $P_e$ 算出总效率 $\eta$。于是,可作出 $Q$-$H$、$Q$-$P$、$Q$-$\eta$、$Q$-$H_s$ 曲线。图 7-11 所示为船用 2.5CL-4 型离心泵在 2900 r/min 下的定速特性曲线。

从图 7-11 中可得出下列结论:

(1) 离心泵的流量与压头有关,排量增加,则压头降低,反之亦然。如果离心泵服务于某一系统,只有当泵所产生的压头等于系统中所消耗的压头时,才能保证离心泵的稳定工作。排量为零(即排出阀关阀的情况下)时的压头最大(不会高出额定工作压头很多),称为封闭压头。

(2) 从 $Q$-$\eta$ 曲线可以看出,离心泵在额定转速下有一个最高效率点,在 $Q$-$H$ 曲线上与其相应的点称为最佳工况点。一般最佳工况点就是设计的额定工况,此工况下的性能参数定义

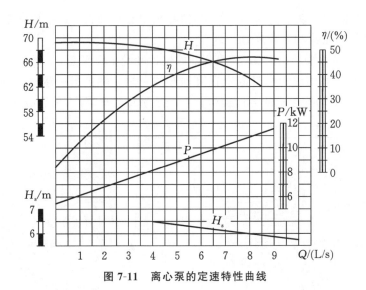

图 7-11 离心泵的定速特性曲线

为额定参数。显然,从经济的角度出发,应尽量使泵运行在最佳工况点上。

一般把比最高效率低 5%～7% 的区间定为泵的适宜工况区。显然 $Q$-$\eta$ 曲线上效率最高点的左右愈平缓,泵的适宜工况区就愈宽。

(3) 从 $Q$-$P$ 曲线可以看出,当泵的流量 $Q=0$ 时,泵的功率 $P$ 为最低(一般为额定轴功率的 35%～50%)。因此,离心泵可在排出阀完全关闭的情况下"封闭"起动,以降低电动机的起动负荷,但不允许泵长时间"封闭"运行,否则输入的全部功率都用于搅拌液体而转化为热能,可能导致泵的零部件过热,以致发生碰擦甚至咬死现象。应当指出,容积式泵决不允许"封闭"起动。

**3. 离心泵的工作特点**

由离心泵的工作原理可看出,离心泵具有如下工作特点。

(1) 不具备自吸能力,因而工作需"引水"。

(2) 离心泵的工作排压为 10～40 $mH_2O$,如果要提高排压,则需加大叶轮直径,或采用多级叶轮串联式离心泵。

(3) 离心泵的流量是均匀的,其流量可根据吸入管直径与泵的转速进行估算:

$$Q_T = 5D_1^2$$

式中　$Q_T$——泵的理论流量,$m^3/h$;
　　　$D_1$——泵吸入口直径,mm。

离心泵的压头也可根据经验公式估算:

$$H = Kn^2 D_2^2$$

式中　$K$——经验系数;
　　　$H$——泵的压头,$mH_2O$;
　　　$n$——泵的转速,$r/min$;
　　　$D_2$——叶轮外径,m。

当离心泵的转速一定时,如果压头大,则流量就小,反之则相反。

(4) 离心泵工作时具有轴向推力,叶轮两侧板上所受液体压力本来是对称且平衡的,但因吸入侧开有一定直径的吸入口,液压力大大降低,故产生指向吸入口方向的轴向推力,轴向推力的大小与不对称面积大小相关，且离心泵级数越多，所产生的轴向推力也越大。

单级离心泵的轴向推力由前支撑轴承承担，为避免离心泵的转子在过大的轴向推力作用下产生轴向位移，使叶轮与泵壳接触而磨损，常采用平衡孔（在叶轮上开孔）、双级叶轮对称布置或加液力自动平衡装置等方法。

(5) 离心泵的吸入高度为自泵的中心到吸入液面间的垂直距离，又称泵的几何安装高度，用 $H_s$ 表示。在保证不产生汽蚀条件下，吸入口处的压力越小越好，管口直径越大则阻力越小，而泵的吸入高度则越小越好。

因而离心泵的吸入管口径应尽量大，并减少弯头，而管的内壁要光滑。泵的吸入高度也有规定：吸入管径大于 80 mm，$H_s$ 取 3 m 左右；吸入管径小于 80 mm，则 $H_s=4\sim 6$ m。

(6) 离心泵的汽蚀现象。离心泵吸入口处的压力 $p_0$ 小于外界压力时才能吸入液体。如果 $p_0$ 小于或等于该温度下液体的汽化压力，则部分液体会汽化，而混入水中的气体也会析出，促使进入叶轮中的液体形成很多气泡，造成局部真空区，而液体因去补充真空区便产生撞击、振动和噪声，使泵的压头、流量和效率降低，叶片表面在这种撞击下产生麻点，叶轮表面损坏，上述现象称为汽蚀。因而，应采取有效措施，避免离心泵发生汽蚀现象。

(7) 离心泵的比转数。离心泵的比转数是离心泵的相似准则数。根据相似准则，任何一台离心泵的叶轮均可用一假想叶轮所代替，比转数即扬程为 1 m$H_2O$、功率为 0.735 kW、流量为 0.075 m³/h 时所具有的转速，用 $n_s$ 表示。高比转数泵，流量大，压头小；低比转数泵，流量小，则压头大。

另外，离心泵质量较轻而外形尺寸小，能直接和高速原动机相连，无须任何减速装置，构造简单，工作可靠，易于修理，而且可以运送污秽的液体，故在船上得到了广泛的应用，多用作循环水泵、冷却水泵、凝水泵和给水泵等，还可用作全船性的泵，如应用水泵、卫生水泵、压载水泵、舱底水泵、消防泵和货油泵等。目前，离心泵产量最大，是应用最广的一种水泵，并且应用领域不断在扩大。

### 7.2.4 喷射泵

喷射泵是一种依靠高压工作流体经喷嘴后产生高速射流，与被抽吸的流体进行动量交换，并使其能量增加，从而达到吸排液体的泵。

喷射泵因采用工作流体导致效率低，但其结构简单、体积小、质量轻，无须任何运动部件，且使用、维护、修理均较为方便，并能输送含有一定杂质的液体，吸入能力强，可造成高度真空，因此船舶上常将其用作锅炉给水泵或辅助水泵、冷凝装置和真空造水装置内的真空泵，特别适合用作舱底排污泵。

如图 7-12 所示，喷射泵主要由喷嘴 1、吸入室 2、混合室 3 和扩压室 4 四部分组成。

喷射泵的工作原理，可由以下四个过程说明。

**1. 喷射过程**

喷射过程是指高压工作液流经喷嘴将压力能转变为速度能（动能）的过程。喷嘴由一个平滑的急剧收缩的流道构成，高压工作液流（0.3～0.5 MPa）经过喷嘴时，首先压力因受阻而提高，而经收缩口时流速大大增加（25～50 m/s）。

**2. 引射过程**

引射过程是指高速射流在吸入室内引射出吸入液体的过程。由于喷嘴正对准急剧收缩的吸入室管与较小直径的混合室交界处，高速流体经过时造成周围真空，且速度越大，吸入室的

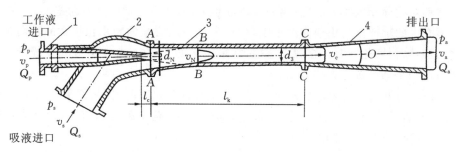

图 7-12 喷射泵
1—喷嘴；2—吸入室；3—混合室；4—扩压室

真空度越高,大量的液体经吸液进口被吸入,再被引射至混合室。

**3. 混合过程**

混合过程是指混合液流在混合室中进行动量交换的过程。实践证明,液流在混合室入口处的流速是很不均匀的,混合室的作用就在于使液体进行充分的动量交换,促使混合室出口液体流速趋向均匀,因为只有这样,液体在扩压室中的能量损失就较小。一般混合室长度为其喉部直径的 6～10 倍。

**4. 扩压过程**

扩压过程是指液流经扩压室将动能转变为压力能的过程。扩压室实际上是一根扩张的锥管,液流进入后,随着直径的增大,液流的速度变慢,但压力随之增加,从而完成了动能向压力能的转换。一般扩张角为 8°～10°。经混合的液体在扩压室中建立起一定压力后,被排出。

喷射泵的喷嘴是个易损件,其锥口常因射流而损坏,所以应定期检修更换,喷嘴在吸入室与混合室交界处的位置要求较准确,可由调整垫片来调整。喷嘴的口径一般为 20 mm 以下,安装时应保证喷嘴、吸入室、混合室和扩压室的同心度。

## 7.3 液压泵

液压系统中的油泵一般都采用容积式泵,因为其流量基本不受工作压力影响。在阀控式液压系统中,多采用齿轮泵、螺杆泵、柱塞泵作为定向定量油泵。而在泵控式液压系统中,则采用变向变量泵作为主油泵,一般采用柱塞式变向变量油泵。该类油泵可根据柱塞布置的方式不同而分为径向柱塞式和轴向柱塞式,本节只介绍这两种变向变量泵,现分述如下。

### 7.3.1 径向柱塞式变量泵

图 7-13 是径向柱塞式变量泵在泵体内仅绘出一个柱塞的工作原理图。

缸体 2 在电动机的带动下绕固定的配油轴 4 做回转运动,配油轴上腔 5 与配油轴下腔 3 分别与泵的外接油管相接。缸体内径向安装有若干个柱塞 1,柱塞的一端与缸体内的柱塞孔组成工作容积,而另一端通过横销 8 与滑履 7 铰接,滑履可在圆盘(浮动环)6 的滑轨内滑动。

如在原动机的驱动下,缸体和柱塞按顺时针方向回转,当圆盘 6 与缸体 2 处于同心位置时(见图 7-13(a)),则柱塞 1 在缸体内无往复运动,这时油泵空转而流量为零。

如通过操纵机构将圆盘 6 拉离中央位置,使其偏向右侧(见图 7-13(b)),则柱塞在上半周中,缸内工作空间逐渐增大,形成真空,油液通过配油轴上腔 5 吸入;当柱塞在下半周中,缸内

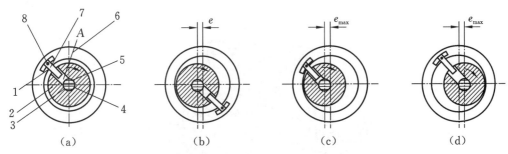

**图 7-13 径向柱塞式变量泵工作原理图**
1—柱塞；2—缸体；3—配油轴下腔；4—配油轴；5—配油轴上腔；6—圆盘；7—滑履；8—横销

工作空间逐渐减小，油液受挤压，通过配油轴下腔 3 压出。缸体旋转一周，每一柱塞吸、排油各一次。

径向柱塞式变量泵的流量公式可表示如下：

$$Q = \frac{\pi}{4}d^2 \cdot 2e \cdot zn\eta_v$$

式中　$Q$——泵的流量，$m^3/min$；
　　　$d$——柱塞直径，m；
　　　$e$——圆环（浮动环）的偏心距，m；
　　　$z$——柱塞个数；
　　　$n$——油泵转速，r/min；
　　　$\eta_v$——泵的容积效率，一般为 0.85～0.95。

可见，对尺寸既定的径向柱塞泵而言，当转速不变时，只要改变浮动环偏心距 $e$ 的大小和方向，就能改变油量和吸排方向。

考虑到流量与压力的脉动，径向柱塞泵通常采用 7 个、9 个、11 个或 13 个柱塞，径向排列成一列或多列的形式。

从径向柱塞泵的工作原理和结构特点可以发现，它有如下缺点：

（1）配油轴处于悬浮状态，在工作油压下易发生弯曲，故为保证配油轴的强度和刚性，轴的外径就需加粗，而柱塞呈径向布置，所以泵的尺寸和质量就较大。

（2）由于配油轴受不平衡径向力，故它与缸体的间隙就不能太小，然而此间隙因磨损而增大又无法补偿，且密封路径短，故泵的容积效率不高，工作油压越高，容积效率越低，所以径向柱塞泵的最大工作压力一般不大于 20 MPa。

由于以上原因，在舵机和其他液压机械中，特别是在较大的扭矩和较高工作油压的场合，径向柱塞泵被轴向柱塞泵所取代。

图 7-14 所示为一种径向柱塞泵的结构及其工作原理简图。

传动轴 16 带动支撑在缸体轴承 19 上的缸体 15 回转。缸体上径向排列着 7 个或 9 个油缸，每个油缸内各有一个柱塞 13，柱塞外端的耳轴 12 套在呈弧形块状的滑履 11 上，滑履嵌置在浮动环 10 的环形滑轨中。浮动环是两个对合在一起的圆盘，由浮动环轴承 8 支撑在导架 9、17 上。泵壳之外的拉杆 18，拉动导架沿端盖 7 和 14 内的导路移动，使浮动环 10 与缸体 15 形成方向和大小可变的偏心。固定在端盖 7 上的配油轴 5，插在油缸体中央。配油轴中钻有孔道 3、4，其一端分别通吸、排管接头 2、6，另一端与配油轴上、下方的弧形配油口相通。配油

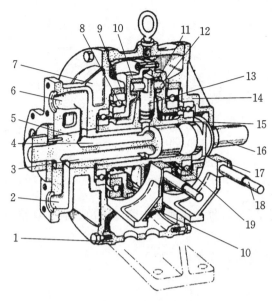

**图 7-14 径向柱塞泵(海尔休泵)**
1—泵壳；2,6—吸、排管接头；3,4—孔道；5—配油轴；7,14—端盖；
8—浮动环轴承；9,17—导架；10—浮动环；11—滑履；12—耳轴；
13—柱塞；15—缸体；16—传动轴；18—拉杆；19—缸体轴承

口正对着油缸底部的开孔。

原动机经传动轴带动缸体和柱塞回转，滑履靠摩擦力带动浮动环一起回转。当浮动环处于中央位置时与缸体同心，泵运转时柱塞不在油缸内产生任何往复运动，不产生吸排作用，泵流量为零。

利用操纵机构拉动浮动环，使其偏离中央位置而移向右侧，则浮动环相对缸体向右偏心。这时如缸体沿顺时针方向回转，则吊挂在浮动环滑轨上的柱塞在转过上半周时，将从油缸中退出，并经孔道 4 吸入油液；而当柱塞转过下半周时，则又压入油缸，将缸内的油液从孔道 3 排出。显然，浮动环相对缸体中心的偏心距 $e$ 越大，柱塞的行程就越长，泵的流量也就越大。

当浮动环向相反方向偏离中央位置时，则油泵吸排方向与上述情况正好相反，即从孔道 3 吸油，从孔道 4 排出。

### 7.3.2 轴向柱塞式变量泵

轴向柱塞泵可分为斜盘式和斜轴式两种，这里仅介绍斜盘式轴向柱塞泵。

在图 7-15 中，斜盘式轴向柱塞泵的泵轴 1 通过键与缸体 3 相连，缸体上有一圈均匀分布的轴向柱塞孔，孔中的柱塞 4 借助于作用在底部的油压或采用机械方法，紧贴于斜盘 5 上，斜盘 5 则可绕 $O$ 点偏转，缸体 3 的左端面抵紧在配油盘 2 上，配油盘 2 用定位销与泵体 9 固定，配油盘上有两个弧形配油窗口 6，使各相应的柱塞孔分别与泵的吸、排管口 7 和 8 相通。

当原动机经泵轴 1 带动缸体旋转时，见图 7-15，若斜盘按图示方向倾斜，则柱塞在自下而上的半周中，逐渐从柱塞孔中退出，工作腔容积逐渐增大而经左侧配油窗口吸油，柱塞在自上而下转过的半周中，柱塞又会被压入柱塞孔中，工作腔容积逐渐减小而从右侧配油窗口排油。

斜盘式轴向柱塞泵的流量公式可表示如下：

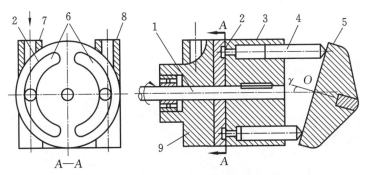

图 7-15 斜盘式轴向柱塞泵工作原理图
1—泵轴；2—配油盘；3—缸体；4—柱塞；5—斜盘；6—配油窗口；7，8—吸、排管口；9—泵体

$$Q=\frac{\pi}{4}d^2 Dzn\eta_v \tan\gamma \tag{7-3}$$

式中　$Q$——泵的流量，$m^3/min$；

$d$——柱塞直径，m；

$D$——柱塞中心分布圆直径，m；

$\gamma$——斜盘倾角；

$z$——柱塞个数；

$\eta_v$——泵的容积效率，一般为 0.92~0.98。

由式(7-3)可知，泵结构尺寸及转速一定时，改变斜盘倾角 $\gamma$ 的大小及方向，即可改变泵的流量及吸、排方向。当 $\gamma=0$ 时，$Q=0$。

图 7-16 是 CY14-1B 型国产伺服变量斜盘式轴向柱塞泵，它由主体部分与伺服变量机构两部分组成。

(1) 主体部分。

传动轴 21 通过花键与缸体 3 连接，缸体 3 上均匀分布着 7 个轴向安装的柱塞 20，它们共同支撑在滚子轴承 5 上，7 个柱塞的球形端分别穿过回程盘 6 的 7 个孔与滑履 15 上的球窝相铰接。为了避免滑履与倾斜盘端面之间的严重磨损，在倾斜盘端面上设有一块可转动的止推板 7，该板与斜盘滑动接触，以减轻滑履的磨损。倾斜盘以传动轴 21 轴线上的钢球 A 为支点，在差动活塞 11 通过销轴的带动下，绕轴偏转，以实现柱塞轴向往复运动的行程变化。传动轴一端有一个定心弹簧 4，弹簧张力通过内套、钢球、回程盘等将滑履紧紧地压在止推板上，使柱塞能够从缸体内退出并吸油。另外，弹簧张力还通过弹簧内套 18 使缸体与配油盘之间建立一个初始的贴紧力，以防止配油盘两个弧形配油窗口连通。配油盘上两个配油窗口与泵体内两个输油道 a(另一个未示出)相连。

泵的内部泄漏途径主要有配油盘与缸体之间、柱塞与缸体之间、滑履与倾斜盘之间及滑履与柱塞球头之间，其中以配油盘与缸体间的泄漏对容积效率影响最大。漏出的油液则从连接于泵体上的泄油管引回油箱。

(2) 伺服变量机构部分。

图 7-17 是 CY14-1B 型泵采用的液压伺服变向变量机构。

在图 7-16 中，泵的两个吸排腔 a(另一个未示出)通过各自的油路 b、c 及单向阀 16 与差动

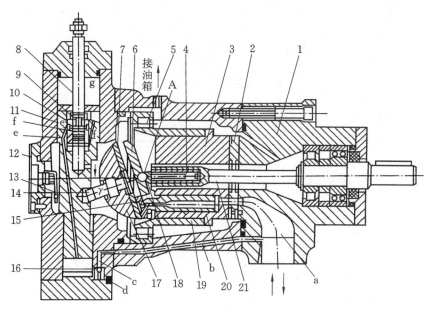

**图 7-16　CY14-1B型斜盘式轴向柱塞泵**

1—泵体；2—配油盘；3—缸体；4—定心弹簧；5—滚子轴承；6—回程盘；7—止推板；8—拉杆；
9—伺服滑阀；10—伺服滑阀套；11—差动活塞；12—刻度盘；13—拨叉；14—销轴；15—滑履；
16—单向阀；17—倾斜盘；18—内套；19—衬套；20—柱塞；21—传动轴；A—钢球

活塞 11 的下方腔室 d 相连通，这样，当泵工作时可由泵的排出腔向 d 腔供压力油，也可由辅泵通过变量机构下端盖中的油孔向 d 腔供油。当拉杆 8 推动伺服滑阀 9 向下移动某一距离时，伺服滑阀套 10 上环形油道被打开，则 d 腔的压力油经油道 e 和伺服滑阀套上的环形油道进入变量壳体上腔 g，这时上、下腔油压相等，但由于差动活塞上腔作用面积大于它的下腔作用面积，于是差动活塞被迫向下移动，直至伺服滑阀套上环形油道被伺服滑阀遮住时，差动活塞才停止下移。如图 7-17 所示，在差动活塞向下移动的同时，通过倾斜盘背面的销轴 6，带动倾斜盘，使其绕自己的耳轴 5 偏转，使倾角 γ 改变。滑阀位移越大，倾斜盘倾斜角 γ 也越大，油泵的输油量也越大。

当拉杆向上移动时，伺服滑阀套下环形油道被打开，于是 g 腔的油液通过油道 f 和滑阀套上环形油道泄回油箱。由于差动活塞下端面受压力油作用，于是差动活塞向上移，直至伺服滑

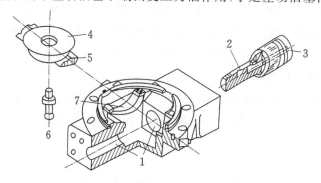

**图 7-17　CY14-1B型泵的液压伺服变量机构**

1—变量壳体；2—销轴孔；3—差动活塞；4—倾斜盘；5—耳轴；6—销轴；7—耳轴承

阀遮住滑阀套上环形油道，差动活塞停止向上移动。当倾斜盘中心线超过传动轴中心线时，d腔压力油由泵体另一油道及另一单向阀（图中未示出）供给。这时油泵的原吸入油道变成排油道，原排油道变成吸入油道。故只要改变拉杆的位移量和拉动方向，就能实现变量变向供油的目的。

油泵流量，可以由差动活塞带动的拨叉 13 从刻度盘上 12 上读出。刻度盘共 10 格，每一格为其额定流量的 10%。

上述伺服机构（CCY14-1B 型）操纵方式，操作力小且灵敏度较高。此外，常用的伺服机构还有手动变量机构（SCY14-1 型）和压力补偿变量机构（YCY14-1 型）。

综上所述，斜盘式柱塞泵主要特点如下：
(1) 油泵结构简单、紧凑，外形尺寸较小；
(2) 采用改变倾斜盘角度的方法来改变泵的排量，其变量控制较简单，工作压力较高；
(3) 有一定自吸能力，允许极限转速高；
(4) 对油液的过滤精度要求较高；
(5) 柱塞侧向力较大，有一定摩擦损失；
(6) 一般倾斜盘倾角不大于 20°，故流量变动范围不大。

## 7.4 油 马 达

油马达是液压系统中将液体的压力能转变为机械能的能量转换机械。其作用与电动机类似，所不同的是油马达输入的是液体压力能，输出的是机械能。其工作特点是动作平稳、惯性小，并且容易实现无级调速，所以在船舶甲板机械中得到广泛的应用。

油马达按其速度可分为两大类：① 高速马达（如大部分的柱塞式油泵和回转式油泵都能用作高速马达），特点是输出扭矩小、转速高、体积小、效率高、成本低，若用于低速大扭矩的场合，需配一套减速机械，这样会使整个传动系统的尺寸比较大，效率也会降低；② 低速马达（如活塞连杆式、静力平衡式和内曲线式等），特点是输出扭矩大、转速低，不需要减速机构或只要一级减速，因而使传动系统得以简化。

此外，油马达还可分为定量油马达和变量油马达。当供给马达的输油量一定时，前者的输出转速为一定值，后者的输出转速为可变的，其变换方式有手动和自动两种。下面以活塞连杆式油马达来说明其工作原理。

### 7.4.1 活塞连杆式油马达的结构

图 7-18 所示为活塞连杆式油马达结构图。在星形壳体 6 中，按圆周等间隔设置五个油缸，各油缸中装有活塞 3，在活塞内腔中心球窝中装有连杆小端的圆球，而连杆大端的圆弧面紧贴在与输出轴成一体的偏心曲轴 2 上，并用一对导环 10 扣住使连杆不脱离曲轴。曲轴靠装在壳体上的一对滚动轴承 13 支撑，其左端通过十字滑块联轴节 12 连接在配油轴上，该轴的 $A-A$ 剖面有五条油路呈放射状从壳体通往各油缸，而配油轴在随曲轴回转中则把壳体上的油孔 $A_1$、$B_1$ 分别与配油轴上的 $A_2$、$B_2$ 油腔相通。高压油由 A 进入，被分配至各个油缸内，推动曲轴旋转。

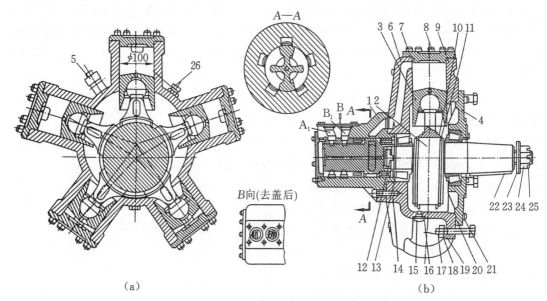

(a)　　　　　　　　　　　（b）

**图 7-18　活塞连杆式油马达结构图**

1—配油壳；2—配油轴(曲轴)；3—活塞；4—端盖；5—安全阀；6—壳体；7—缸盖；8,14,17,21—螺栓；
9,20—"O"形密封圈；10—导环；11—挡圈；12—十字滑块联轴节；13—滚动轴承；
15—丝堵；16,19,23—垫圈；18,24—螺帽；22—键；25—开口销；26—管接

### 7.4.2　活塞连杆式油马达的工作原理

图 7-19 所示为活塞连杆式油马达的工作原理图。

当由油马达轴的自由端看转向为逆时针时,由输出端看则是顺时针。进入配油盘高压腔 $A_2$ 的压力油,分别由管路通入 3 号、2 号、1 号缸内,曲轴的偏心使 2 号和 1 号缸作用于活塞顶的油压的合力方向为 $F$(图 7-19 中 3 号缸已停止供油),推动曲轴旋转对外做功。由于配油盘和曲轴一起转动,低压腔 $B_2$ 因和 5 号、4 号缸相通,所以缸内油由 $B_2$ 腔排到油马达外,并且依次使各油缸实现进、排油,保证油马达的连续运转。如果改变油马达的进、排油方向,向 4 号、5 号缸内进压力油,而 1 号、2 号缸排油,则油马达就反转。

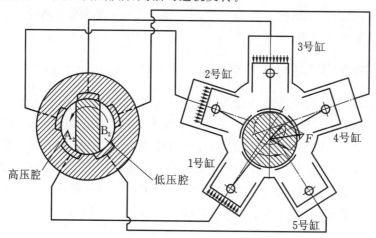

**图 7-19　活塞连杆式油马达的工作原理图**

## 复习思考题

7-1 简述泵的分类。如何评价某一泵性能的优劣？
7-2 往复泵和回转泵相比各有什么特点？
7-3 为什么在机舱中所用的各种泵，其形式和结构往往互不相同？
7-4 容积式泵有哪些特点，在船上有哪些应用？试举例说明。
7-5 请绘出离心泵的定速特性曲线图，并说明其工作特点。
7-6 离心泵在船上有哪些应用？试举例说明。
7-7 简述喷射泵的结构和工作原理。
7-8 何谓变量变向泵？举例说明它的工作原理，并讨论它在船舶上的应用。
7-9 简述油马达在液压系统中的作用。

# 第8章 甲板机械

甲板机械是指安装于甲板上,服务于船舶操纵和营运的一些船舶特有机械,主要包括锚机、绞缆机、起货机、舱口盖启闭装置等,通常也把操舵装置归于这一类。

按驱动甲板机械的动力不同,甲板机械可分成蒸汽甲板机械、电动甲板机械和电动液压甲板机械。其中,蒸汽甲板机械驱动效率低,目前只用于油船、化学品和液化气体运输船。电动甲板机械是利用电力经机械传动带动工作机械,其机械传动部分结构和工作原理比较简单。电动液压甲板机械的液压传动系统组成和工作原理比较复杂,对系统管理上的要求也较高,但电动液压甲板机械能更好地满足船舶对甲板机械的要求。液压传动主要优点如下:

(1)液压系统可在很大压力下工作,故液压传动易得到较大的力或力矩,满足船舶各种需要;

(2)液压传动能在较大范围内实现无级调速;

(3)液压元件惯性小,油液可视为无压缩性,故系统动作灵敏、响应快、换向迅速,适应船舶海况变化迅速的要求;

(4)液压传动以液压油为工作介质,油液本身具有吸振能力,故运转平稳;

(5)液压传动具有各种形式(直线、旋转、摆动)执行元件,可直接与工作机械相连接,完成各种复杂动作,使机构简化。

此外,液压传动系统还具有结构紧凑、体积小、质量轻、低速稳定性好、易实现过载保护、自行润滑、液压元件易实现通用化等优点。当然,液压传动也存在易漏泄、噪声大、结构复杂等缺点,可通过优化设计和提高管理水平加以解决。

## 8.1 舵 机

### 8.1.1 总述

船舶安全顺利地航行,并且迅速地到达目的地或预定的泊位,除依靠主机的推进外,还必须具有良好的操纵性能,即按驾驶人员意图保持或改变航向的能力。

目前操纵船舶航向的方法,因船舶装备情况的不同而异。例如,装有艏侧向推进器的船,可利用它的正、倒转来产生侧推力使船实现转向;装有导流管舵的船利用导流管舵的偏转来实现船舶转向;等等。但是应用最普遍的方法,还是利用装在船尾的舵来操纵船舶航行转向。舵机就是用于控制和操纵舵叶偏转的重要机械设备。

**1. 操舵装置的组成**

如图 8-1 所示,完整的操舵装置(简称舵机)由下列几部分组成。

(1)远距离操纵机构。

远距离操纵机构由设在驾驶台的信号发送器和装在舵机房内的受动器组成。它是操舵装置的指挥系统。

(2)转舵动力机械。

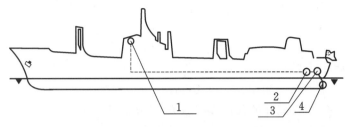

**图 8-1 船舶操舵装置布置示意图**
1—远距离操纵机械；2—转舵动力机械；3—转舵机构；4—舵

转舵动力机械，根据能源的不同可分为人力、汽动、电动和电动液压等形式。

（3）转舵机构。

转舵机构是将动力机械所产生的动力，转化为转矩并传给舵杆的设备。

（4）舵。

它由舵叶与舵杆组成。在船尾螺旋桨后面伸向水中的是舵叶，它在水流的作用下可产生转船力矩。目前，国内外船舶普遍采用的舵叶主要有空心结构的流线型不平衡舵、平衡舵和襟翼舵（子母舵），其主要结构如图 8-2 所示。

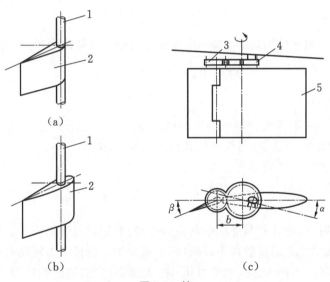

**图 8-2 舵**
(a)不平衡舵；(b)平衡舵；(c)襟翼舵
1—舵柱；2—舵；3—行星齿轮；4—定齿轮；5—主舵

海船大部分采用单舵形式。而内河船舶则常采用双舵或三舵形式。

此外，操纵装置还设有显示舵叶实际转角位置的反馈装置（舵角指示器）、最大舵角限位装置和应急操舵机构等。

**2. 舵的工作原理**

舵机对船舶航向的控制是通过作用在船舶尾部舵叶上的水压力来完成的。如图 8-3 所示，船舶前进时，若舵处于正舵（舵角 $\alpha=0°$）位置，由于舵两侧水压相等，舵对船舶的航行无影响，船舶直线航行；但是，当舵偏转一舵角 $\alpha$ 后，水流即以舵角 $\alpha$ 流向舵叶，使舵两侧的流线不对称，水压分布不均匀，产生一垂直于舵面的水压力的合力 $P_N$。水压力的合力 $P_N$ 对船舶重

心 $O$ 产生的力矩 $M_s$ 使船舶转向,称为转船力矩。其值可用下式计算:

$$M_s = P_N L \cos\alpha \approx \frac{1}{2} C_L \rho A v^2 L$$

式中　$M_s$——转船力矩,N·m;
　　　$L$——舵压力中心至船舶重心的距离,m;
　　　$C_L$——升力系数,与舵叶的几何形状有关,随 $\alpha$ 而变;
　　　$\rho$——水的密度,kg/m³;
　　　$v$——舵叶处水的流速,m/s,可取航速的 1.15~1.2 倍;
　　　$A$——舵叶面积,m²。

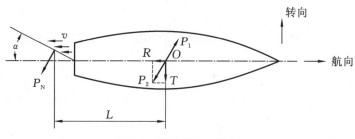

图 8-3　操舵转向原理图

舵的水压力 $P_N$ 对舵杆轴线的力矩 $M_a$ 是使舵绕轴线偏转的力矩,称为舵的水动力矩。

$$M_a = P_N x_c = \frac{1}{2} C_N \rho A v^2 x_c$$

式中　$M_a$——舵的水动力矩,N·m;
　　　$x_c$——舵压力中心至舵杆轴线的距离(随舵角 $\alpha$ 而变),m;
　　　$C_N$——舵叶的压力系数,与舵叶的几何形状有关,随 $\alpha$ 而变。

显然,舵匀速转动时,舵机施加于舵杆上的转舵力矩 $M$ 应等于水动力矩 $M_a$ 和舵承总摩擦力矩 $M_f$ 之和,即 $M = M_a + M_f$。对于平衡舵,一般 $M_f = (0.15 \sim 0.20) M_a$。

从上述分析可见:

(1) 船舶前进时,船的转向与舵的偏转方向相同;船舶后退时则相反。前进回舵或后退偏舵时,舵的水动力矩 $M_a$ 总是使舵回中或偏转,舵机施加于舵杆上的转船力矩为负。

(2) 舵产生的转船力矩 $M_s$ 比水动力矩 $M_a$ 大得多,它们均随舵叶浸水面积 $A$ 的增加和航速的提高而增大,舵机负荷(即工作油压)也相应升高。由于船舶逆水航行时舵叶处水流速度大,故内河下水船舶靠码头时总是先调头,以提高靠码头时的舵效。

(3) 船舶前进偏舵时,转船力矩 $M_s$ 和水动力矩 $M_a$ 与舵角 $\alpha$ 之间的关系如图 8-4 所示。从图 8-4(a)可见,$M_s$ 随 $\alpha$ 的增加而增大,但 $\alpha$ 增大至某一值时 $M_s$ 出现最大值。这是由于升力系数 $C_L$ 按此规律变化的结果。为了提高转船力矩 $M_s$(即舵效),常将出现最大转船力矩 $M_{smax}$ 时的舵角 $\alpha_{max}$ 定为舵的最大偏转角。该舵角主要与舵的展舷比 $\lambda$(舵叶高度 $h$ 与平均宽度 $b$ 的比值)有关。海船吃水较深,$\lambda$ 值较大,$\alpha_{max} = 30° \sim 35°$;河船情况相反,$\alpha_{max}$ 为 40°左右。目前舵机规定的最大舵角,海船为 35°,河船为 35°~45°。

(4) 舵机在最大舵角时输出的最大扭矩,称为舵机的公称扭矩。它取决于船在最深吃水以最大航速前进时,把舵转至最大舵角所需的扭矩,并能按规范要求满足倒车时转舵需要。

(5) 从图 8-4(b)可见,在相同舵角 $\alpha$ 下不平衡舵的水动力矩 $M_a$ 均高于平衡舵。这是由

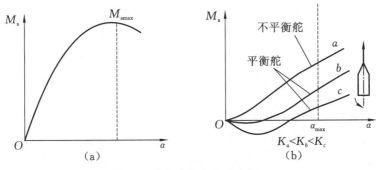

图 8-4 转船力矩和水动力矩

于不平衡舵压力中心至舵杆轴线的距离 $x_c$ 较大。这表明,把舵转至相同舵角,采用平衡舵时舵机所需输出扭矩较小,而转船力矩几乎不受影响。这就是为什么现代船舶多采用平衡舵的原因。图 8-4(b)中 $K$ 为平衡系数,是舵杆中心前面舵叶面积与整个舵叶面积的比值。小舵角时,平衡舵的水压力中心位于舵杆中心线前面,故出现负的水动力矩,即水动力帮助偏舵。适当选取 $K$ 值(一般 $K=0.15\sim0.35$),可减小舵机的额定功率和常用舵角(小于 $10°\sim20°$)的功率消耗。

(6) 船舶后退时,舵叶的后缘变成导边,舵压力中心与舵杆轴线间的距离 $x_c$ 变大,相同舵角下的水动力矩高于前进时的水动力矩,但后退最大航速一般不超过前进最大航速的一半,故后退时的最大水动力矩不会超过前进时的最大水动力矩。流线型平衡舵船后退时的最大水动力矩一般只为前进时最大水动力矩的 60% 左右。

**3. 船舶对舵机的基本要求**

为了保证船舶的操纵性能,确保船舶航行的安全,舵机必须满足下列基本要求。

(1) 工作安全可靠。舵机应在任何航行条件下,都能保持正常工作,即使在最大航速时,也能保证将舵转至最大舵角,并且应具有足够的转舵速度,要求自左满舵转至右满舵时,海船应在 28~30 s 完成,内河船舶应在 12~20 s 完成。

(2) 生命力强。舵机应有两处以上操纵装置,且更换操纵机构的操作应简便、动作迅速。此外,还需设置备用动力(人力或机械力)和各种安全措施。

(3) 舵机操纵灵敏。舵处在任何角度下,舵机均能迅速投入工作,而且能及时准确地把舵转至预定的舵角,并用舵角指示器随时准确地显示。当舵转至最大舵角时,舵机应能自动地停止转舵,以保证船舶航行的安全和防止操舵设备的损坏。

(4) 舵的转向应与操舵动作的方向一致,即向左转动操纵机构,舵向左转;向右转动操纵机构,舵向右转动。

此外,舵机还应工作平稳、噪声小、寿命长、质量轻、尺寸小,便于操纵管理和维护修理,且应具有较高的经济性。

### 8.1.2 液压舵机的基本组成和工作原理

目前稍大一些的船舶,几乎全部采用液压舵机,电动舵机仅用在一些小型船舶上。液压舵机可分为泵控型和阀控型两大类,现以泵控型液压舵机为例说明其基本组成和工作原理。

图 8-5 所示为一典型的泵控型液压舵机原理图。变量油泵 1 设于船尾舵机间,由电动机

14 带动做单向持续运转,但油泵及其吸排方向则由驾驶台通过远距离液压操纵机构 2 或自动操舵系统加以控制。转舵时,两台油泵同时从一根油管吸油,而向另一根油管排油,或者相反。

油泵排出的油液,经油管供入往复柱塞式转舵机构的左油缸 3 时,柱塞 4 在油压的作用下向右运动;反之,油泵自左油缸吸油向右油缸供油,则柱塞 4 在油压作用下向左运动。而柱塞中央设有十字头并与舵柄 6 连接,而舵柄又通过键与舵杆的上端固连,这样,通过柱塞的运动可使舵转动。

舵叶的偏转不能无限制地进行,必须在舵转至给定角度时即自行停止。因此,舵机就需设有能随舵叶偏转而产生反馈动作的追随机构,以适时地停止转舵。

在泵控型液压舵机中,广泛采用图 8-5 所示的三点浮动杠杆式追随机构。其基本工作过程如下:当驾驶台舵轮处在 0°即正舵时,三点浮动杠杆处在图中虚线 $ACB$ 位置,这时两台变量油泵 1 虽然运转,但供油拉杆因处于 $C$ 点不供油的位置,故舵叶也将停在 0°位置。如果扳动舵轮,由于舵尚未转动,故杠杆 $AB$ 以 $B$ 点为转动中心,$A$ 点被迫移动至 $A_1$ 点,供油拉杆上的 $C$ 点也相应被拉向 $C_1$ 点,两台泵同时从右油缸吸油向左油缸供油(图 8-5 所示箭头方向),压力油推动柱塞向右移动,使舵转动。在舵转动的同时,因 $A_1$ 点这时不动,所以反馈拉杆 $A_1B$ 又将 $B$ 点拉向 $B_1$ 点,$C_1$ 点也向 $C$ 点靠近,$C_1$ 到达 $C$ 点(即 $A_1CB_1$ 位置)时两台泵立即停止供油,舵停止转动,舵叶停在所给定的舵角上。如果操纵舵轮反向旋转,则三点浮动杠杆式追随机构反向移动,油泵的吸、排油也将换向,舵向相反方向转动,达到所要求的舵角时,追随机构的动作也自行停止。

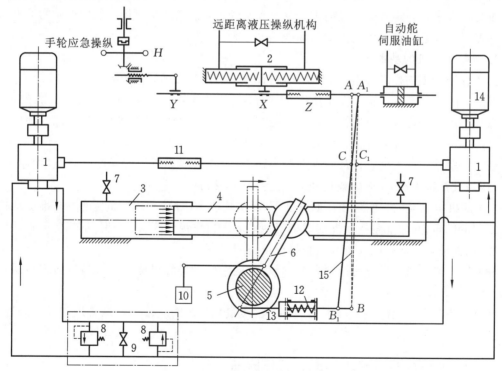

**图 8-5 泵控型液压舵机原理图**

1—变量油泵;2—远距离液压操纵机构;3—油缸;4—柱塞;5—舵杆;6—舵柄;
7—放空气阀;8—防浪阀;9—手动旁通阀;10—舵角指示器;11—调节螺帽;
12—储能弹簧;13—反馈杆;14—电动机;15—三点浮动杠杆式追随机构

安装在船艉部的舵叶,常常受到海浪或冰块等的冲击,使舵叶、舵杆的负荷突然增大,从而发生变形或损坏,系统内部也会因油压的骤增而使某些设备损坏。为了缓和冲击负荷,保证舵及其设备的安全,在舵机的主油路上(如图 8-5 所示)必须设置防浪阀 8(实际上由两个单向阀组成),当系统内一侧主油路上负荷增大到一定程度时,其中一个单向阀被迫打开,将高压侧的压力油泄向低压侧,由此而引起的舵叶角度改变,则由反馈装置在海浪过去后,通过追随机构迫使舵重新转回到原位。这也是其他蒸汽、电动舵机所没有的一大重要功能。

除防浪阀 8 外,在同一阀箱中还设有手动旁通阀 9,以便在需要时(如充油时)人为地使两缸油路旁通。

通常,在液压舵机中均设有两台具有各自独立控制油路的油泵机组,互为备用。油泵电动机的起停按钮,则常分设在驾驶台和舵机间中。这样不仅可增强舵机的生命力,而且在需要快速转舵时(如在进出港或在狭窄航道中航行时),可使两台油泵并联运行,从而提高了舵在使用上的灵活性。

此外,因油泵、油缸及管路的泄漏需随时向系统补充油液,在液压舵机中,还需设有补充油柜和相应的管路系统。

### 8.1.3 转舵机构

转舵机构包括舵机液压传动系统的执行元件——油缸和它与舵杆间的传动机构,其作用是将液压能转变为转动舵杆的机械能。转舵机构基本上可分为往复式和回转式两大类。

**1. 往复式转舵机构**

往复式转舵机构依其传动特点可分为滑式、滚轮式、摆缸式等几种。滑式转舵机构又有十字头式和拨叉式之分。下面以十字头式转舵机构为例说明其工作原理。如图 8-6 所示,十字头式转舵机构主要由转舵油缸、插入油缸中的撞杆以及与舵柄相连接的十字形滑动接头等组成。一般转舵扭矩较小时,常采用对向双油缸单撞杆的形式,而当转舵扭矩较大时,则采用四缸双撞杆结构,如图 8-6(a)所示。

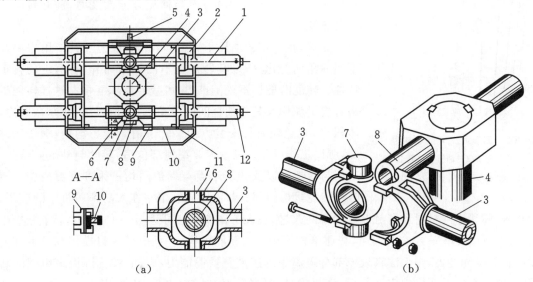

**图 8-6 十字头式转舵机构**

1—油缸;2—底座;3—撞杆;4—舵杆;5—机械舵角指示器;6—十字头轴承;
7—十字头耳轴;8—舵柄;9—滑块;10—导板;11—撞杆行程限制器;12—放气阀

为了将撞杆的往复运动转变为舵柄的摆动,在撞杆与舵柄的连接处设有图 8-6(b)所示的十字形滑动接头。双撞杆通过自己的叉形端部,用螺栓连在一起,形成上、下两个耳轴承。两轴承环抱着两个十字头耳轴 7;而舵柄 8 则与耳轴垂直,并横插在十字头的中央轴承中。因此,当撞杆 3 在油压推动下移离中央位置时,十字头就会一边随撞杆移动,一边带动舵柄偏转,继而带动舵杆转动。随着舵角 $\alpha$ 的增加,十字头将在舵柄上向外端滑移,而舵柄的有效工作长度,即舵杯中心到十字头中心的距离 $R$,也就随 $\alpha$ 的增大而增大。

撞杆的极限行程由撞杆行程限制器(挡块)11 加以限制,它能在舵角超过最大舵角 1.5°时限制撞杆继续移动。这时油缸底部的空隙应不小于 10 mm。在导板的一侧还设有机械舵角指示器 5,用以指示撞杆在不同位置时所对应的舵角。此外,在每个转舵油缸的上部还设有放气阀 12,以便驱放油缸中的空气。

十字头式转舵机构具有转矩特性良好、承载能力较大、密封可靠等优点,应用比较广泛,但也存在尺寸、质量较大,安装、检修比较麻烦等缺点。

**2. 回转式转舵机构**

回转式转舵机构将承压与传动部件组合在一起,利用油压直接使舵杆产生回转运动。根据回转运动部件结构形式的不同,回转式转舵机构有转叶式与弧形撞杆式两种。这里只介绍转叶式转舵机构。

图 8-7 为三转叶式转舵机构原理图。内部装有三个定叶 5 的油缸 2,通过橡皮缓冲器安装在船体上。而用键与舵杆上端相固连的转毂 3,则镶装着三个转叶 4。由于转叶与缸体内圆和上、下端盖之间,以及定叶与转毂外缘和上、下端盖之间,均保持良好的密封,因此,转叶 4 和定叶 5 就把油缸内部分割为互不相通的六个小室。当油泵来的压力油按图 8-7 所示方向相间地进入三个小室,而另三个小室则与回油相通,转叶就会在液压的作用下产生偏转;而当油流方向改变时,舵叶转向也随之改变。

显然,在一定的油压下,各转叶所受推力及其作用中心都不因舵角而变化,所以其转矩也不因舵角而异,有恒定的转矩特性。转舵时舵杆不受侧推力,可减轻舵承磨损。这样转舵机构省去了舵柄及其与油缸间的传动机构,所以结构简单、紧凑,体积小,质量轻而且安装方便。转子由于受力均衡,润滑条件好,所以工作可靠。其缺点是漏泄部位多,转叶与油缸内壁间、定子与转毂间以及转子端面与端盖间均需采取密封措施。转叶式转舵机构内部密封问题限制了它在大功率舵机中的应用。

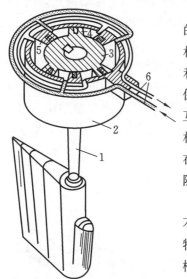

**图 8-7 三转叶式转舵机构原理图**
1—舵杆;2—油缸;3—转毂;
4—转叶;5—定叶;6—进、出管路

近年来,随着密封材料和密封形式的不断改进,最大工作油压已可达 10~15 MPa,转舵扭矩也提高到 3000 kN·m 左右。然而,普通单缸体转叶式转舵机构,一旦内部密封损坏或发生其他故障丧失操舵能力,则无法将故障部分隔离而迅速恢复操舵能力,因此,按国际海事组织的新规定,它只有经过严格的应力分析、密封设计、材料选择和试验之后,方可用于 1 万~10 万载重吨以下的油船。当用于 10 万载重吨以上油船时,必须将两个彼此独立的油缸体叠置在舵杆上方,以组成既能并联工作,必要时又能自动隔离的系统。

## 8.2 锚机和绞缆机

### 8.2.1 概述

船舶航行中,如遇风、雾或机器发生故障等,需要暂时可靠停泊;船舶抵达港口后,或停靠码头,或泊于锚地。在这些情况下,船舶靠锚机装置(又称锚设备)承受水力、风力和纵横倾时的惯性力,以使船舶安全可靠地相对固定。此外,锚机装置还可帮助船舶安全迅速地靠离码头。

缆设备由系船缆、带缆桩、导缆钳、导缆孔、缆索卷车和绞缆机等组成,在船舶停泊、移泊位等时使用。

锚机装置由锚机、锚、锚链、锚链筒、掣链器、锚链管、弃链器和锚链舱组成,如图8-8所示。下面详细介绍锚机装置。

锚机主要由原动机、传动机构和锚链轮等组成,用以收绞锚或把锚抛入水中或绞缆索。图8-9为锚机的结构原理图。根据动力源的不同,锚机可分为人力锚机、蒸汽锚机、电动锚机和液压锚机。按驱动轴的布置方式,锚机又分为驱动轴垂直布置的立式锚机和驱动轴水平布置的卧式锚机。一般船舶,在船艏设置一台卧式起锚机,既能起抛锚又能绞缆。军舰和某些船舶在船艏亦有设置尺寸小、占地少的立式起锚绞盘。

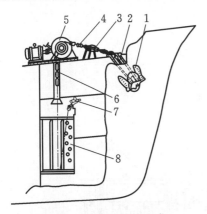

图 8-8 锚机装置的组成
1—锚;2—锚链筒;3—掣链器;4—锚链;5—锚机;
6—锚链管;7—弃链器;8—锚链舱

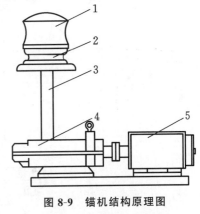

图 8-9 锚机结构原理图
1—卷筒;2—链轮;3—驱动轴;
4—传动机构;5—原动机

锚机装置应满足以下技术要求。

(1) 锚机必须由独立的原动机或电动机驱动并能倒转,并设有高、低速控制挡。液压锚机如果与船上液压泵站相连接,应保证锚机正常工作且不受任何影响。

(2) 锚机应有足够的功率,其额定拉力应满足从82.5 m深度起单锚至27.5 m深度时的起锚速度不小于9 m/min。

(3) 锚机应能在额定拉力下持续工作30 min,而且在超过额定拉力1.5倍的负荷下能持续工作2 min。

(4) 锚链轮、绳索轮与驱动轴之间应采用离合器接合的连接方式,并各自安装有可靠的制动刹车装置,以便于控制起锚和抛锚及绞缆。

(5) 锚机应便于起锚、抛锚、解锚和系锚,并能按要求进行不同的作业,如起单锚、起双锚和动力抛锚,以及绞缆、系缆等。

### 8.2.2 电动锚机

电动锚机多由交流电动机驱动,其调速性能差,通常只能有级变速(变级或靠减速传动机构变挡),但成本低,维护保养简便,使用最广泛。

如图 8-10 所示,减速器 2 由三级减速齿轮和滑油泵组成(图中未示出油泵)。减速器借助油泵输送的滑油进行润滑和冷却。

制动器 4 由刹车带和制动轮等构成,手轮 7 正转(顺时针方向)可使刹车带抱紧制动轮,反转可使刹车带松开制动轮。

牙嵌式离合器 3 用于控制立轴(驱动轴)与减速器的连接与脱开。

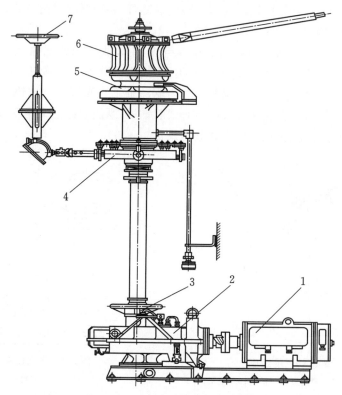

**图 8-10 立式电动锚机总体布置图**
1—电动机;2—减速器;3—牙嵌式离合器;4—制动器;5—链轮;6—卷筒;7—手轮

### 8.2.3 液压锚机

图 8-11 为一卧式液压锚机和一立式液压锚铰盘的结构图。

如图 8-11(a)所示,卧式液压锚机的油马达 6 通过一对减速齿轮组 8 将力矩传给主传动轴 7。左、右两个锚链轮 4 和两个绞缆筒 2 都空套在主传动轴上,并分别受各自的刹车装置 5 和 3 制动。

锚链轮离合器 9 和绞缆筒离合器 10 均采用滑链与主传动轴相配合,并可轴向滑移。当起锚或动力抛锚时,扳动锚链轮离合器手柄,将牙嵌式离合器合上,锚链轮便在离合器的带动下

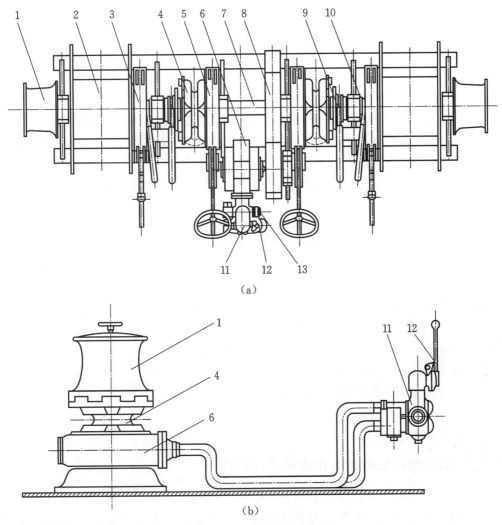

**图 8-11 液压锚机结构**
(a)卧式液压锚机;(b)立式液压锚绞盘
1—绞缆头;2—绞缆筒;3—滚筒刹车装置;4—锚链轮;5—锚链轮刹车装置;
6—油马达;7—主传动轴;8—齿轮组;9—锚链轮离合器;10—绞缆筒离合器;
11—控制阀;12—操纵杆;13—速度挡板

与主传动轴一起转动,实现起锚或动力抛锚。在无动力(油压)情况下,使牙嵌式离合器脱开,可手动控制锚链轮刹车装置 5 靠锚自重下滑来实现抛锚,但不能起锚。同样道理,当合上绞缆筒离合器 10 时,绞缆筒也就开始绞缆或放缆。如需自由松缆,和自由抛锚一样,在脱开牙嵌式离合器前,首先刹紧其各自的刹车装置,然后用刹车装置的松动或刹紧控制自由松缆或自由抛锚。

控制阀 11 上设有高、低速度挡板 13 及倒、顺车手动操纵杆 12,总共有六种工况可供选择。

设在传动轴两端的绞缆头是靠键连接,并随传动主轴一起转动的,专供绞缆使用。

如图 8-11(b)所示,立式锚绞盘的油马达 6 中设有液压动力制动装置,它靠液压油马达直接起锚、抛锚和制动刹车,操作更简单方便。

## 8.3 船舶起货机

### 8.3.1 概述

船舶起货机是货轮与客货轮装卸、移动货物和吊运物品的不可缺少的重要设备之一,起货机的性能及工作情况,对缩短停港时间、提高港口货物的吞吐量有着极其密切的关系。良好的起货设备,不但能圆满完成船舶起落货物的任务,而且还可减轻船舶的自重、扩大货舱面和舱容、方便管理及节省人力等。因此,新型的现代化货轮均装备有外形美观、结构紧凑、操纵灵活方便、作业效率高、安全性高的起货机。

船舶起货机按动力源的不同可分为蒸汽起货机、电动起货机、液压起货机三大类。由于第三种与前两种相比具有更大优越性,因此液压起货机发展很快,已在现代船舶上广为采用,并且终将取代前两种起货设备。

船舶起货机按其结构及作业方式,可分为吊杆式起货机和回转式起货机。吊杆式起货机有单吊杆和双吊杆之分。

船舶起货机应满足如下要求:
(1) 工作安全可靠,能在额定的起货速度下吊起额定负荷;
(2) 操作简单灵活,工作平稳;
(3) 在任何时刻能根据需要停止,并握持货重;
(4) 装配的各部件及设备要经久耐用;
(5) 装卸作业效率高。

### 8.3.2 液压起货机的基本组成和工作原理

随着液压技术的迅速发展,液压起货机在船舶上广泛应用,日益显现出其优越性。它工作平稳,操作轻便,能实现无级调速,能抗冲击负荷及防止过载,而且制动能力良好,由于运动部件是在油中工作,故其磨损小,传动效率高,且环境温、湿度的变化对其工作性能并无多大的影响。当然液压起货机也有其不足之处,如系统制造安装较复杂,部件加工精度要求高,对管理人员的专业知识有一定要求,若制造不良或使用不当会产生漏油、噪声等故障。但由于液压起货机具有其他类型起货机不能类比的优点,故而它得到越来越广泛的应用。

液压起货机主要由油泵、操纵机构、液压马达、驱动主副卷筒的装置以及系统管路、液压阀件及油箱等组成。图8-12为液压起货机系统原理图。图中,定量油泵1、电液换向阀4、液压马达9及油箱组成一个开式回路。操纵电液换向阀4即可改变压力油液流向,从而改变液压马达转向,则执行机构(卷筒)就可以起吊或下降货物。

操作时,若使阀3、阀12及阀4的左电磁铁通电,则从定量油泵1来的油液从阀4的P口到A口,再经过阀6、阀7进入液压马达9,液压马达的回油从阀4的B口至O口经背压阀13(一般压力为$49×10^4$ Pa)回到油箱。在背压阀13前接一油路经电磁阀12到刹车油缸10,压缩弹簧将刹车松开,于是液压马达转动而起吊货物。如将阀4的右电磁铁通电,且阀3、阀12也通电,则油液经阀4的P口到B口并流向液压马达,而液压马达刚开始回油时,由于受到阀7的阻止,液压马达无法转动,直到流向液压马达的油压升高到能克服平衡阀7中的顺序阀弹簧张力时,这时顺序阀接通,回油经平衡阀7、单向节流阀6、电液换向阀4回至油箱,这时液压

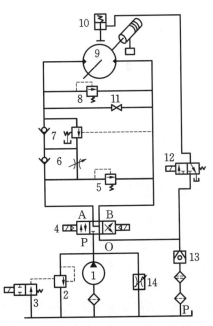

图 8-12 采用定量泵的液压起货机系统原理图

1—定量油泵；2—溢流阀；3—二位二通电磁换向阀；4—三位四通电液换向阀；
5—载荷阀；6—单向节流阀；7—平衡阀；8—安全阀；9—液压马达；10—刹车油缸；
11—截止阀；12—二位二通电磁阀；13—背压阀；14—可调节流阀

马达才能转动并下放货物。在货物下放的过程中，油液压力的变化，可能会使得平衡阀中的顺序阀动作，从而造成液压马达走走停停，通过调节单向节流阀 6 的开口量即可将该现象消除。如失电，则平衡阀中顺序阀因失压而在弹簧力的作用下关闭，液压马达就停止转动，电液换向阀 4 也立刻回中，则货物就被握持在空中。如此时需将货物放下，可打开截止阀 11 将货物慢慢放下。货物的起吊或下降的速度可通过可调节流阀 14 旁通油量的大小来调节。如液压马达左边高压管路油压超高，则可通过安全阀 8 泄放油液至低压管路。

当油泵电动机通电，电液换向阀没操纵时，可通过零压释放电磁换向阀 3，使油泵在零压下空转，这样可降低油温和电能的消耗。

以上以开式定量泵液压起货机系统为例说明了其工作原理及主要组成。液压起货机的液压系统除上面介绍的外，还有其他多种形式，在此不一一介绍。

## 复习思考题

8-1 试说明甲板机械在船舶营运中的地位和作用。

8-2 操舵装置由哪几部分组成？各部分具体功能是什么？对装置有哪些基本要求？

8-3 简述转舵变向的基本原理。

8-4 简述泵控型液压舵机的工作原理。

8-5 锚设备由哪几部分组成？

8-6 液压起货机有哪些优缺点？其基本工作原理如何？

# 第9章 船舶制冷和空气调节

## 9.1 制冷概述

### 9.1.1 制冷技术在船舶上的应用

制冷就是从某一物体或空间吸取热量,并将其转移给周围环境介质(水或空气),使该物体或空间的温度低于环境的温度,并维持这一低温的过程。单位时间内从低温物体或空间吸收的热量称为制冷量。用于完成制冷过程的设备综合体称为制冷机或制冷装置。用于存放低温物体的空间称为冷藏室或冷库。

制冷最早是用来保存食品和调节空间温度的。但制冷技术发展到今天,它的应用已渗透到工业、农牧业、轻工业、医药卫生等领域,尤其与国防工业和各类科学研究直至人们生活都密切相关。

在现代船舶上,制冷技术同样获得了广泛的应用,归结起来,主要有如下几个方面:
(1) 实现各类货物及食品的冷藏运输;
(2) 为船员和旅客冷藏必要的食品,制造冷饮,满足他们生活和工作之需;
(3) 建立船舶舱室的空气调节系统;
(4) 为水上作业船舶设置必备的制冷装置或空调装置。

虽然制冷装置不属于船舶动力装置的组成部分,但却与船舶的营运以及船舶持续、安全航行有着十分重要的关系,因而它是现代船舶不可缺少的装备之一。

### 9.1.2 船舶冷藏食品的条件

食品冷藏是船舶制冷装置的主要服务项目之一,下面简单介绍食品冷藏的条件。

**1. 温度**

食品的主要成分是有机碳水化合物、脂肪和蛋白质等,在常温或稍高温度的条件下,食品放置短暂时期就会腐败变质。而食品的腐败变质是微生物侵入蛋白质、脂肪等有机物造成其快速分解的结果。若将食品贮存在低温的场所,微生物的侵入繁殖受到抑制或停止,则食品就可较长时间存放而仍有营养价值。

就抑制微生物繁殖而言,冷藏的温度当然以较低为宜,但因食品经过冷冻之后,细胞膜会遭到破坏,将不能恢复到原来状态,所以不同的食品应分别采用冷却与冻结处理。

食品的冷却就是把食品的温度降低到细胞汁液不致结冰的程度,通常是 0~5 ℃。冷却不影响食品的组织,但因有些微生物在这种条件下仍具有一定的繁殖能力,故食品不能过久贮存。

食品的冻结就是把食品的温度降到食品的细胞汁液结冰的程度。用这种方法,食品的冷藏温度低,使微生物活动繁殖几乎完全停止。食品蓄冷能力大,温度波动小,能延长食品的贮存时间。但如果冻结速度慢,食品组织中细胞汁液将冻结成大颗粒的结晶体,会破坏细胞膜的组织结构,使食品失去和减少其原有的鲜味和营养价值。为消除上述缺陷,需采用快速冻结方法。大多数食品冻结温度为$-30 \sim -23$ ℃。

**2. 湿度**

空气中的湿度对食品的贮藏有直接影响。湿度过高将使食品受潮而适合微生物的繁殖;湿度过低,将使食品失去水分而干缩、质量减轻、维生素破坏,从而导致食品质量下降。

湿度与贮藏食品的温度也有密切关系。在$0 \sim 5$ ℃的高温库,相对湿度为85%～90%,在$-20 \sim -18$ ℃的低温库,相对湿度为90%～100%。

**3. 通风**

对于冷藏温度在冰点以上的食品,特别是新鲜的蔬菜和水果,它们在储运中不断散发水分和二氧化碳等气体,为保持库内合适的湿度和气体成分,并使库内各处温度和湿度分布均匀,需要通风换气。通风换气的次数通常以每昼夜2～4次为宜。

### 9.1.3 制冷方法

制冷是从物体及其周围移出热量以造成并维持其一定低温状态的技术。

制冷的主要方法有冰制冷和机械制冷。

(1) 冰制冷即利用天然冰或人造冰溶解时吸收热量,以造成低温。此方法虽然简单,但无法对冷藏温度进行精确调节。此外,由于冰的融化还会使货物潮湿,且大量水分的存在也助长了微生物的繁殖,因而冰制冷仅用在不怕受潮的货物及鱼类的冷冻。

(2) 机械制冷即不论外界气温如何,可获得所需的低温,并保持不变,故在船舶上广泛应用。根据其工作原理不同,机械制冷可分为压缩制冷、吸收制冷、蒸汽喷射制冷和热电制冷(即半导体制冷)。

目前以压缩制冷应用最为广泛,故后面将着重予以叙述。

## 9.2 蒸气压缩式制冷

### 9.2.1 压缩制冷基本原理

我们知道,在一定温度下,将1 kg质量的某种液体全部汽化所需的热量,称该液体在该温度下的汽化潜热。任何液体在蒸发时均吸收大量的汽化潜热。例如,1 kg质量的水在100 ℃时全部汽化,需供给 539 kcal 热量的汽化潜热。根据这一规律,我们选择一种汽化潜热值更大的且能在低温下蒸发吸热的氟利昂作为制冷剂,液态氟利昂12(R12)在一个标准大气压下,汽化温度为$-29.8$ ℃,在节流降压作用下送入冷库内的蒸发器盘管内蒸发,可吸收大量的汽化潜热,降低冷库内食品的温度,达到制冷的目的。

为使汽化后的气态制冷剂回收为液体,并再次进入冷库汽化吸热,造成冷库内食品的长期低温,且使冷库蒸发器的盘管内保持恒定的低压,就需要一个完整的工作循环,即压缩式制冷系统。

### 9.2.2 压缩式制冷装置的基本组成和工作原理

蒸气压缩式制冷装置是由压缩机、冷凝器、膨胀阀(或毛细管)和蒸发器这四个最基本设备组成的相互连接而又密闭的系统,如图9-1所示。

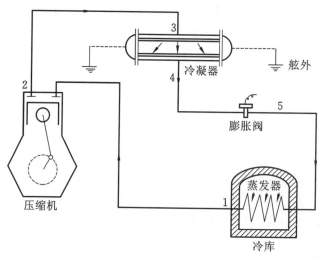

图 9-1 压缩式制冷装置简图

在整个制冷循环过程中,压缩机起压缩和输送制冷剂蒸气与维持蒸发器内低压的作用,它是系统的心脏;膨胀阀的作用是对液态制冷剂进行节流降压和调节流进蒸发器的制冷剂量;蒸发器是输出冷量的设备,制冷剂借其与被冷却物进行热交换;冷凝器为输出热量的设备,蒸发器吸收被冷却物的热量及压缩机消耗的功所转化的热量,经冷凝器被冷却介质带走。制冷循环中,压缩机所消耗的功起补偿作用,使制冷剂不断从低温物质中吸热并向高温介质放热,完成整个制冷循环。

制冷循环具体工作过程如下:低压低温的液体制冷剂进入冷库内的蒸发器中,吸收冷库内的热量并不断沸腾汽化,压缩机将蒸发器内的低压制冷剂蒸气吸入气缸内,并将其压缩,压力和温度均升高的制冷剂蒸气进入冷凝器,被在冷凝器内循环的冷却介质(水或空气)冷却而重新冷凝成液体制冷剂。在冷凝过程中,制冷剂把从冷库带出的热量和压缩机所消耗的压缩功转移给冷却介质。冷凝的液体制冷剂经膨胀阀节流降压成为低压低温的液体制冷剂(严格地说应为气液混合物)。至此,一个制冷循环已完成。只要此制冷循环不断地进行,冷库的热量也就不断地通过装置中循环的制冷剂转移给外界的冷却介质,从而达到产生并维持冷库低温的目的。可见,制冷循环是由汽化、压缩、冷凝和节流四个过程组成的。

### 9.2.3 理论制冷循环

为了使问题简化和便于研究,对简单的理论制冷循环假设如下:
(1) 压缩机的压缩过程为等熵压缩;
(2) 制冷剂在流动中没有任何阻力损失;
(3) 除热交换器外,制冷系统与外界无任何热交换;
(4) 循环中制冷剂的吸、放热在无温差条件下进行。

上述假设与实际制冷循环存在着偏差,但理论制冷循环各过程是实际制冷循环的基础,可作为实际制冷循环的参照,因此,有必要详细分析与讨论。

根据上述假设,我们可以将蒸气压缩式理论制冷循环在 $p$-$h$ 图上表示出来,如图 9-2 所示。

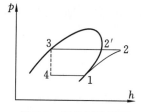

图 9-2 理论制冷循环

点 1 表示制冷剂进入压缩机的状态。它对应于蒸发温度 $t_0$ 下的饱和蒸气。根据压力与温度的对应关系,该点位于 $p_0=f(t_0)$ 的等压线与饱和蒸气线($x=1$)的交点上。

点 2 表示制冷剂离开压缩机的状态,同时也是进冷凝器的状态。过程线 1—2 表示制冷剂蒸气在压缩机中的等熵压缩过程($s_1=s_2$),压力由蒸发压力 $p_0$ 压缩到冷凝压力 $p_k$。点 2 则由通过点 1 的等熵线与压力为 $p_k$ 的等压线交点确定。由于压缩过程中外界对制冷剂做功,制冷剂温度升高,点 2 处于过热蒸气状态。

点 3 表示制冷剂出冷凝器的状态,它是冷凝温度 $t_k$ 线与饱和液体线的交点。过程线 2—2′—3 表示制冷剂在冷凝器内冷却(2—2′)和冷凝(2′—3)过程。这一过程是在冷凝压力 $p_k$ 不变的情况之下进行的,在冷凝器中,过热蒸气首先放出显热冷却成饱和蒸气(点 2′),然后在等压、等温下继续放出热量,直至最后冷凝为饱和液体(点 3)。点 3 即压力为 $p_k$ 的等压线与饱和液体线的交点。

点 4 表示制冷剂离开节流阀(即膨胀阀)的状态,也是进入蒸发器的状态。过程线 3—4 表示制冷剂通过节流阀的节流过程。在这个过程中,制冷剂压力由 $p_k$ 降到 $p_0$,温度由 $t_k$ 降至 $t_0$,并进入两相区。由于节流过程焓值不变,因此过点 3 的等焓线与压力为 $p_0$ 的等压线的交点即为点 4。

过程线 4—1 表示制冷剂在蒸发器中的汽化过程。由于这一过程是在等压、等温下进行的,液态制冷剂吸取被冷却物的热量而不断汽化,制冷剂的状态沿压力为 $p_0$ 的等压线向干度增大的方向变化,直至全部变为饱和蒸气为止。这样,制冷剂的状态又重新回到进入压缩机前的状态点 1,从而完成一个完整的理论制冷循环。

在上述的循环中,只有 4—1 过程为制冷剂吸热制冷过程,所以循环的制冷量与制冷剂的种类和工作条件有关,而与制冷装置的大小无关。每千克制冷剂在蒸发器内从被冷却物吸取的热量,称为单位质量制冷量,用 $q_0$(单位为 kJ/kg)表示,并由下式计算:

$$q_0=h_1-h_4$$

压缩机进口处的制冷剂比容为 $v_1$(单位为 m³/kg),故单位容积制冷量 $q_v$(单位为 kJ/m³)计算式为

$$q_v=(h_1-h_2)/v_1$$

它表示每吸入 1 m³ 制冷剂蒸气所能制取的冷量。$q_v$ 的大小同样与制冷剂种类和工作条件有关。

压缩机输送 1 kg 制冷剂所消耗的功称为理论比功,用 $w_0$ 表示,$w_0$(单位为 kJ/kg)计算式为

$$w_0=h_2-h_1$$

由于节流过程中制冷剂对外不做功,所以循环消耗的外功,对 1 kg 制冷剂而言,它等于压缩机的比功。

制冷剂在冷凝器中被冷却放出热量,每 1 kg 制冷剂蒸气在冷凝器中放出热量以 $q_k$(单位为 kJ/kg)表示,其值为

$$q_k=w_0+q_0=h_2-h_4$$

在制冷循环中,单位制冷量 $q_0$ 与所消耗的压缩机比功 $w_0$ 之比值,表征该制冷循环的经济性,即每消耗单位外功所能制取的冷量。它称为制冷系数,以 $\varepsilon_0$ 表示,制冷系数为

$$\varepsilon_0=q_0/w_0=(h_1-h_4)/(h_2-h_1)$$

## 9.3 制冷剂与载冷剂

### 9.3.1 制冷剂

**1. 制冷剂的分类**

制冷剂是制冷机中的工作介质,它在制冷系统中循环流动,通过其热力状态的变化与外界发生能量交换,从而实现制冷。制冷剂习惯上又称为制冷工质。

可以当作制冷剂的物质很多,目前用得较多的制冷剂如下:

(1) 无机物,如 $NH_3$、$CO_2$、$H_2O$ 等;

(2) 氟利昂,如二氟二氯甲烷(R12)、二氟一氯甲烷(R22)、一氟三氯甲烷(R11)、四氟二氯乙烷(R114)等;

(3) 碳氢化合物,如甲烷、乙烷、乙烯、丙烯等;

(4) 共沸制冷剂;

(5) 非共沸制冷剂。

**2. 制冷剂的要求**

选为制冷剂的物质应具有较好的热力性能以及较满意的物理化学性质,且对环境无不良影响,具体要求如下:

(1) 无毒、不燃烧、不爆炸、使用安全。

(2) 在工作温度范围内具有适中的压力和压力比。这就是希望蒸发压力不低于大气压力,以避免制冷系统内低压部分出现负压而使外界空气渗入系统,影响制冷剂的性质,加剧对设备材料的腐蚀或引起其他一些不良效果(如燃烧、爆炸等);冷凝压力不要过高,以免设备过于笨重;冷凝压力与蒸发压力之比也不宜过大,以免压缩终了温度过高,使压缩机输气系数过低。

(3) 单位质量制冷量 $q_0$ 和单位容积制冷量 $q_v$ 比较大。对一定制冷量的装置来说,$q_0$ 大则可减少制冷剂的循环量;$q_v$ 大则可减少压缩机容积输气量,从而减小压缩机的尺寸和质量。这对大中型制冷装置是有意义的。可是,对于小型制冷设备,特别是离心式压缩机,尺寸小会给制造带来困难,因此必须采用 $q_0$ 和 $q_v$ 较小的制冷剂。

(4) 比功 $w_0$ 和单位容积压缩功 $w_v$ 小,循环效率要高。

(5) 等熵压缩终了温度 $t_2$ 不能太高,以免润滑条件恶化或制冷剂在高温下分解。

(6) 黏度、密度要小,以减小制冷剂在系统中的流动阻力。

(7) 放热系数要大,这样可提高换热设备的传热系数,减小传热面积,使系统结构紧凑。

(8) 具有环境可接受性。制冷剂对臭氧的破坏指数(ODP)和温室效应指数(GWP)为零或尽可能小。

**3. 常用制冷剂的基本特性**

1) 氨($NH_3$,R717)

氨的汽化潜热大于常用的几种氟利昂制冷剂,单位容积制冷量大,导热系数高,工作压力适中;标准大气压力下的蒸发温度为 $-33.4\ ℃$;标准工况下的蒸发压力为 0.14 MPa,冷凝压力为 1.1 MPa;临界温度为 132 ℃;溶水性极强,制冷系统无"冰塞"之患;价廉,贮取方便;微溶油,对滑油无稀释作用;但压缩机排气带出的滑油难以返回,冷凝器、贮液器、蒸发器下部需设放油设备。

氨有强烈臭味和较大毒性,在260 ℃以上和空气中的含氨量达16%～25%时,有燃爆的危险;对天然橡胶、铜和大多数铜合金有腐蚀作用,所以氨装置中禁止用铜和天然橡胶。

2）氟利昂12(R12)

在标准大气压下,R12蒸发温度为－29.8 ℃,标准工况下的蒸发压力为0.086 MPa,冷凝压力为0.6 MPa,工作压力适中;不燃不爆,无色无臭,化学稳定性好,对金属腐蚀性小;汽化潜热和单位容积制冷量比R22小,对水的溶解度小,易使制冷系统(特别是膨胀阀的阀孔)发生"冰塞";渗透性强,易泄漏;会侵蚀天然橡胶,极易与油互相溶解;价格昂贵。

3）氟利昂22(R22)

R22的基本性质与R12相近,但单位容积制冷量比R12大40%～60%,与R717相当;标准大气压下的蒸发温度为－40.8 ℃,更适用于低温情况;标准工况下的蒸发压力为0.2 MPa,冷凝压力为1.13 MPa;溶水性稍强,系统发生"冰塞"的可能性较小;8 ℃以上能与油互溶,8 ℃以下(如蒸发器中)R22中的滑油返回压缩机较困难;渗透性比R12更强。

4）R134a(HFC134a,$C_2H_2F_4$)

R134a被认为是代替R12的新工质。它的ODP值为0,GWP值为0.24～0.27;标准大气压下蒸发温度为－26.2 ℃,凝固点为－101.1 ℃。R134a分子量大,流动阻力比R12大,传热性比R12好。R134a采用不吸附R134a的合成泡沸石为干燥剂。R134a对普通橡胶有更强的侵蚀性,所以密封材料采用氢化丁腈橡胶和氯化橡胶。R134a对滑油的要求更高,与以前常用滑油不相溶,目前R134a系统中使用聚烯醇类油PAG、酯基油和氨基油。R134a与脂类油混合物对锌有轻微化学反应。R134a分子中不含Cl,自身不具润滑性。

R12是船舶上应用最广泛的制冷剂,常用制冷温度的范围为－40～10 ℃。但由于R12是第一批禁用制冷剂,故新造船舶的制冷装置大多以R22取代R12,但冰箱和小型制冷装置不希望单位容积制冷量太大,风冷选R22则排温太高,所以新的环保制冷剂被应用,如R134a、R600a多用于小型空调器的制冷装置,R502则多用于采用封闭式压缩机的制冷装置。除渔船和鱼品加工厂外,运输船舶已很少采用R717。制冷剂对天然橡胶有侵蚀作用,因此制冷装置密封件可采用氯丁橡胶或丁腈橡胶。

### 9.3.2 载冷剂

在制冷装置中,若制冷剂直接从被冷物质吸热,则该制冷系统称为直接制冷系统;若被冷物质的热量是通过中间介质(水或盐水)转移给制冷剂的,则该制冷系统称为间接制冷系统。在间接制冷系统中用来传递和转移热量的中间介质(水或盐水),称为载冷剂。采用间接制冷,既可将"冷量"送至较远和较宽的场所,又可把有毒的制冷剂与被冷物质隔离。

作为载冷剂的物质应无毒,腐蚀小,化学性质稳定,不燃,在工作温度范围内不凝固和不汽化,具有较大的比热和良好的导热性,且价廉。

在空调制冷装置中常以淡水作为载冷剂,在冷藏制冷装置中常以盐水作为载冷剂。盐水有氯化钠、氯化钙或氯化镁等溶液。

水的冰点为0 ℃,而盐水的冰点则低于0 ℃。在一定浓度范围内,盐水的冰点随浓度的升高而下降,但比热却随浓度增大而下降,故应根据制冷剂的蒸发温度正确选择盐水的浓度。盐水的冰点以低于制冷剂蒸发温度5～8 ℃为宜,以保证其有较好的流动性。盐水具有较强的腐蚀性,使用时应加缓冲剂(重铬酸钠或氢氧化钠),以中和盐中的酸性。

## 9.4 活塞式制冷压缩机

压缩机是制冷装置中的主要设备。制冷压缩机的形式很多,然而按其工作原理可分为容积式和速度式两大类。容积式压缩机是靠工作腔容积的改变,周期性地吸入、压缩和排放气体。它有活塞式、回转式等。速度式是靠离心力的作用连续地吸入、压缩和排放气体。速度式压缩机主要是离心式的。活塞式制冷压缩机按标准制冷量的大小又分为微型(制冷量小于 5815 J/s)、小型(制冷量为 5815~58150 J/s)、中型(制冷量为 58150~581500 J/s)和大型(制冷量在 581500 J/s 以上)四挡。目前船舶制冷装置中,活塞式制冷压缩机应用广泛。

活塞式制冷压缩机工作原理如图 9-3 所示。压缩机的两个气缸布置成 V 形,曲轴由电动机直接驱动。当曲轴回转时,活塞在连杆的带动下在气缸内做上下往复运动,并在缸头中环状吸气阀片和排气阀片的配合下,将制冷剂气体吸入、压缩和排出。

在活塞向下移动之初,活塞顶部的气缸容积逐渐增大,但因吸、排气阀均处于关闭状态,所以,缸内的气体压力下降。当气体压力降到低于吸气腔中的压力时,气体就会顶开吸气阀片进入气缸,如图 9-3 中左侧气缸所示。直到活塞移动到下止点时,气体停止进入,吸气过程结束。当活塞从下止点向上移动时,气缸容积开始缩小,缸内气体压力上升,吸气阀片随即关闭,但排气阀片并不立即开启,直到缸内压力超过排气腔中的气体压力时,排气阀片才被顶开。于是缸内压力不再升高,压缩过程即告结束。接着,缸内气体即被活塞挤入排气腔中,开始排气过程,如图 9-3 中右侧气缸所示。显然,排气过程将一直延续到活塞抵达上止点时为止。当活塞再次从上止点向下移动时,排气阀片随即关闭。此时,由于吸、排气阀又都处于关闭状态,所以残留在气缸顶部余隙容积中的气体就会膨胀降压,开始膨胀过程,直至缸内压力降到低于吸气腔中的压力时,吸气阀片又被顶开,于是膨胀过程结束,而下一个吸气过程重新开始。

由此可见,活塞在缸内每往复运动一次,气缸就依次完成膨胀、吸气、压缩和排气四个工作过程,从而自蒸发器向冷凝器输送一定量的制冷剂气体。

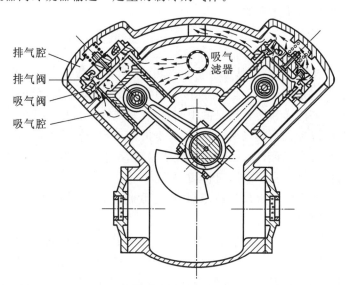

图 9-3　活塞式制冷压缩机的工作原理

## 9.5 船舶伙食冷库制冷装置及其自动化

肉类、蔬菜和水果等食物要求不同的冷藏温度,所以需要分别设库进行贮存。图 9-4 所示为自动化伙食冷库氟利昂制冷装置的典型系统简图。主系统包括三个冷库,分别贮存要求不同冷藏温度的肉类、蔬菜、水果和乳蛋制品等食物。其中,贮存肉类的冷库温度较低,通常称为低温库,而其他冷藏温度较高的冷库称为高温库。系统中除制冷装置的四个基本组成部分,即压缩机、冷凝器、热力膨胀阀和蒸发器(蒸发盘管或空气冷却器)外,还设有为完善装置的工作所不可缺少的一些附件,诸如滑油分离器、贮液器、干燥器、滤器以及回热器等,也装有一些必要的自动化元件,下面逐一介绍。

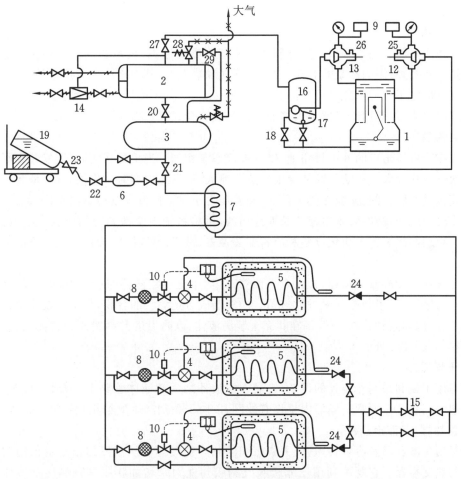

图 9-4 船舶伙食冷库制冷装置系统简图

1—压缩机;2—冷凝器;3—贮液器;4—热力膨胀阀;5—蒸发器;6—干燥器;7—气液换热器;8—滤器;9—压力继电器;10—电磁阀;11—温度继电器;12—吸入截止阀;13—排出截止阀;14—水量调节阀;15—背压阀;16—滑油分离器;17—浮球式自动回油阀;18—手动回油阀;19—冷剂钢瓶;20—冷凝器出液阀;21—贮液器出液阀;22—充剂阀;23—冷剂钢瓶阀;24—止回阀;25—吸入截止阀上的多用通道;26—排出截止阀上的多用通道;27—冷凝器进口;28—安全阀;29—平衡管

## 9.5.1 制冷装置的组成部件

**1. 压缩机**

它是制冷装置的主机,是决定装置制冷量的关键部件,也是维护保养的重点部件。

**2. 滑油分离器**

压缩机排气中不可避免地混有滑油的油滴和油气。滑油分离器装在压缩机出口管路上,用来把压缩机排气所带出的大部分油滴分离出来,使其返回曲轴箱。尽管如此,油气和油雾(细小油滴)仍会被带入系统。氨溶油性很差,油膜黏附在换热面上会降低传热性能;R22 在蒸发器中溶油性也差,油液积存在管道底部也会阻碍制冷剂流动和妨碍传热,使制冷量下降。所以使用上述制冷剂的装置,滑油分离器是不可缺少的设备。R12 溶油性好,蒸发器和吸气管路设计合适时进入系统的滑油容易返回压缩机,故某些小型 R12 制冷装置为简化设备,也可不设滑油分离器。

**3. 冷凝器**

它的功用是将压缩机排出的气态制冷剂冷却冷凝到液态,供系统循环使用。它是一个有相变的热交换器,常用的冷凝器有空冷式、水冷式和蒸发式,其中水冷式应用最为广泛,特别是船用装置有取之不尽的舷外水可作冷却介质,所以全都采用水冷式冷凝器。水冷式冷凝器的结构形式有很多,但船用冷凝器绝大多数采用卧式壳管式。

**4. 贮液器**

它装在冷凝器出口的液体管路上,供存放液态制冷剂。当工况变化时,蒸发器和吸入管中制冷剂数量变化较大。贮液器既能保证在热负荷大、蒸发压力高时对供液管的"液封",防止高压气体直接进入膨胀阀;又能在热负荷低、蒸发压力小时不使液态制冷剂浸没冷凝器的冷却管而妨碍冷凝。此外,制冷装置检修或长期停用时,可将系统中全部制冷剂收存在贮液器中,减少漏失。小型制冷装置为简化设备和节省安装位置,常不设贮液器,而以冷凝器下部兼起贮液器作用。

在贮液器与冷凝器的顶部,常设有平衡管,其功用是使贮液器与冷凝器的蒸气空间相通,使二者压力平衡,便于制冷剂流进贮液器。贮液器应有足够大的容积,保证系统中全部制冷剂存入后不超过其容积的 80%,但不准其完全装满液体,以防温度升高时压力过高,正常工作时液位应在 $1/3 \sim 1/2$ 处。

**5. 干燥器**

这是用于氟利昂制冷装置的设备,它装在贮液器之后的液体管路上,内盛干燥剂,用来吸收制冷剂中的水分。通常干燥器内都设有滤网,以防干燥剂产生的细小颗粒进入系统。

**6. 回热器(气液换热器)**

它只用于氟利昂制冷装置,是使去膨胀阀的制冷剂液体和从蒸发器出来的低温制冷剂蒸气换热的热交换器。它既可利用压缩机吸气的吸热能力来增加膨胀阀前制冷剂液体的过冷度,又可以适当增加压缩机吸气的过热度,减小液击的可能性。某些小型制冷装置常不设专门的气液换热器,而把制冷剂液体管与从蒸发器出来的吸气管并靠在一起,外面包以隔热材料,同样也能起到换热作用。

**7. 蒸发器**

它的功用是让制冷剂在其中汽化而吸热,从而使被冷却的介质(空气、水或其他载冷剂)得以冷却。

如制冷采用间接冷却方式,则蒸发器做成液体冷却器,用来冷却水、盐水或乙二醇等。这些在间接制冷系统中用来传递热量的中间介质称为载冷剂。被冷却后的载冷剂流过冷却盘管或空气冷却器吸热,出来后再次流过液体冷却器,不断循环工作。间接冷却方式较适用于氨制冷装置,它不会使制冷剂漏泄而造成污染;同时,它能使制冷剂管路缩短,充剂量减少,漏泄机会也少,因此,其在某些使用氟利昂制冷剂的大型客轮空调装置和冷藏舱制冷装置中也有采用。

如制冷采用直接冷却方式,即蒸发器直接放在冷库(或空调器)中,则蒸发器有蒸发盘管和空气冷却器两种形式。空气冷却器由许多并列的蛇形肋片管集中排列而成,后面设有通风机使空气流过换热。它在小型冷库中直接放在库房一角,在大型冷库中则在库端设有专门隔开的蒸发器间,使库内空气循环流过。空气冷却器的优点:① 由于管外风速较大,故传热系数比普通盘管大 4~6 倍,因而尺寸小,布置紧凑,可节省大量管材,需充制冷剂量也少;② 便于采用自动电融霜;③ 库内空气循环良好,库温均匀;④ 除湿效果好,必要时后部可加电加热器,用来对冷库加温(例如运送水果之类的冷藏舱航行在寒带时)。它广泛用于大、中型冷藏舱和伙食冷库。其缺点:① 风机耗电,使冷库热负荷增加(保温期间占总热负荷的 20%~30%);② 易造成所藏食品风干;③ 蓄冷能力小。某些伙食冷库的鱼、肉库仍采用蒸发盘管。

### 9.5.2 制冷装置的自动化元件

**1. 热力膨胀阀**

热力膨胀阀除了对制冷剂起节流降压作用外,还能根据蒸发器出口处制冷剂气体过热度的增减,相应地增减阀的开度,自动调节进入蒸发器的冷剂流量,使蒸发器出口的制冷剂气体过热度保持在一定范围内。这样,既可避免压缩机吸进湿蒸气而发生液击,也可防止供液过少而蒸发器不能充分发挥作用。

热力膨胀阀分为内平衡式和外平衡式两类。内平衡式热力膨胀阀用于蒸发器流动阻力不大的场合;反之,用外平衡式热力膨胀阀。下面只介绍内平衡式热力膨胀阀。

图 9-5 所示为内平衡式热力膨胀阀的典型结构及其在系统中的工作简图。供入热力膨胀阀的液态制冷剂经针阀 4 节流降压后进入蒸发器。蒸发器进口处蒸发压力为 $p_0$(相应蒸发温度为 $t_0$),该压力经阀体上的内平衡孔(与顶杆 2 的通孔平行,图中未示出)作用于波纹管(或膜片)的下方。如果蒸发器流动阻力不大,可以认为蒸发器出口压力 $p_0' \approx p_0$。设制冷剂流到 $B$ 点全部汽化完毕,则 $B$ 点的蒸发温度 $t_0' \approx t_0$。当制冷剂流到蒸发器出口 $C$ 点时,因在 $BC$ 段继续吸热变成过热蒸气,温度升高到 $t_1$。膨胀阀设有充有一部分低沸点液体的温包 10,温包紧贴在蒸发器出口管壁上,感受 $C$ 点冷剂温度 $t_1$,温包中的压力即为 $t_1$ 所对应的温包充剂的饱和压力 $p_1$($t_1 > t_0, p_1 > p_0$),它通过毛细管 9 传至波纹管上方。波纹管上、下方的压差 $p_1 - p_0$ 通过三根顶杆 2 压迫调节弹簧 5 的上座,控制针阀 4 的开度。

当蒸发器出口的过热度增大时,即 $t_1 - t_0(t_0')$ 增大时,则 $p_1 - p_0$ 增大,阀的开度即与之成正比地增大;反之,出口过热度减小时,阀的开度减小。可见,热力膨胀阀能自动调节制冷剂流量,使蒸发器出口过热度稳定在一定范围。

**2. 温度继电器**

温度继电器是根据所感受的温度来启闭的电开关。在一机多库的制冷装置中,温度继电器是和电磁阀配合使用的。而在单效应的制冷装置(即只有一个冷库的情况)中,温度继电器直接用来控制压缩机的起、停,以达到控制库温的目的。

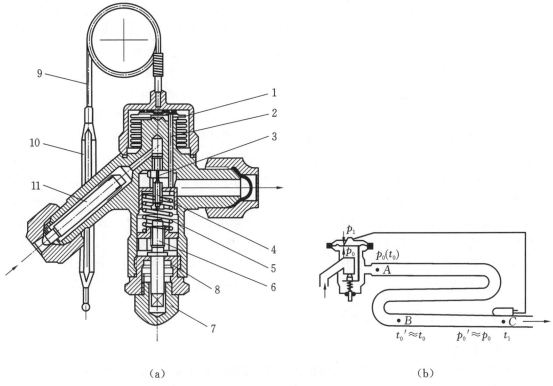

图 9-5 内平衡式热力膨胀阀及其工作简图
(a)内平衡式热力膨胀阀;(b)工作简图
1—波纹管(或膜片);2—顶杆;3—阀座;4—针阀;5—调节弹簧;
6—调节螺杆;7—封帽;8—填料箱;9—毛细管;10—温包;11—滤器

**3. 电磁阀**

电磁阀装在热力膨胀阀前的液管上,根据温度继电器送来的电信号启闭,控制是否向该库的蒸发器供给液态制冷剂。用温度继电器感知库温,当库温升到上限时,温度继电器接通,供液电磁阀开始供液;库温达到下限时,温度继电器断电,电磁阀关闭而停止供液。根据适用场合的不同,供液电磁阀可分为直接作用式和间接作用式两种。

**4. 压力继电器**

压力继电器是一种由压力信号控制的电路开关。在制冷装置中,压缩机的排、吸压力都分别由高、低压继电器进行控制。在排出压力高于调定值或吸入压力低于调定值时,相应的继电器就切断电动机的电路,从而使压缩机停车,起到保护和自动控制作用。高、低压继电器实际上是两个开关,有时为了结构紧凑,可把两个开关组合在一起并共用一对电触头,这就是所谓的组合式高低压继电器。

**5. 背压阀**

背压阀是装在蒸发器出口管路上的一种蒸发压力调节阀,它能在阀前的蒸发压力变动时自动调节开度,以保持蒸发压力大致稳定。伙食冷库常常是几个库温要求不同的冷库共用一台压缩机,如果不设背压阀,各库的蒸发压力便都相同,高温库的蒸发压力就可能太低,使库温很不均匀,即靠近蒸发器的菜、果、蛋等容易冻坏,还会使库内温度下降,增加食品干耗;而低温库则不易达到足够低的蒸发温度,库温难以下降。因此,高温库蒸发器出口通常设有背压阀,使高温库保持适当高的蒸发压力和蒸发温度。在上述装置中,低温库蒸发器出口通常装有止回阀,否则高温库热负荷较大时,压缩机吸入压力较高,如果高于低温库库温所对应的制冷剂饱和压力,则高温库产生的制冷剂蒸气就可能进入低温库蒸发器而冷凝放热,不仅妨碍低温库库温的保持,而且在高温库电磁阀关闭后,压缩机继续吸气时还可能造成液击。

## 9.6 船舶空气调节

船舶上的空气调节主要属于舒适性空调,仅满足舒适、卫生要求,对温、湿度等要求不是十分精确,允许有较大范围的波动。只有某些船舶,因为有精密仪器、设备,才要求精度较高的空气调节,即所谓的工艺性空调。

人的冷热感觉,不仅与气温、空气的相对湿度和流速有关,还与舱内外的温差有关。因夏季人们穿着单薄,进出舱又无增减衣服的习惯,如舱内外温差过大,就会有骤热骤冷的不舒适感,易使人感冒。一般认为温差在 6～10 ℃较为合适。

一个适宜的舱室气候必须满足下列条件:

(1) 具有适宜的温度和湿度,我国船舶空调舱室的设计温度和湿度夏季为 24～28 ℃、40%～50%,冬季为 19～22 ℃、30%～40%;

(2) 空气具有轻微流动,风速在 0.15～0.3 m/s 为宜;

(3) 保持空气足够的清新程度,新风量应为 30～50 立方米/(时·人);

(4) 温度可在 1～3 ℃范围内加以调节,温度分布均匀,各处温差不超过 1 ℃;

(5) 噪声限制在 60 dB 以下。

目前船舶应用的空调系统从结构上看主要有两种:一种是单独式小型,主要适用于单人小房间,特点是效果好,但价格均高;另一种是大中型集中式空调器,特点是能量大,特别是对于比较集中的多舱室,采用集中式空调器便于操纵管理,耗能相对小,但结构体积大,而且需较长的风道通往各房间。下面介绍集中式空调系统的结构组成。

图 9-6 所示为船舶广泛采用的集中式空气调节器结构图,该空气调节器主要由风道及风门、风机、空气滤器、加热器、加湿器、降温器、干燥器等组成,末端还有布风器。

**1. 空气调节器**

(1) 空气的混合和消音。

新风和回风按一定比例经各自的调节门 2 和 4 由风机 3 吸进混合室 14 中混合(冬季回风可保持一定的热量,夏季可不要回风)。混合后的风被风机压入消音室内,风压提高,达到向下输送的目的。

(2) 空气的除尘净化。

混合风经消音室内的滤器 5 时,一方面空气噪声降低,另一方面空气中的粉尘和杂质被过滤,达到净化目的,但要定期清洗空气滤器。

(3) 空气的冷却和除湿。

夏季潮湿的热空气在空气冷却器 7 内进行降温和除湿;流经蛇形肋片管式冷却器外面的空气(温度为 30～40 ℃)与冷却器内部的蒸汽(温度为 0～5 ℃)进行热交换,空气在降温的同时,空气中的水蒸气也在冷却器片上凝成水珠,从而达到降温除湿作用,其效果和冷却的面积成正比。

(4) 空气的加温加湿。

冬季空气的加温加湿在加湿器 10 和空气加热器 11 内进行。空气流经加湿器内,通过直

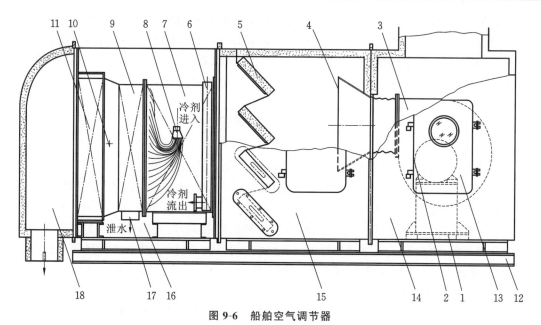

图 9-6 船舶空气调节器

1—具有滤网的新风吸入口；2—新风量调节门；3—风机；4—回风量调节门；5—滤器；6—冷却器冷剂流出集管；7—空气冷却器；8—冷却器冷剂分配器；9—挡水板；10—加湿器；11—空气加热器；12—底架；13—检查门；14—混合室；15—消音室；16—空气处理室；17—集水盘；18—分配室

接向空气中喷水或蒸汽的方法进行加湿，然后湿度合适的空气在加热器 11 内与过热度高的低压蒸汽或 100 ℃ 左右的热水进行热交换，达到加热的目的。最后，清洁的、温湿度合适的新鲜空气被风道送入各舱室内。

**2. 布风器**

布风器是集中式空调装置的末端设备，一般安装在房间内，主要作用是把经过处理的空气以一定的速度、方向送入空调舱室，使送入空气与室内空气混合良好，从而使舱室内温度和气流速度分布均匀。

布风器按其安装位置不同，可分为顶式布风器和壁式布风器两大类。壁式布风器装于靠舱壁底部，使用方便。顶式布风器装在天花板上，不占舱室地面，若与舱室内顶灯配合，造型优美，起着良好的装饰效果，所以在船舶空调系统中应用较广。顶式布风器结构简图如图 9-7 所示。

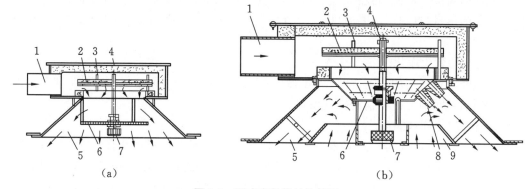

图 9-7 顶式布风器结构简图

(a)顶式布风器；(b)顶式诱导布风器；(c)球形集散式布风器

1—进风管；2—风门闸板；3—风门导杆；4—调节螺杆；5—扩散出风口；6—挡风板；7—风门调节旋钮；8—喷嘴；9—二次风吸入口

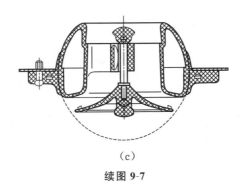

(c)

续图 9-7

## 9.7 货舱干燥系统

在远洋运输中,无论是运输冷藏货物,还是运输一般货物,对货舱中空气的湿度都有一定的要求。例如,当船舶在热带装货驶入寒带时,船舷会被外界空气冷却,若温度低于货舱中空气的露点,舷壁就会结霜。再如,当船在寒带装货而驶入热带海区时,货舱因通风而进入了温度较高的外界空气,空气中的水蒸气就会在较冷的货物表面结露。结露不但会使某些货物遭到湿损,而且会加速船体的腐蚀。

如货舱具有良好的通风系统,而船舶驾驶员又能根据外界气象条件正确地掌握货舱的通风换气时刻,那么货舱空气结露这一问题是能够在很大程度上得到解决的。对于运输某些质量要求较高的货物(如茶叶、烟草、纺织品、谷物、皮革等),若在货舱中装设空气干燥系统,则可更好地保证运输质量。

货舱干燥系统(也称货舱空气调节)的任务是降低货舱中空气的相对湿度,使之在与货舱中的低温表面接触时不致发生结露。货舱干燥系统由三部分组成:① 货舱空气循环系统;② 空气干燥站;③ 货舱空气的温、湿度自动调节系统。

空气干燥站是整个干燥系统的核心。空气干燥,目前使用降温去湿和化学吸附两种方法。下面仅对降温去湿的空气干燥站进行简要介绍。

图 9-8 为采用降温去湿方法的空气干燥站系统原理图。降温去湿的原理就是当空气流经冷却器和挡水板之后,便能将其中的部分水分除去。在一定的气象条件下,冷却器管壁温度越低,除湿量越大,所以在湿气较多时,要达到除湿的目的,势必会使货舱内温度降低(可能比外界气温低得多),而空气的相对湿度还较大(湿空气焓湿图上空气通过干燥站的工作过程,如图 9-9 中 $B$ 点所示)。因此,空气在去湿之后需再通过加热器以提高温度,使货舱中空气的相对湿度减小(如图 9-9 中 $C$ 点所示)。空气的加热可利用从制冷压缩机排出的高温高压制冷剂蒸气作为加热工质,并根据需要加热的温度来调节通过加热器的高温蒸气量。在某些干燥站中,为了简化管路系统,也有利用电热丝来加热的。

应该指出的是,并不是在整个运输过程中都要使用空气干燥站。当外界空气比较干燥时,如其露点低于货舱中的空气露点和舷外海水温度,则完全可以利用外界空气的通风换气来达到干燥的目的。仅在外界空气的露点较高,货舱又必须要换气时,才需予以干燥;或虽不用换气,但货舱中空气的露点高于舷外海水温度时,也需将舱内空气通过空气干燥站自行循环,以达到去湿的目的。

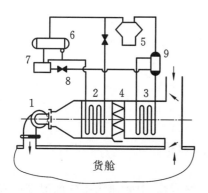

图 9-8 采用降温去湿方法的空气干燥站原理图
1—货舱风机；2—加热器；3—冷却器；
4—挡水板；5—制冷压缩机；6—冷凝器；
7—贮液器；8—热力膨胀阀；9—热交换器

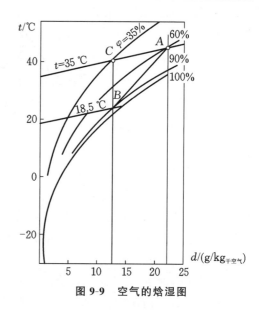

图 9-9 空气的焓湿图

## 复习思考题

9-1 简述蒸气压缩式制冷装置的基本组成、各部件的作用和工作原理。

9-2 有哪些常用的制冷剂？性能怎样？

9-3 简述制冷压缩机的原理和基本结构。

9-4 全自动化的氟利昂食物冷库制冷装置的工作原理如何？

9-5 制冷装置的自动化元件有哪些？各有什么作用？

9-6 空调系统对空气处理的环节有哪些？

9-7 简述货舱干燥系统的空气处理过程。

# 第 10 章 船用辅助锅炉和废气锅炉

## 10.1 概 述

锅炉是将水加热，使之成为蒸汽的热交换设备。

在蒸汽动力装置驱动的船舶中，锅炉产生的蒸汽主要供蒸汽主机推进船舶之用，这种锅炉称为主锅炉。在内燃机动力装置驱动的船舶中，锅炉产生的蒸汽仅用于加热燃油、滑油，为主机暖缸，驱动辅助机械及船上生活，这种锅炉称为辅助锅炉。内燃机动力装置驱动的货船一般装设一台压力为 0.5 MPa 左右、蒸发量为 1~2 t/h 的辅助锅炉。大型客轮和油轮因为需要的蒸汽量较大，一般装设两台蒸发量较大的辅助锅炉。辅助锅炉产生的蒸汽一般为饱和蒸汽。

为了表征锅炉的规格、性能和技术经济指标，常使用下述技术参数。

(1) 锅炉工作压力：表示锅炉在额定工况下产生的蒸汽压力，单位为 MPa。

(2) 蒸发量：指锅炉在单位时间内所产生的蒸汽量，单位为 t/h。

(3) 受热面面积：指锅炉中燃料燃烧所产生的热能传递给炉水和蒸汽的烟侧表面积，单位为 $m^2$。

(4) 蒸发强度：指锅炉在单位时间内每平方米受热面上所能蒸发的蒸汽量，单位为 $t/(m^2 \cdot h)$。

(5) 锅炉效率：指锅炉工作时加热水并使其变为蒸汽所用的热量与燃料完全燃烧所发出的热量之比值，是一个小于 1 的百分数，其数值的大小标志着锅炉经济性的好与坏，一般为 0.6~0.85。

船舶辅助锅炉的形式较多，按结构和工作特征可分为火管锅炉、水管锅炉和水火管联合锅炉。火管锅炉炉膛内燃烧产生的高温烟气从炉管内流过，用于加热管外温度较低的炉水，以产生蒸汽。水管锅炉炉膛内燃烧产生的高温烟气从炉管外流过，用以加热管内温度较低的炉水，以产生蒸汽。水火管联合锅炉则两者兼而有之。

按炉水循环方式，锅炉又可分为自然循环锅炉和强制循环锅炉。前者炉水依靠上升管中的汽水混合物和下降管中炉水的密度差而形成有规则的按一定方向的流动；后者炉水的流动主要依靠炉水循环泵来实现。强制循环锅炉的受热面管簇布置更紧凑，产汽迅速，蒸发量易调节，但结构更复杂，清除水垢困难，循环水泵因水温高而易损坏。

此外，按锅炉筒体的布置方式，锅炉还可分为立式锅炉和卧式锅炉；按管群的走向有横管锅炉和竖管锅炉之分。为了充分利用机舱空间的高度和减轻船舶摇摆时炉水自由液面倾斜的影响，常采用立式锅炉。

近些年来，随着热管技术在船舶上的应用，又出现了利用柴油机排气废热的热管锅炉，有的将辅助锅炉与焚烧炉合成一体。

## 10.2 船用辅助锅炉

船用辅助锅炉目前主要有两种形式：① 火管锅炉，是指烟火在管内流动，而水在管外被加热蒸发的锅炉；② 水管锅炉，是指烟火在管外流动，而水在管内被加热蒸发的锅炉。

### 10.2.1 火管锅炉

图 10-1 所示为立式圆筒形火管锅炉结构示意图。圆筒形炉体 1，由锅炉钢板卷筒后焊接而成。为更好地承受炉内气体压力，炉体的顶部和底部均采用椭圆形封头。炉体内部有一个球形炉胆 2 及一个与其相通的在其侧上方的方形燃烧室 3，它们是燃油与空气混合并燃烧的主要场所。在前烟箱 6 与燃烧室 3 之间设有管板式热交换器。管板 4 与 5 之间装有许多根平行的无缝烟管 7，管头与管板利用扩接或焊接方法连接，要求密封性好。

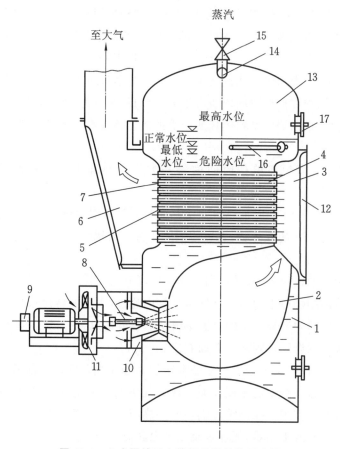

**图 10-1　立式圆筒形火管锅炉的结构示意图**
1—炉体；2—炉胆；3—燃烧室；4,5—管板；6—前烟箱；7—烟管；
8—喷油嘴；9—油泵；10—燃烧器；11—鼓风机；12—检查门；
13—蒸汽空间；14—集汽管；15—主汽阀；16—内给水管；17—人孔门

炉胆和烟管将炉体分成两个空间：炉胆和烟管里面是燃烧的烟气，外面则全部是被加热的水。燃油由装在锅炉前的电动油泵 9，通过喷油嘴 8 经燃烧器 10 不断向炉胆内喷射雾化油，同时鼓风机 11 将空气经燃烧器 10 与油混合后送入炉胆内助燃。大量油在炉胆内基本燃烧完毕,而剩下的油和烟气一起进入燃烧室内继续燃烧,然后顺烟管流至前烟箱 6,从烟道排入大气。

烟气在炉胆内和流经烟管过程中,不断把大量热量传至外围的炉水中,使炉水受热产生蒸汽。烟气在流经烟管时,扰动越强烈,对传热给水越有利,因而烟管一般制成麻花形。水受热蒸发的蒸汽聚集在锅炉上部的蒸汽空间 13 内,然后经集汽管 14 和主汽阀 15 输送到用汽场所。

在燃烧室和烟箱的前面,均设有可拆开的检查门口,便于定期清除集聚在烟管中的烟垢或更换已损坏的烟管。在炉体的上、下设有人孔门 17,以便检修人员定期入内进行维修和扫除积存的污垢。为减少散热、降低机舱温度、防止人员烫伤,在炉体外表面必须敷设绝热包层,并用薄铁皮外罩。

### 10.2.2 水管锅炉

图 10-2 所示为水管锅炉结构简图。由钢板卷制焊接成的圆筒形炉体由水管群 3 分成炉体上部 1 和下部 2,中间的水管群与上、下管板相连接。炉水在上、下炉体及水管群内。燃烧室 4 的顶部呈椭圆形,底部采用耐火砖。在燃烧室前端装有燃烧器 5,喷油嘴 8 装于燃烧器中央。燃油经喷油嘴进入燃烧器,空气由鼓风机经进风口进入燃烧器,与雾状油混合,并在燃烧器内预燃后再进入燃烧室内燃烧。高温烟气经烟管 20、水管群 3 进入烟箱 16,自排烟管 17 排出锅炉。为使烟气均匀流过水管群,在水管群内装有前、后挡烟板 6 和 18。通过后火焰观察器

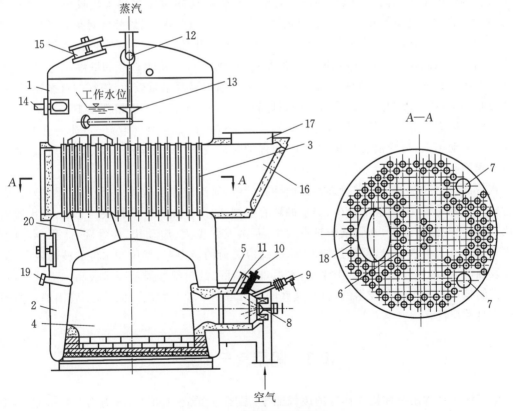

**图 10-2 水管锅炉结构简图**

1—炉体上部;2—炉体下部;3—水管群;4—燃烧室;5—燃烧器;6,18—挡烟板;7—下降管;
8—喷油嘴;9—点火器;10—点火喷油嘴;11—火焰感受器;12—汽水分离器;13—上排污漏斗;
14—水位自动调节器;15—手孔;16—烟箱;17—排烟管;19—后火焰观察器;20—烟管

19能清楚地观察到燃烧室内的燃烧情况;通过装于燃烧器上的前火焰观察器能观察到燃烧器内的燃烧情况。火焰观察器是一根装有耐高温玻璃及防护罩的直管。

燃烧的高温烟气,通过燃烧室4、烟管20、水管群3把热量传给水。当高温烟气对水管群作横向冲刷时,水管内的水受热而汽化,汽化水在管内向上流动,该管称"上升管",而靠近烟箱处的管因受热小,汽化水密度大,故而向下流动,称"下降管"。为了使水在管内流动得更畅通,在下降管群的温度较低处,装有两根粗大的下降管7。水管锅炉内炉水这种不断上下流动,形成炉水的自然循环,因而使受热大的水管产汽速度大大加快,同时又不断得到冷却。所以水管锅炉的升汽速度比火管锅炉要快,蒸发强度大,同时水管比火管更能承受高温度的烟气。其缺点是水管易产生水垢,和火管锅炉相比,水垢的清理更麻烦,所以水管锅炉对水的硬度应严加控制。

在水管群的四周,装有可开启的门,目的是方便维护人员对管群各部位进行清理。所有的烟门均用耐火砖和绝热材料制成。锅炉体的上、中、下各部位,都开有供清理或检查用的人孔或手孔15,平时用盖封闭。锅炉的上水通过给水管,可把供入的较低温度的水均匀地分布在炉内。管排上部的水位自动调节器14可直接控制锅炉的给水泵,在锅炉运行中使工作水位稳定在最佳工作位置。锅炉的蒸汽,通过汽水分离器12后,经主汽阀接管和辅汽阀接管送出。

### 10.2.3 火管锅炉与水管锅炉的性能比较

火管锅炉因烟气纵向冲扫烟管内壁,故烟气和管壁间的对流放热系数较小,传热效果较差,其效率、蒸发强度也就较低。为包容烟管簇外部的高压炉水,锅炉外围必须有一个直径大、强度高的炉壳。工作时,炉壳中的炉水常为蒸发量的好几倍,所以火管锅炉比较笨重。此外,为提高锅炉的蒸发量和工作气压,就得增加受热面(烟管),炉壳的直径和壁厚随之增大,故火管锅炉的蒸发量和工作气压的提高受到限制。火管锅炉因蓄水量较大,炉水的自循环无规则,温度分布不均,所以冷炉点火升汽所需的时间较长。烟管与管板等连接部位工艺性差,易形成不均匀的热应力而导致裂纹。但火管锅炉因蓄水量较大而蓄热性能较好,负荷突变或给水不均时气压波动不大;由于蒸发量相对较小,故停炉时持续供汽时间较长;因蒸发率较低,对炉水质量要求不高。

水管锅炉因高温烟气在水管外侧横向冲扫管壁,对流放热系数较大,传热效果较好。由于水管成了主要受热面,且蓄水量少,炉水循环有规则,故冷炉点火升汽较快。总之,与火管锅炉相比,在相同蒸汽参数下,水管锅炉具有效率高、蒸发强度大、启动快、质量轻、体积小等优点。但水管锅炉由于蓄水量少,蓄热性能就差,故适应负荷的能力差,气压和水位的波动较大;又因为蒸发强度大,水在较细的水管中流动,水垢难以清除,故对给水质量要求较高。不过,随着自动化控制技术和炉水处理技术的发展,这些问题已得到了较好解决。因此,水管锅炉在船舶中的应用日益广泛。

## 10.3 船用废气锅炉

废气锅炉是利用柴油机工作后的废气能量(温度为300~400 ℃,压力为0.1~0.25 MPa)来加热蒸发水的锅炉(如蒸汽压力为1.3 MPa时,其饱和蒸汽温度为194 ℃),故在柴油机船上,目前均装有废气锅炉,以进一步提高船舶航行的经济性。目前我国内燃机船上应用的废气锅炉主要有立式火管废气锅炉和盘香管式强制循环废气锅炉两种。

图 10-3 所示为国产 GFL Ⅱ 2-7 型立式火管废气锅炉。因无炉膛和燃烧器,故结构大大简化。在圆筒形炉体内,贯穿有几百根烟管,上、下均用管板封头封住,组成废气锅炉主要管排热交换器。其上部为主蒸汽室,并设有蒸汽主汽门及其他锅炉附件;中心为烟道出口;下部为进气分烟道,侧面设一旁通烟道并利用一回转蝶形调节阀控制。废气锅炉工作时,蝶形调节阀关闭,烟气不旁通而走管排加热水;当不需要蒸汽时,打开蝶形调节阀,使大量烟气自旁通烟道排向大气。锅炉的管排,通常采用麻花管,使烟气流过时发生旋转振动,以提升传热效果。

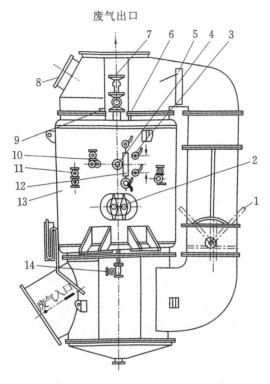

**图 10-3 GFL Ⅱ 2-7 型立式火管废气锅炉**

1—蝶形调节阀;2,8—人孔;3—试水考克(试水阀);4—磁性式水位调节开关;5—压力计;6—空气考克(空气阀);7—主停汽阀;9—压力表考克(压力表阀);10—上排污阀;11—给水阀;12—水位表;13—炉壳;14—下排污阀

除上述介绍的立式火管废气锅炉外,还有一种盘香管式强制循环水管废气锅炉,这种锅炉由许多水平放置的盘香管组成。每一盘香管的进、出口分别与两个直立的联箱相连。烟气在盘香管外流过,炉水由专门的循环水泵从汽水分离筒(可由辅助锅炉代替)吸入并压送到进口联箱,由此再送至各盘香管,水在管内被加热,变成汽水混合物进入出口联箱汇集后,流到汽水分离筒进行汽水分离。这种锅炉由于在管内产生的水垢不易清理,而且制造加工较麻烦,故已逐渐被立式火管废气锅炉所代替。

## 10.4 燃料及其燃烧设备

### 10.4.1 燃料油及其特性

船用燃料必须具有较高的发热量,以减少燃料贮量或延长船舶航程。

发热量(或发热值)是燃料的重要特性。1 kg 燃料完全燃烧时所发出的热量,称为燃料的发热量,其单位是 kJ/kg。燃料的发热量可用实验方法测定。实验测定时,燃料燃烧产生的水蒸气在测热计中最后凝结下来,放出它的潜热。计入这部分热量的发热量称为燃料的高发热量,以 $Q_G$ 表示;不计入者称为燃料的低发热量,以 $Q_D$ 表示。

目前船用锅炉的燃料主要是燃料油。将原油中的轻质油提炼完后所得到的剩余物即燃料油。直接用石油来作锅炉燃料是不合理的,因为石油中不但含有许多贵重的轻质油,而且在燃烧时由于轻质油在高温下气化逸出而聚集在锅炉舱内容易起火。而燃料油所含轻质油极少,因而减小了这种危险性。

燃料油的发热量较高,$Q_D=40000\sim 42000$ kJ/kg(一般烟煤的 $Q_D=25000\sim 32000$ kJ/kg,无烟煤的 $Q_D=25000\sim 30000$ kJ/kg),它又是液体燃料,在船上便于储藏和调驳,燃烧操作劳动强度轻,容易实现燃烧过程自动调节,且着火容易,能强烈燃烧。这些因素皆有利于减小锅炉的体积和适应负荷迅速变化的要求。在某些情况下,辅助锅炉同主机一样都烧重柴油。

对于燃料油,除发热量外,尚需了解以下几个物理特性:密度、黏度、闪点和凝固点。

**1. 密度**

燃料油与水的相对密度一般是指 20 ℃时燃料油的质量与同体积的水在 4 ℃时的质量之比,用符号 $d_4^{20}$ 表示。在温度为 $t$ ℃下的相对密度用 $d_4^t$ 表示。若测定密度时的温度不是 20 ℃,则可用下式进行换算:

$$d_4^t \approx d_4^{20} - 0.00672(t-20)$$

式中　$t$——测定密度时的温度;

　　　$d_4^t$——在温度为 $t$ ℃时测定的相对密度。

密度对计算油柜的储油量和消耗量有重要意义。燃料油的相对密度随温度而变,在常温下与水接近,为 0.95～0.99。油的密度在高温时变小,所以油舱装油不能过满,必须在它的上部留有一定空间,以防因不同航区油温变化时体积变大,使油溢出。

**2. 黏度**

黏度是油的内摩擦力或流动阻力的量度。黏度大的油液在管中流动滞缓,同时喷射雾化较困难。因此,使用黏度大的油时应予加热。

**3. 闪点**

燃料油表面挥发出来的蒸气和空气的混合物遇明火可能出现火闪但不继续燃烧的油液温度,称为闪点。燃料油的闪点在 80～120 ℃。闪点表征了燃料油的安全性。闪点愈低,则起火的危险性愈大。因此,根据闪点可确定油在应用时所能预热的最高温度。

**4. 凝固点**

油开始失去流动性时的温度就称为凝固点。对于高凝固点和高黏度的燃料油,为了便于沿管子输送,必须事先加热。

### 10.4.2　辅助锅炉的燃烧设备

目前船用辅助锅炉基本上都以燃料油(轻柴油或重柴油)作为燃料,而且燃烧方式都是通过喷油嘴使油料形成雾状喷入炉膛,与喷油嘴周围的调风器供入的高速旋转空气充分混合后在炉膛内燃烧。因此,辅助锅炉的燃烧设备主要由喷油嘴、调风器、点火器等组成。

**1. 喷油嘴**

锅炉燃烧器的喷油嘴(又称油头)的主要功能是,使燃料油以一定的速度和锥角以雾状喷出,以便很细的油粒与空气混合,使其充分燃烧。目前所采用的喷油嘴主要有如下两种。

1) 机械压力式喷油嘴

图 10-4 所示为最简单的一种机械压力式喷油嘴。

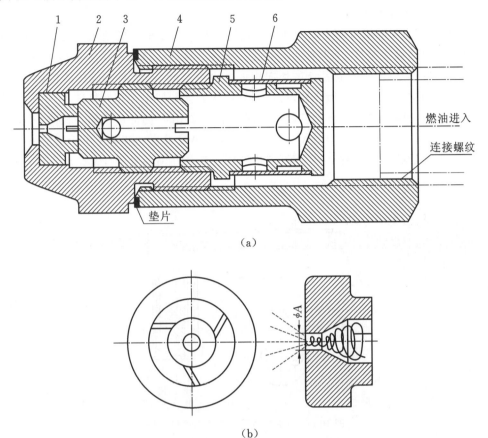

**图 10-4　机械压力式喷油嘴**

(a)机械压力式喷油嘴结构;(b)雾化片结构

1—雾化片;2—油头;3—喷油嘴芯;4—接座;5—滤器芯;6—滤器

喷油嘴通过接座 4 与外界压力油管相接,压力油首先通过滤器 6 进入喷油嘴芯 3 的中心孔,然后穿过其前端的两个小孔,到达油头 2 内的环形空间,再沿着雾化片 1 上的切向槽,高速流入雾化片中央的旋涡室,油在此产生强烈的旋转运动,最后从雾化片前端的小孔高速喷出。油在高速旋转的离心力和空气的摩擦作用下,被粉碎成雾状,并以一定的轴向与径向合成的速度方向运动,并形成 60°~70°锥角的扩散型雾化气,进入燃烧器内与空气混合。

在一定的供油压力下,喷油量与雾化片的喷孔直径($A$)的大小成正比。因而喷孔直径可制成 0.5~1 mm 之间不等的数挡大小,供不同喷油量选用。

从上述喷油原理可知,油流入雾化片切向槽内的速度越高,则油的雾化效果就越好;要使油高速流动,必须有高的压力,一般喷油嘴内的油压不低于 0.5~0.7 MPa,高的可达 2.5 MPa。

当喷油嘴的油喷孔直径选定后,则喷油量 $G$ 和喷油压力 $p$ 之间的关系为 $p \propto G^2$。也就是说,喷油量可通过改变喷油压力来实现改变。而一般锅炉的产汽量随耗汽量的变化而变化,即锅炉的产汽量可能在 10%~100% 负荷内变化。锅炉产汽量的变化标志着喷油量需要变化。如果满足锅炉低负荷时的喷油压力为 $p_1$,则在锅炉全负荷时的喷油压力 $p_2$ 将非常之大,油泵无法胜任,因此这种喷油嘴的油量调节范围是比较小的。尽管机械压力式喷油嘴结构简单,制造、安装、调试容易,但因其油量调节范围较小,所以这种喷油嘴只能用于供汽量变化不大的锅炉或只能作为锅炉点火用喷油嘴。

2) 回油机械压力式喷油嘴

图 10-5 所示为回油机械压力式喷油嘴结构图。其工作原理与机械压力式喷油嘴相似,不同之处是这种喷油嘴在接杆 11 上有两个油孔。压力油从进油口进入喷油嘴,经分油嘴 6 和分油塞 5 外侧的环形空间,从雾化片 2 的切向槽进入中央空间,产生高速旋转的扰动,一部分油由喷油孔板 1 的中心小孔喷入燃烧器,另一部分油从雾化片的中心孔经接杆 11 中的回油管回到油箱。回油量由回油压力调节阀控制。当回油阻力减小时,回油量增加,同时喷入锅炉的油量也少;反之,锅炉的喷油量就会增加。这样实现喷油嘴喷油量的调节。由于喷油嘴的进油压力不需要随喷油量的调节而改变,从而可将进油压力调整在喷油嘴最佳雾化状态下的压力。

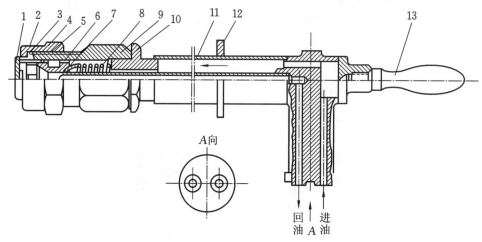

图 10-5 回油机械压力式喷油嘴结构图
1—喷油孔板;2—雾化片;3—垫片;4—螺帽;5—分油塞;6—分油嘴;7—密封圈;
8—弹簧;9—套管;10—连接螺母;11—接杆;12—连接座板;13—手柄

喷油嘴的雾化片 2 及喷油孔板 1 是关键零件,不但在高温下工作,而且不断受到高速油流的冲蚀,所以它们常采用铬镍合金钢材料制作,且加工精度高,特别是雾化片上的切向槽尺寸和表面粗糙度,将决定燃料油通过时的速度;而喷油孔板上的孔径,不但决定了喷油量,还对雾化质量和雾锥的形状起决定作用。而油头等内部零件,均经过精加工,以保证各接触面间均有良好密封性。为了防止喷油嘴由于温差大发生变形,从而影响密封性,采用弹簧 8,以使各密封件间有一个不变的压紧力。

喷油嘴工作一段时间后,其头部因受高温火焰烘烤而结炭,甚至堵塞喷嘴,造成油的雾化不好,这时必须拆卸检查和清理结炭。清理块状结炭时应用柴油浸泡软化后再清洗,严防划伤雾化片的工作表面。如切向槽的表面因长期使用而被油流冲蚀损坏严重,则应立即更换。

**2. 调风器**

调风器的合理配风,使供入炉内的空气与喷入的油雾均匀混合以提高燃烧效率。

如图 10-6 所示,调风器由中央呈锥形的扩散器和外周的导向叶片组成。装于扩散器中的喷油嘴喷出的锥形油雾首先与从扩散器出来的旋转气流接触,保证火焰根部的空气量,使火焰根部开始有一个稳定燃烧中心。从扩散器或导向叶片进入的空气量,远不能满足燃烧的需要,因此还需要从燃烧器上切向的二次进风口和三次进风口进入空气,从而确保燃料油的完全燃烧。

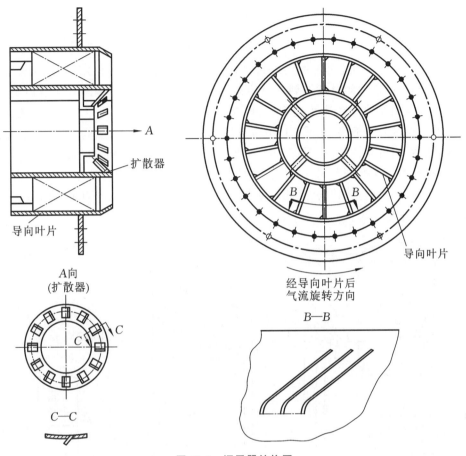

图 10-6　调风器结构图

**3. 点火器**

锅炉起动时,用高温火源点燃从喷油嘴喷出的油雾,这一过程称为锅炉点火。常用点火方法有两种:一种是从锅炉点火孔中送入引火棒点燃锅炉的人工点火棒法。其特点是简单,无须自动化操作,但安全性较差,目前这种方法很少采用,只作为自动点火失灵后的一种辅助点火方法。

另一种方法是电火花点火器点火。点火器由两根耐热金属电极丝组成,如图 10-7 所示,当间距为 3~4 mm、距油头 6~8 mm 的两电极丝通入由点火变压器产生的 5000~10000 V 的高压电时,两极之间产生电火花,点燃由点火喷油嘴喷出的锥形油雾。点火器安装时,应使电极伸到喷嘴的前方、锥形油雾的边缘处,但严防油雾直接喷到电极丝上,同时也要防止电极丝与喷嘴之间产生电火花。

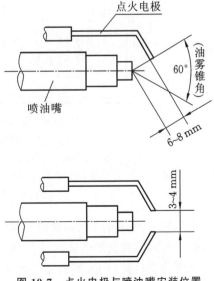

图 10-7　点火电极与喷油嘴安装位置

## 10.5 船用锅炉装置的主要系统

### 10.5.1 燃油系统

图 10-8 所示为全自动控制辅助锅炉的燃油系统原理图。它可以使用轻柴油,也可用重柴油。燃油经油箱上的速关阀及滤器到达燃油输送泵。燃油输送泵可用螺杆泵或齿轮泵,图中为螺杆式燃油输送泵 3。燃油输送泵送出的油压通过溢流阀 1 调定(图示系统油压为 3 MPa)。燃油能否进入喷油嘴 11 或 13,由电磁阀 2 来操纵。点火电磁阀打开,燃油经点火喷油嘴进入燃烧器;当主喷油电磁阀打开时,燃油进入主喷油嘴 13(回油机械压力式喷油嘴),一部分燃油由喷油嘴喷入燃烧器,另一部分燃油经回油调节阀 6 回到燃油箱。两台燃油输送泵可以单独交替使用,为防止油泵在互相转换时的干扰,在燃油输送泵各自的出口处,均安装具有单向作用的截止止回阀。

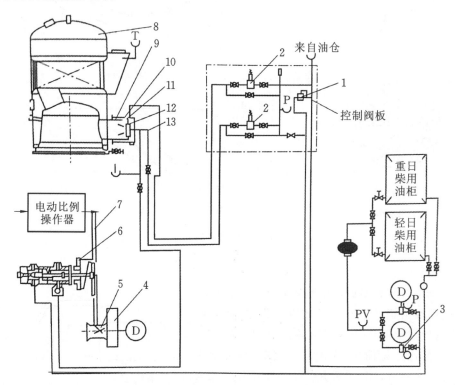

**图 10-8　全自动控制辅助锅炉的燃油系统原理图**

P—油泵;PV—旋塞阀(按压力表);D—差压表;T—水位指示

1—溢流阀;2—电磁阀;3—螺杆式燃油输送泵;4—鼓风机;5—调风门;
6—回油调节阀;7—风油比例调节拉杆;8—锅炉;9—燃烧器;10—点火电极;
11—点火喷油嘴;12—光敏电阻装置;13—主喷油嘴

鼓风机 4 的调风门 5、回油调节阀 6 与风油比例调节拉杆 7 一起,组成了风油比例调节装置,统一操作,实现锅炉燃烧的风、油量的最佳匹配,以及按一定比例调节的自动控制。

从理论上计算,1 kg 燃油完全燃烧需 $10\sim 11 \ m^3$ 的空气,但由于燃烧条件不尽完善,所以实际供风量还要大一些。实际进入的空气量与理论需要空气量之比称过量空气系数。其值一一般为 1.3～1.4，这时燃烧的火焰稳定，呈麦黄色，炉内烟气稍透明，从烟囱冒出的烟呈淡棕色。而过量空气系数过小或过大会造成燃油燃烧不完全而冒黑烟，或者不见烟气而降低炉内温度。这些均会影响锅炉效率。

回油调节阀的结构如图 10-9 所示。在与可移动阀座 7 接触部位开有三角斜切口的阀芯 4，可在平面凸轮 3、滚轮 2 的作用下做轴向移动，从而改变阀的开度。自锅炉来的油，经止回阀 5，再通过由 4 与 7 组成的回油调节阀，最后由排出口回到油箱。回油时若阀芯 4 的开度最大，回油阻力最小，大量的回油使经喷油嘴进入锅炉燃烧的油量减少；反之，阀芯 4 的开度小，回油阻力大，回油量小，而燃烧的油就多。可移动阀座 7 被阀座弹簧 8 紧顶在阀体上，因阀口处阻塞迫使回油压力升高时，可移动阀座 7 向左移动以使回油压力重新稳定。调整调节螺钉 9 可改变阀座弹簧 8 的弹力，从而达到改变回油压力的目的。

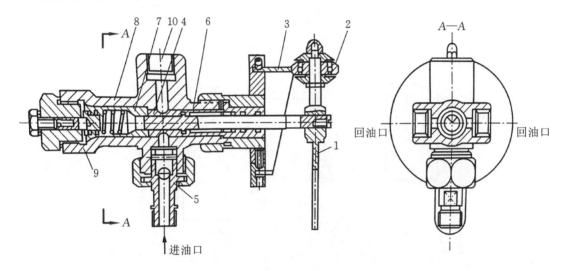

**图 10-9　回油调节阀结构图**

1—调节柄；2—滚轮；3—平面凸轮；4—阀芯；5—止回阀；6—弹簧；
7—可移动阀座；8—阀座弹簧；9—调节螺钉；10—压力表接口

为了使锅炉在不同负荷下，随着变化的回油量（直接决定喷油量）而使过量空气系数保持在最理想数值，在风机控制杆上和回油调节阀的调节柄上，均设有许多调节用的孔位或可移动长槽，可调节锅炉燃烧的风与油的最佳比例，之后再与风油比例调节拉杆连接起来。

### 10.5.2　汽-水系统

图 10-10 所示为某远洋柴油机货船辅助锅炉和废气锅炉的汽-水系统。

辅助锅炉和废气锅炉产生的蒸汽（压力为 $5 \times 10^5$ Pa）通过各自锅炉顶部的停汽阀 8 沿蒸汽管 1 和 7 汇集于总蒸汽分配联箱 2，由此一部分蒸汽送至油舱（柜）加热蒸汽配箱，然后分送至各油舱（柜）供加热使用；另一部分蒸汽则经减压阀 3 将压力减为 $3 \times 10^5$ Pa，送至低压蒸汽分配联箱 4，然后送至空调室和舱室供加热和生活杂用。在废气锅炉与总蒸汽分配联箱间的蒸汽管 7 上设有蒸汽调节阀 9，当蒸汽量过多而压力上升时，该调节阀被自动顶开，使多余的蒸汽直接通入大气冷凝器。

总蒸汽分配联箱上尚接有岸接供汽管 6，通至上甲板左、右二舷，以备船上锅炉不工作时，可由岸上或其他船舶供汽。总蒸汽分配联箱底部装有泄水管，用以排放凝结水，以免通汽时在

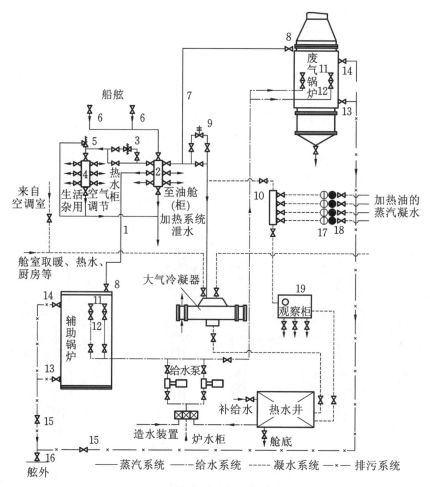

**图 10-10 辅助锅炉和废气锅炉的汽-水系统**

1—辅助锅炉主蒸汽管；2—总蒸汽分配联箱；3—减压阀；4—低压蒸汽分配联箱；5—安全阀；
6—岸接供汽管；7—废气锅炉主蒸汽管；8—停汽阀；9—蒸汽调节阀；10—凝水回流联箱；
11—给水截止阀；12—给水止回阀；13—底部排污阀；14—表面排污阀；15—止回阀；
16—舷旁排污阀；17—阻汽器；18—滤器；19—观察柜

管道中产生水击。

供各处加热油、水和空气的蒸汽，在加热管中放出热量后凝结为水，并经各加热设备回水管的阻汽器 17 流回热水井。但阻汽器并非像我们所期望的那样，只能让水通过，而总会有一些蒸汽漏过。此外，凝结水在流出阻汽器时因压力降低也会产生二次蒸汽，所以某些温度较高的凝结水在进入热水井前先要经大气冷凝器冷却，使其中的蒸汽凝结，然后才流回热水井。

加热油的蒸汽凝水中可能因加热管不严密而漏进燃油，进而把油带进锅炉之中。炉水有油对锅炉是很危险的，因为油的导热性很差，它黏附在受热面上或含在水垢中，妨碍炉水对受热面的有效冷却，致使锅炉受热面的工作温度提高。如受热面金属长期工作在 500 ℃ 以上，受热面管就会爆裂。为了尽量降低燃油进入锅炉的可能性，应使可能带有油污的蒸汽凝水首先进入观察柜 19，如凝水中有油，油就会黏附在观察柜的玻璃窗上。一旦发现观察柜水中有油，则将加热蒸汽的回水放入舱底。待查明油源并予以消除之后，才允许那些未混入油污的凝水流入热水井。

为了保证锅炉安全工作,每台锅炉都要有两条给水管,其中一条作为备用。在每一给水管紧靠锅炉处装有一个截止阀 11 和一个止回阀 12。截止阀专门用来连通或截断管路,要么全开,要么全闭,以防阀盘遭受水流冲蚀而破坏其水密性。装设止回阀的目的是防止给水泵不工作时,炉水沿给水管路流出炉外。

给水温度较低,为 30~50 ℃,它若进入锅炉后聚集在某一角落或直接与受热面接触,则会使该处产生热应力,所以一般锅炉筒内皆设有内给水管。内给水管是一根在下半部开有许多小孔的水平管,位于锅炉工作水面之下。进入炉内的给水通过内给水管的小孔冒出,水即能被周围的炉水加热,并达到均匀分布的目的。

锅炉给水泵从热水井吸水,通过给水管路既可向辅助锅炉供水,又可向废气锅炉供水。给水泵通常设 2~3 台,其中一台备用。热水井在给水系统中的作用是储存水和调节水量,因为冷凝器中凝结的水量与锅炉所需要的给水量不是在任何时刻都是恰好相等的。热水井尚有过滤水中污物和油污以及加入补给水和投放炉水处理药剂等用途。

## 10.6　锅炉的运行和保养

### 10.6.1　锅炉的冷炉点火和升汽

**1. 点火前的准备**

在锅炉冷炉点火前,应检查锅炉的附件、燃油系统、汽-水系统、自动调节系统是否正常,在确认一切正常,炉内没有残留物品后,方能上水。

上水前,应检查炉水舱中水的质量,并向炉内加入炉水处理药剂。上水时最好交替使用主、副给水系统,以确认两个系统可正常运行。

上水量视锅炉形式而定。对于火管锅炉,应将水上至水位表观察窗的最上缘,以便在升汽后通过底部排污阀,分数次将位于底部温度较低的炉水放掉,使整个锅炉温度均匀提升。对于水管锅炉,可上水至水位表最低工作水位处,产汽后炉水会因含有气泡而发涨,水位自然会上升。

上水时,除空气旋塞、压力表阀及水位表的通水阀、通汽阀应开足外,其他阀门、人孔门等一律关闭。主蒸汽阀在关死后应再倒转 1/4~1/2 转,以防升汽后阀杆因膨胀较大而将阀盘顶死在阀座上,使阀门开启困难。上水时还应注意观察容水空间每一接合部有无渗漏现象。若有,应及时消除。

**2. 点火升汽**

冷炉点火升汽时,为了使锅炉各部分的温度分布均匀,以手动控制燃烧过程为宜。燃烧不要太猛,也不要连续。对于蒸发量为 1~2 t/h 的辅助锅炉,从点火至满压,一般火管锅炉需 2 h,水管锅炉只需 15 min 左右。空气旋塞在喷出蒸汽后即可关闭。此后压力表显示压力。在升汽过程中应冲洗水位表数次,使玻璃管(板)逐渐加热。当压力升至 0.3~0.4 MPa 时,对曾拆卸过的螺栓、人孔与手孔,应再拧紧一次。当汽压达到额定压力后,进行表面排污,除去水面上的杂质和油污。一般供汽前还要强开安全阀一次,必要时还可让汽压上升,看安全阀开启压力是否准确。在送汽前,应先进行暖管。把主蒸汽管上泄水阀打开放去残水,再缓慢地打开主蒸汽阀供汽,以防产生过大的温差应力和水击。点火升汽结束时,将锅炉燃烧控制从手控改为自控。

### 10.6.2 运行中的管理

锅炉正常运行时的管理工作就是监视汽压、水位、油温、油压和燃烧情况,并经常检查各部件、各系统工作是否正常。

锅炉汽压如超过安全阀开启压力而安全阀仍未打开,则必须用人力强制开启。如安全阀已自动开启但汽压长时间降不下来,须立即停炉。

每天按规定进行表面排污,排污时应注意观察水位。

发现凝水观察柜或热水井中有油时,应将此水放入舱底。当油舱加热管漏泄时,应阻止凝水返回热水井。

锅炉在运行中的燃烧情况主要通过观察炉膛中火焰的颜色、流型和对烟气的分析进行判断。燃烧良好时,炉内火焰呈橙黄色,炉膛内清晰可见炉墙,烟窗中心排烟呈淡灰色。若火焰中有飞溅的火星,说明雾化片有毛刺,喷油嘴结焦,或油压、油温过低。若火焰呈暗红色,炉膛内看不清炉墙,排烟呈浓黑色,说明空气不足。若火焰呈白炽色而尾部有火花飞散,炉膛内透明,排烟呈白色,说明空气过多。若火焰呈银白色,烟窗中有大量的白云状烟雾,说明炉膛内漏入炉水。

### 10.6.3 锅炉的留汽和熄火

当主机暂时停止工作,而辅机还需要部分蒸汽时,可根据实际情况来减弱各处炉膛的燃烧,不应只点燃一台锅炉中的部分炉膛,而使锅炉各部不均匀冷却。

在不供汽时,如仍保持锅炉内的蒸汽压力,称为留汽。当有几台锅炉时,如留汽停泊时间超过 $8\sim12$ h,应仅留一台锅炉,而将其余锅炉的工作停止。如留汽在 2 h 以内,最多允许将蒸汽压力降低 $0.1\sim0.2$ MPa;长时间留汽时,应保持汽压为工作压力的 $59\%\sim70\%$。在留汽前,应加大给水量,使水位达到最高允许水位,以防锅炉去负荷后水的发涨现象消失,致使水位降落。

在接到停止锅炉工作的命令后,方可熄火。加大给水量,使水位超过正常水位,进行表面排污一次。锅炉的停炉和升汽时一样,各部分的温度变化很大,因此熄火后应使它自然冷却,绝不能因某种需要而用提早放空炉水和向炉膛吹冷风的办法使锅炉迅速冷却。待锅炉中已无压力时,打开空气阀,以免锅炉中产生真空。只有当炉水温度下降至 50 ℃时,才允许将炉水放空。水管锅炉不得用打开任何阀门的方法来降压,如紧急需要,在压力降至 0.5 MPa 时,允许通过底部排污阀将炉水放空。

### 10.6.4 锅炉停用时的保养

停炉后,锅炉筒和炉管的水侧容易被腐蚀,如保养不当,其腐蚀比工作时要严重得多,所以保养工作尤其重要。

若停用 $1\sim2$ d,采用留汽保养。汽压应为工作压力的 $59\%\sim70\%$,水位达高水位。

若停用时间较长,但在 30 d 以内,采用满水保养。将炉水放空并清除水垢、烟灰和其他污物,打开空气旋塞,缓缓地向炉内充以碱度为 300 mg/L(NaOH)的蒸馏水或凝结水。充水时可点火加热,待蒸汽驱出空气并炉内充满水时关空气旋塞。之后用给水泵在炉内建立 $0.35\sim0.5$ MPa 的静压,使炉水冷却后仍有 $0.18\sim0.35$ MPa 的压力,以免外界空气漏入。若炉水碱度下降,应及时补充。

若停用时间超过 30 d,宜采用干燥法保养,以减少维护工作量。放空炉水,对水垢、烟灰进行清洗后,打开人孔门及手孔门,用空气干燥。为吸收炉内潮气,可在锅炉筒和联箱中放置干燥剂(无水氯化钙或硅胶),然后将人孔、手孔和汽水阀门等紧闭。每隔一个月左右检查干燥剂是否失效。如失效,应及时更换或再生使用。

### 10.6.5 锅炉水垢的清洗

加入锅炉的补给水总含有一定盐分,在锅炉工作时,由补给水带入的盐分远比蒸汽携出的多得多,所以经过一段时间,炉水的盐分增多,当超过一定限度后就沉淀下来,成为水垢和泥渣。水垢传热系数只为钢板的 1/100~1/50。锅炉传热面上有水垢,不但浪费燃料,降低锅炉效率,而且会使金属过热损坏。往炉内投药并不能彻底消除水垢,因此每隔一定时间必须洗炉。

如炉内水垢较薄,可用机械工具(人工或电动)消除,称为机械清洗法,常用的工具有刮刀、钢丝刷、管刷和电动铣刀等。机械清洗应在锅炉刚冷时立刻进行。如冷却时间过久,则水垢将变硬,不易清除。

当水垢质地坚硬而不易刮除时,可先用碱煮,然后用机械清洗。水垢较厚时,一般使用碳酸钠和苛性钠混合投入煮洗,这称为碱洗法。碱洗时加热炉水,使汽压升至 0.3 MPa,然后慢慢降至零,又升至 0.3 MPa,又降至零。如此每隔 1~2 h 交替升降汽压一次,使受热面温度周期性变化,以松动附着的水垢。碱洗时因投入的药水与水垢发生作用,故炉水碱度逐渐下降。定时测定炉水碱度,直到碱度不再下降,即认为煮洗完毕,通常碱洗时间为 1~1.5 d。

强制循环锅炉的盘香管或某些锅炉内部位置太小,人无法进入但又必须清洗时,可用酸洗法。酸对金属有腐蚀作用,这是在不得已时才采用的方法。酸洗法就是用热盐酸水溶液来溶解水垢。酸液的浓度视水垢厚度和性质而定。为了增强酸洗效果,多采用酸液强制循环的方法。在清洗过程中,如果酸液的浓度不断减小,就表示清洗过程正在进行,必须补入盐酸以恢复浓度,直至酸液的浓度不变,表示清洗结束。酸洗过程需 8~10 h。酸洗完毕后,放净酸液,再用浓度超过酸液浓度 2%~3% 的热碱水(80~90 ℃)洗锅炉 6~8 h,以中和酸液。

# 复习思考题

10-1 描述船舶锅炉的主要技术参数有哪些?
10-2 简述船舶锅炉的分类及其差异。
10-3 简述在内燃机船上设置废气锅炉的目的,以及废气锅炉的管理工作特点。
10-4 锅炉在运行管理中要注意哪些问题?
10-5 锅炉的常见故障是什么?如何防止?怎样排除?
10-6 船舶检验局在规范上对锅炉有哪些要求?

# 第 11 章　船舶通用系统

船舶在营运过程中,为了确保航行性能和防火安全,并为船上人员提供适宜的生活环境和防止环境污染,设有一系列用来完成一定功能的专门化管网。所有这些为船舶的正常营运创造条件而与船舶动力装置无关的管路,称为船舶通用系统。

按照用途,习惯上都将它们分为船舱系统(包括压载系统和舱底水系统)、卫生系统(包括海水系统、淡水系统和污水系统)、消防系统(包括水、二氧化碳和泡沫等灭火系统)、空调系统(包括通风、取暖以及温湿度自动调节系统)、专用系统(如油船、破冰船、救捞船等设置的专门系统)。

本章只介绍船舱系统、卫生系统、消防系统和造水装置。

## 11.1　船舱系统及其遥控

船舱系统是舱底水和压载两个系统的简称。它们是保证船舶航行安全和正常营运所不可缺少的设施。各国的船舶登记部门对此都有一系列的条例规定,我国海事局对此的具体要求详见《钢质海船入级规范》。

### 11.1.1　舱底水系统

舱底水系统的用途在于将机炉舱和货舱中的舱底积水排出舷外。这些积水的来源有机械设备的泄水、尾轴填料箱处的漏水、管路的漏泄水、冲洗用水以及从舱口流入的雨水等。由于这些水流最终都将集于舱底,因此统称为"舱底水",通常机舱里的舱底水最多。

舱底水不仅对船体有腐蚀作用,且对船舶营运也有危害,因为货舱积水会浸湿货物,造成货损;机舱底部的积水会给管理工作带来困难。舱底水积存太多,甚至会影响船舶稳定性,危及航行安全。因舱底水未能排出而造成翻船的事例在国外航海史上是有记载的。所以,定期地排除舱底水是值班人员的一项重要工作。但是,为了防止海域污染,舱底水一般须经含油污水分离器之后排出。

舱底水系统的布置原则,首先应能保证船舶在正浮或向任何一舷倾斜不超过5°时,皆能排干舱内的积水,且不允许舷外海水或任何水舱(柜)中的水经过该系统进入舱内。此外,舱底水系统还应具有海损时的施救能力。下面结合图 11-1 来具体叙述。

为了能吸干舱底积水,各舱底水吸入口 1 皆应根据舭水沟或污水井的不同情况而布置在每个舱底的最低处。

为了使操作简便和管路简化,在系统中设有舱底水集合阀箱 2,并且在各阀箱、直通支管以及总管上皆使用止回截止阀,以防舱底水倒流。

机舱是整个船舶的要害地区,且经常积水较多,因此该处应设有两个以上的机舱舱底水吸入口 5,并且至少要有一根吸入支管与舱底水泵直接相连。此外,为了在机舱破损时能应急排水,还应设有接自一台主海水泵(柴油机船)或一台主循环水泵(蒸汽动力船)的应急排水管,在必要时,可由它们协同排水。

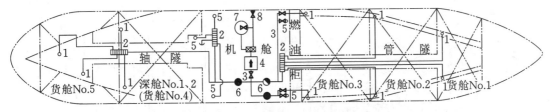

图 11-1　舱底水系统的全船布置原理图

1—舱底水吸入口；2—舱底水集合阀箱；3—舱底水总管；4—舱底水泵；
5—机舱舱底水吸入口；6—泥箱；7—舱底水分油器；8—舷外排出口

舱底水泵应具有自吸能力，因此通常多采用往复泵或自吸式离心泵，有的也采用喷射水泵。远洋船上应有两台以上可用于排除舱底水的泵，并且每台泵的排量皆应符合规范要求。对于国际航行的客轮，其对安全性要求较高，舱底水泵的台数较一般船舶多 1~2 台。但是为了减少机舱中水泵的数量，舱底水泵可由有足够排量的压载水泵或通用泵兼任。

由于舱底水很脏，为了防止污物堵住吸入口，在吸入口端部装有过滤网（见图 11-2），而在机舱和轴隧的舱底水支管上还设有泥箱（见图 11-3），舱底水可在其中进一步过滤，当污物在过滤网周围和泥箱中积聚过多时会阻碍舱底水的排出，因此需要经常地予以清除。

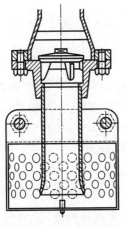

图 11-2　吸入口过滤网

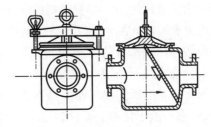

图 11-3　泥箱

## 11.1.2　压载系统

船舶在营运过程中，需要根据具体情况调整吃水、稳定性、横倾和纵倾，这一任务可通过压载系统，借改变各压载水舱中的压载水量来完成。利用机舱中的压载水泵和压载管路可将海水灌入（泵入或自流）或排出压载舱，或将各压载舱内的水进行前、后、左、右互相调驳。

压载系统的布置原则，首先是既能将水灌入各压载水舱，又能通过同一管道、同一水泵将水从水舱中排出。为了满足压载系统这种"又进又出"的要求，同时简化管路，多采用一种调驳阀箱，其构造如图 11-4 所示。它由若干组阀构成一集成化单元，分上、下两层，上层按左、右纵向分隔，下层则按横向将阀两个一组地分隔开来。上层两空间分别与压载水泵的吸、排口相连，下层各空间则分别与各压载舱相通。为说明方便起见，可将此阀箱展开，如图 11-5 所示。

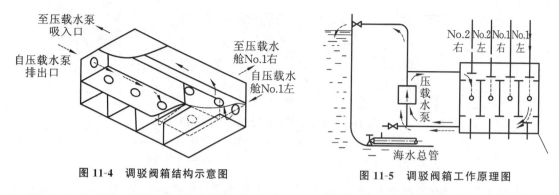

图 11-4 调驳阀箱结构示意图　　图 11-5 调驳阀箱工作原理图

图 11-5 中,与压载水泵吸入管相通的下半部为阀箱的驳出侧(也是自流灌入侧),该侧各阀专管各舱压载水的驳出;与压载水泵排出管相通的上半部则为阀箱的驳入侧,该侧各阀开启时,可将水分别驳入各相应的压载舱。

压载系统的特点可概括如下:

(1) 在压载系统的管路中,不得装置止回阀或止回阀箱,以便"能进能出"。

(2) 为了防止当压载水管漏泄时海水进入货舱,压载水管如需通过货舱,皆应铺设在双层底空间;其吸入口在各舱的布置,应有利于压载水的排出。

(3) 艏、艉尖舱的压载管在穿过首、尾防撞舱壁处,应设在上甲板能开闭的闸门阀,以便在首、尾处船体撞破时,能将该管截闭。

(4) 近年来,在一些新造的尾机舱船舶上,为了避免许多压载水管和舱底水管需要穿过一系列水密隔舱壁而造成工作很不方便,从机舱前部到艏尖舱止,在船纵中剖面附近设有管隧,这些管子都铺设于管隧之中。在管隧底部铺有铁轨,运送小车可在轨上行走,以便于工作。

(5) 船压载水的容量甚大。一般海洋杂货船的压载水量可达船舶排水量的 15% 左右,其中,艏、艉尖舱占总压载水量的 12%～17%,其他压载水则位于双层底压载舱中。压载水泵的排量一般应满足能在 6～8 h 内将全船所有的压载水舱灌满或排空。但考虑到压载水泵、舱底水泵和消防泵都不是全天连续工作的,因此可将其使用时间相互错开。同时,它们的排量有时也很相近,所以在一般干货船上通常装设 1～2 台排量较大的通用泵,将这几方面的任务统一承担起来。这样,就可减少船上装设水泵的台数,当然管路难免复杂一些。

### 11.1.3　舱底、压载系统的遥控和自动化*

随着海洋船舶的集中控制和自动化的不断发展,20 世纪 70 年代以来,在舱底、压载系统装设的遥控装置已日渐增多,机舱舱底水的自动排除也已开始使用。

实现遥控后,不但简化了操作,而且简化了管路系统,并为进一步自动化创造了条件。所谓舱底、压载系统的遥控,就是指各舱底、压载支管上的截止阀的集中制远距离开关。遥控的动力常用的有气动和液动二种,现以气动为例叙述如下。

气动遥控系统的管路比较简单,因为不必装设专门的回气管,排气直接放至大气即可。其缺点是动力缸中的润滑条件差,同时在管路中容易产生铁锈或脏污颗粒而将动力活塞卡死。所以,气动遥控阀通常设有手动强开螺杆,以便在必要时进行手动操纵。

---

\* 此部分为拓展学习内容。

图 11-6 为气动遥控系统原理图。压缩空气来自船舶压缩空气系统,减压为 $(6\sim8)\times10^5$ Pa 之后供入遥控系统中。其操纵阀 3 是一个三通旋塞。当操纵手柄处于开阀位置时,压缩空气通至遥控阀 1 的动力活塞的底部,压缩弹簧,于是活塞上移将阀打开。当将操纵手柄向右旋转 90°至关阀位置时,活塞底部通大气,遥控阀靠弹簧来关闭。阀杆的伸出端若设有凸块,即可用来压动定位开关,使指示灯发出信号。

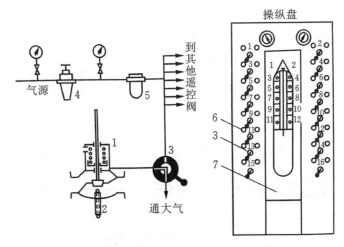

图 11-6 气动遥控系统原理图及其操纵盘
1—遥控阀;2—手动强开机构;3—操纵阀;4—空气减压阀;
5—油雾杯;6—阀位指示灯;7—阀号示意板

此外,遥控阀亦可采用电磁阀控制。

排除舱底水是机舱值班人员的一项重要的日常工作,是实现机舱无人化首先必须解决的问题之一。为此,舱底水系统工作的自动化就在于:当机舱某污水井满水时,舱底水管上的遥控截止阀自动开启,同时舱底水泵自动起动,将水排除;待污水抽完后,截止阀关闭,舱底水泵自动停止。例如,某万吨级货轮的舱底水自动排除采用了一套水位电极(最低水位、最高水位、报警水位),并通过晶体管开关电路来控制舱底水泵以及通至每一个污水井的舱底水支管上的电磁阀。当污水井中的水位达到最高水位时,系统起动工作;当水位降至最低水位时,系统停止工作。假如该控制线路失灵,污水井升至报警水位,则可发出声光信号,提醒管理人员注意。在自动系统失灵时,可将选择开关转至手动位置,对舱底水泵和电磁阀予以手动控制。

## 11.2 卫 生 系 统

卫生系统又称生活用水系统。为了满足船员和旅客日常生活需要,船上设有下列各种生活用水系统:

(1) 饮用水系统,供给炊事、茶水和医务室等处用水;
(2) 洗盥水系统,供给浴室、洗衣室、洗脸盆等处用冷、热水;
(3) 卫生水系统,供给卫生间、浴室等处冲洗用水。

在某些情况下,为了减少设备和简化管理,也常将上述系统加以合并。

按供水方式,生活用水系统可分为重力式和压力式。重力式是最简单的方式,类似于陆地上的水塔供水。海船一般都用压力式供水。

图 11-7 所示为一冷热水的压力供水系统。系统中设有密封的压力水柜 2,当水泵 1 向其底部充水时,水柜上部空气逐渐受到压缩而产生压力,直至达到预定的最高压力时为止。压力水柜借内部压力克服管路阻力,将水压到用水处。一般供水泵的起停由压力水柜上安装的压力开关 7 来自动控制,当向柜内初次充入压缩空气或补充其消耗时,应注意防止压缩空气可能带有油而导致饮用水的污染。

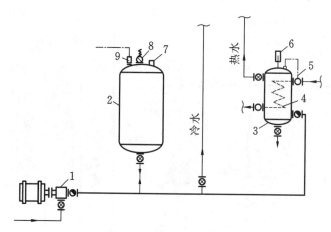

**图 11-7 冷热水压力供水系统**

1—水泵;2—压力水柜;3—热水柜;4—蒸汽加热盘管;5—温度调节器;
6—温度计;7—压力开关;8—安全阀;9—充气阀

洗盥用的热水来自热水柜 3,常用的热源有蒸汽和电力。用蒸汽的又可分为直接混合式和盘管式。由于蒸汽可能不洁,影响热水质量,因此蒸汽仅在要求不高的小船上采用。热水加热的温度一般为 70~80 ℃,由温度调节器 5 自动控制。

热水管路虽然包有绝热材料,但热量难免有一部分散失,如停用较长的时间,管内热水将逐渐冷却。为了保证龙头中随时放出的都是热水,热水系统一般都设计成一封闭的循环管路,如果自然循环不足以满足上述要求,则须加装热水循环泵来进行强制循环。如图 11-8 所示,图中的箭头分别指明了自然对流和水泵强制循环的流动方向。

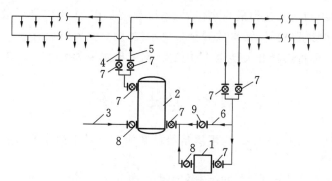

**图 11-8 热水循环装置**

1—热水循环泵;2—热水柜;3—热水柜进水管;4—首部热水输送管兼循环管;
5—尾部热水输送管兼循环管;6—自然循环管;7—截止阀;8—截止止回阀;9—止回阀

除上述系统外,船上为了排除甲板积水、粪便水和洗盥污水,分别设有下列三种泄水系统。
(1) 甲板水泄水系统:用以排除甲板上的雨浪积水以及甲板冲洗水和消防水;

(2) 污水疏泄系统：用以排除各种洗盥污水以及舱室、走廊的积水和消防水；

(3) 粪便水疏泄系统：用以排除卫生间的粪便水。

鉴于泄水系统一般都比较简单，在现场便于认识，在此不赘述。

## 11.3 消防系统

船上的火灾，尤其是在辽阔的海洋中，乃是最大灾害之一。船上发生火灾的原因是多方面的。例如，船上存有大量的可燃物质（木材、液体燃料、油漆、绝缘材料等），这不仅增加了火灾的危险性，而且一旦着火，火势便会迅速蔓延。发生火灾的原因，或因对火种处理不慎，电线短路，绝缘低劣；或因船舶个别区域积聚油气而与电气火花相遇产生爆燃。专业船舶（破冰船、捕鲸船等）上的火药或爆炸物，也是造成火灾的危险源。

当有适当的设备、训练有素的船员以及保持高度的警惕，火灾是可以防止的。

防火工作对于船舶安全极其重要，因此历来都为航海院校的有关船艺课程所重视。本书仅从水灭火系统的角度介绍船上消防系统。

众所周知，船上所设的各种消防设备，随船舶业务性质而有其不同的要求，但都必须装有水灭火系统。

水灭火系统广泛地用于扑灭起居舱室、货舱和机炉舱等处的火灾。

水柱灭火的主要作用是冷却。水和燃烧物接触后会蒸发成蒸汽，从而吸取大量的热量，使燃烧物降温以至熄火。强有力的水柱不仅能冷却燃烧物的表面，而且能穿透燃烧物的内部，使内部亦获得冷却，而不致在熄灭后复燃。

由于水能导电且比油重，同时水喷到油火上会激起油的表面飞溅，助长火势，因此不能用水来灭电路和油类的火灾。但如将水喷成雾状，则可用以扑灭半密闭空间内的油类火灾。

船上的水灭火设备，除用于扑灭火患外，还兼冲洗甲板、冲洗锚链筒内起锚时的泥污和洒水降温功用，必要时还可通过加热器供应热水，以除去甲板机械上覆盖的冰层等。

水灭火系统的布置，应视船舶的大小、类型以及对系统活力的要求而定。

在宽度不大的中小型船舶上，消防干管的布置可呈直线伸延至艏、艉部，再由管上分出若干支管和分支管接至各处的消防龙头。但是，在上层建筑较大或船宽不小于 19 m 的大型船舶上，为提高生命力，消防干管应呈环形布置，在环形管路中部用横跨管（又称过桥管）将两舷干管连通起来，泵的排出管即与此过桥管连通。过桥管的两端各装一隔离阀，以便消防泵可向任一舷或同时向两舷干管输水。如果在环形管路上适当地装设截止阀，并在个别水密隔舱内加装过桥管，使它成为若干小的环形管段，则运用这些截止阀和隔离阀，就能大大地提高系统的生命力，如图 11-9 所示。

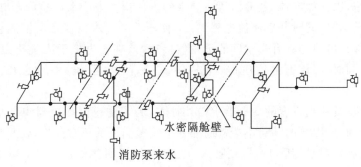

**图 11-9 环形布置的水灭火系统**

消防系统还应视情况设置防撞保护和防冻等设施。为了能与岸上或其他船的消防水管连接,消防干管上应设有与舷外连接的备用消防龙头。至于水龙带和水龙头的规格、数量以及布置等详情可参见海事局的相应规范。

此外,船上根据需要设有蒸汽灭火系统、二氧化碳灭火系统、泡沫灭火系统、溴乙烷以及1211(二氟一氯一溴甲烷)灭火系统等,并有火警信号系统进行监控。

## 11.4 真空蒸发式造水装置

船舶营运中,每天都消耗大量淡水,船上乘员每人每天需 150~250 L 淡水供饮用、洗涤等生活需要。柴油机船动力装置每 1000 kW 每天需耗用 200~310 kg 淡水,汽轮机船动力装置每 1000 kW 每天需耗用 540~1360 kg 淡水。远洋船舶为增加载货吨位,淡水不宜携带过多,一般都设有海水淡化装置(也称为造水机)。

现代船舶上所设造水机的容量,视主机功率而定。一般每 7500 kW 左右装设容量为 20~25 t/d 的造水机,即可满足动力装置和 50 名左右船员的用水需要。

淡水,是指含盐量在 1000 mg/L 以下的水。用途不同,对淡水质量的要求也不同,其中锅炉补给水对含盐量的要求最为严格。火管式辅助锅炉要求给水的氯离子浓度小于 60 mg/L,水管式辅助锅炉要求其小于 30 mg/L,中、高压锅炉要求其小于 1~10 mg/L。一般船用海水淡化装置对所产淡水含盐量的要求皆以锅炉补给水标准为依据。我国船用锅炉给水标准规定补给水的含盐量(NaCl)应小于 10 mg/L。

图 11-10、图 11-11 所示为我国海船上用得较多的真空蒸发式造水装置的蒸发冷凝器组(造水机)和工作系统图。如图 11-11 所示,蒸发器与冷凝器组合为一整体,称为造水机。同时,为了保证装置正常工作,还设有供水、加热、冷却、排污、抽气和淡水(凝水)系统。但为简化起见,图中未示出主机淡水、滑油冷却器上的调节阀。

在图 11-11 中,供造淡水用的海水自舷外由海水泵 10 吸入,经弹簧稳压阀 14 和浮子流量计 13 进入蒸发器,并沿直立的加热管束自下而上流动,在这里被 60~65 ℃ 的主机冷却水(流经蒸发器的管外空间)加热。由于造水机中的工作压力很低,当温度提高到 38.66 ℃ 时,海水便开始蒸发汽化。

蒸发所得的二次蒸汽先后经挡板式和波纹板式汽水分离器(图 11-10 中 20、13),除去所夹带的大部分水珠后进入冷凝器。

在图 11-11 中,蒸汽进入冷凝器后,被主机海水泵 7 所供给的海水冷却并凝结成淡水,由凝水泵 16 抽出,经淡水流量计 21 排入淡水柜(舱)。由凝水泵排出的淡水,一小部分经盐度传感器 19 循环回流,以便盐度计 18 显示所造淡水的含盐量。当淡水含盐量超出限定值时,盐度计 18 即发出报警信号,同时开启回流电磁阀 20,使不符合要求的淡水沿回流管路流回蒸发器中。此时,因凝水泵出口与具有真空度的蒸发器接通,该处压力低于大气压力,淡水即停止送往淡水柜(舱)。同时,因该管路装有截止止回阀 30,故淡水柜(舱)中的淡水或空气也不会倒流入蒸发器。

由于凝水泵从具有真空度的冷凝器中向外抽水,为了防止因冷凝器中凝水水位过低而使泵吸入口发生汽蚀,或因泵的轴封不严密而漏入空气影响泵的正常工作,在泵吸入口与冷凝器蒸汽空间之间接有一根平衡管 17,以便吸入口处的气体返回冷凝器。进入蒸发器但未能蒸发的水则在排污泵 11 的抽吸和排送下,沿排污管路不断排至舷外。

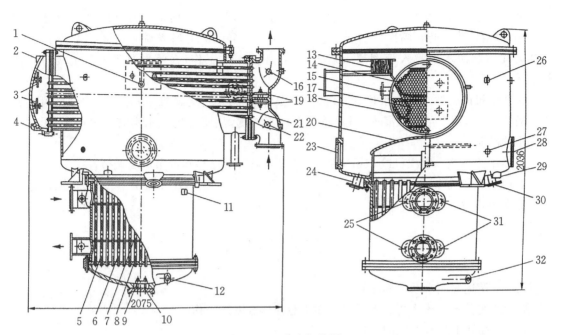

**图 11-10 造水机总图**

1,16,22,31—温度计插座;2,11—空气旋塞接头;3,9,19—防腐锌板;4—放水旋塞;5—蒸发器加热管;6—隔水板的定位套管;7—隔水板;8—管板;10—泄水阀接头;12—给水进口;13—汽水分离器;14—冷凝器管束;15—空气抽出口;17—挡板;18—空气冷却器管束;20—汽水分离挡板;21—冷凝器管板;23,28—观察窗;24—排污口;25—压力表接头;26—真空表接头;27—真空破坏阀接头;29,32—水位计接头;30—不合格凝结水回流口

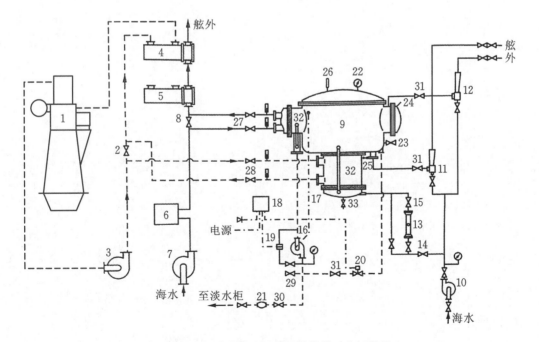

**图 11-11 真空蒸发式造水装置的工作系统图**

1—主柴油机;2—加热水调节阀;3—主机淡水冷却泵;4—主机淡水冷却器;5—主机滑油冷却器;6—主机空气冷却器;7—主机海水泵;8—海水调节阀;9—造水机;10—造水装置海水泵;11—排污泵;12—真空泵;13—浮子流量计;14—弹簧稳压阀;15—给水调节阀;16—凝水泵;17—凝水泵平衡管;18—盐度计;19—盐度传感器;20—回流电磁阀;21—淡水流量计;22—真空压力表;23—真空破坏阀;24,25—放气旋塞;26—蒸发温度计;27—冷却水进、出口阀;28—加热淡水进、出口阀;29—取样阀;30—淡水排出阀(截止止回阀);31—止回阀;32—水位计;33—泄水阀

为了简化设备和操作，图 11-11 中的真空泵 12 和排污泵 11 均采用喷射泵，其工作水由海水泵 10 供给。为了防止喷射泵由于某些原因（如海水泵压头下降或喷射泵出口背压升高）失去抽力而引起海水由吸入管倒灌入造水机，破坏其正常工作，在喷射泵吸入管上设有止回阀 31。

在造水机的壳体上装有水位计 32 和真空破坏阀 23。当造水机中真空度过高时，可稍开真空破坏阀 23，使少量空气漏入，以保持所需的真空度，从而避免盐水沸腾过分剧烈，影响所造淡水的品质。

加热用的热淡水由主机冷却系统引来，其供入量可由加热水调节阀 2 调节。

船用造水装置除真空蒸发式外，还有真空闪发式、蒸汽加热式和多级蒸发造水装置，也有其他造水装置，在此略。

## 复习思考题

11-1　简述舱底水系统的布置原则。
11-2　驾驶台在什么情况下需要通知机舱使压载系统工作？
11-3　简述卫生水系统的功用。
11-4　说明水灭火系统的各种功用。
11-5　为什么要在远洋船上装设造水装置？其工作原理如何？

# 第12章 船舶防污染装置

## 12.1 概 述

随着生产力的发展,国与国之间的交往越来越频繁,航运事业发展迅速。然而船舶在营运过程中,为保证船舶的稳定性需加装一定量的压载水;在修船或更换不同品种的油料时,为洗净货舱,则有一定量的洗舱水需要排出;同时在营运过程中要排出含有一定量燃料油和滑油的舱底污水、垃圾等。这些污油、污水和垃圾若排入水域,水域将会受到严重污染,危害水域生物资源。随着航运事业的发展,这种污染越来越严重,影响着水域的生态平衡和人类的健康发展。鉴于此,船舶上必须设置防污染装置。

### 12.1.1 船舶对航行水域的污染

船舶在营运过程中,直接或间接地把污油、污水、垃圾等有害物质引入水域,损害水域中的生物资源,破坏水域环境。船舶对水域环境的污染主要包括油类污染和非油类污染。

**1. 油类污染**

船舶油类污染是指在船舶营运过程中石油及其产品对水域环境造成的污染,主要包括机动船舶的机舱舱底污水、油船压载污水、洗舱污水以及一些海难事故及装卸事故中的溢油等。

机舱舱底污水:指在船舶营运过程中,机舱设备在运行中泄漏的燃料油及滑油等与水的混合液,其含油浓度在千分之七左右。据统计每年每一条船的污水总排量可达船舶总吨位的10%左右。

油船压载污水:指油船卸完货油后,为航行安全压入海水后形成的油污水。其油分浓度一般为4000~7000 ppm。新建油船设有专用压载舱,大大降低了正常航行时的污水压载量。但目前全世界每年仍有几十万吨石油通过压载水排放于海洋中。

洗舱污水:指修船或油船换载前,为洗净油柜和货舱所用的洗涤水。一般洗舱采用经加热的海水以高压进行喷射冲洗,其含油量大致在4000~10000 ppm,有时可高达20000 ppm,这种污水中油分浓度高,排量也大,对海水污染的危害较大。

船舶航行中因触礁、搁浅、碰撞、爆炸和火灾等意外情况,所载货油、燃料油、滑油全部或部分流入水域也会引起油污染。据有关资料统计,每年因海损事故造成的水域污染约占船舶污染的18%。船舶海损事故造成的水域污染,往往是在短时间内就把大量的油液突然倾泻到水域中,油量大,危害最为严重。

除海损事故造成的水域污染之外,船舶在加油、装卸货油以及机舱驳油等作业中的跑油、冒油、滴油、漏油事故对水域的污染也是不可忽略的重要方面。

**2. 非油类污染**

这类污染主要是指船舶生活污水、固态废物对水域造成的污染。生活污水是指源于厨房、浴室、盥洗室、厕所、医务室等处的排水。固态废物是指船舶在营运过程中产生的各种固态垃圾,主要包括生产垃圾、生活垃圾和各种废油污泥。由于固态废物种类多,成分复杂,有些极难被海水吸收消解,因此必须对之进行处理。

另外,随着运输液化气体和液体化学制品的专用船舶的发展,该类船舶的洗舱水、压载水及事故,均会造成有毒液体物质对水域的污染。

### 12.1.2 防止船舶污染的措施

水域的污染引起全世界人们的充分关注,控制和防止对水域的污染一要靠法规,二要靠技术。前者是公约、法规和标准的实施;后者为采用的各种技术措施。目前国际上制定的最有影响力的公约是 MARPOL73/78,全称是《经 1978 年议定书修订的〈1973 年国际防止船舶造成污染公约〉》。该公约附有六个技术附则,分别是防止油类污染规则、控制散装有毒液体物质污染规则、防止海运包装有害物质污染规则、防止船舶生活污水污染规则、防止船舶垃圾污染规则、防止船舶造成大气污染规则。

(1) 附则Ⅰ关于 400 总吨以上非油船和 150 总吨以上油船污水的排放标准的规定。

① 不得在特殊区域排放。

② 油船必须距最近陆地 50 n mile 以外海域,非油船必须距最近陆地 12 n mile 以外海域,方可排放。

③ 船舶在航行途中排放废液的含油量应小于 100 ppm。

④ 船舶的排油监控装置、油水分离设备、滤器装置或其他装置正在运行之中。

⑤ 如果在距最近陆地 12 n mile 以内排放机舱污水(不含货油泵舱),其含油量应小于 15 ppm。

⑥ 排油速率不超过 60 L/n mile。

(2) 附则Ⅳ关于生活污水的排放标准的规定。

① 不得在特殊区域排放。

② 船舶距最近陆地 4 n mile 以外,可以中等速率排放经过消毒的并已将其中固体物质粉碎了的生活污水,或距最近陆地 12 n mile 以外,以中等速率排放未经消毒或其中固体物质未予粉碎的生活污水。

③ 船舶所设置的生活污水处理设备正在运行中。

④ 推荐以下三个参数作为水质标准:

a. 大肠杆菌数为 250 个/100 mL 以下;

b. 生化需氧量(BOD)为 50 mg/L 以下;

c. 固体悬浮物(SS)为 50 mg/L 以下。

(3) 附则Ⅴ关于船舶垃圾及废弃物的排放标准的规定。

① 在特殊区域外,一切塑料制品不得处理入海,在距最近陆地 12 n mile 以内不得将会漂浮的垫舱物、衬料和包装材料处理入海,不得将未经粉碎的食品、垃圾和其他废弃物(如玻璃、金属、陶瓷等)处理入海;但经粉碎后,则可在距最近陆地 3 n mile 以外处理入海。

② 在特殊区域内,除食品废弃物可在距最近陆地 12 n mile 以外处理入海,一切塑料制品和其他垃圾均禁止处理入海。

当然,除了制定上述法规并要求强制执行外,还应采取各种技术措施予以保证,具体的技术措施如下。

(1) 油船的"装于上部"(load on top)法及改进的"装于上部"法。

所谓"装于上部"法,是指在油舱卸油后,直接将压载水压入未经清洗的油舱中,在航行时将油船下部含油量较低(约 50 ppm)的压载水排入海中,把其余含油量较高的压载水与清洗某些油舱的洗舱水排入指定的作为污油舱的油舱,再经分离后排水,船舶抵港后,货油直接装于污油的上部。

若在排水时采用了排油监控设备、油水界面探测器、多级沉淀柜并配以油水分离器,以确保油量瞬时排放率不超过 30 L/n mile,则称采用这些措施后的装于上部法为改进的装于上部法。其主要缺陷是不适于短途航行、恶劣天气航行及成品油运输。

(2) 在油船上使用专用压载水舱(segregated ballast tank)。

MARPOL73/78 公约规定,凡载重量在 2 万吨及以上的新油船及载重量为 3 万吨及以上的新成品油轮,均应设置专用压载水舱,使其与货油舱、燃油舱及其系统分开。要求其容量应使该船可以不依靠货油舱装载压载水而安全地进行压载航行,要求其结构采用双层底及双边舱,合理地布置在船舶的易损部位,以便防止船舶因意外事故如搁浅或碰撞等而发生溢油的危险,而且还减少了含油污水,缩短了船舶在港时间,避免了油水交替作用对油舱的腐蚀,提高了营运的经济性。

(3) 原油洗舱(crude oil washing)。

原油洗舱是指油船在卸油的同时,用一部分原油经洗舱机高压喷射货油舱壁、管路等,把附在舱面及构件上的原油和沉积在舱底的原油残渣清洗掉,并将其用货油泵泵送上岸。其特点是卸油效果好,油船货油运载量增加,因原油洗舱的原油能溶解货舱中的残渣,并随货油一起卸出,故可增加载货容积,减少货损;残油量少,则洗舱水少,污油水的分离量也相应减少,减轻了对海洋的污染;与海水洗舱相比,能减少货油的含水量,有利于原油的提炼;等等。采用此法洗舱必须配备惰性气体防爆系统。

(4) 清洁压载舱(clean ballast tank)。

油船在营运过程中根据其船型、货舱结构、航行区域等,将部分货油舱改为专门用于装载压载水的清洁压载舱。这样会减小货油装载容积,同时操作程序也变得复杂。作为清洁压载舱的舱容至少应满足专用压载水舱最小舱容的要求。

(5) 设置防污设备。

防油污染设备有油水分离器、油分浓度监控装置、排油监控系统及油水界面探测器等。防止非油类污染设备有生活污水处理装置、压载水处理装置和焚烧炉等,用于处理船舶上的生活污水、垃圾和废油等。

下文详细介绍船舶防污染的主要设备。

## 12.2 油水分离器

### 12.2.1 油水分离的基本方法

船舶油污水的分离方法很多,主要有物理分离、化学分离和生化分离等方法。其中,物理分离利用油与水密度差或聚合、吸附等物理方法将油与水分离,是船上使用的主要方法;化学分离是向含油污水投入絮凝剂,使油凝聚成胶体而沉淀,或使水电解产生气泡,以黏附油液上浮,实现油水分离;生化分离利用好气微生物对油分解氧化来控制油分浓度。目前船上主要采用的油水分离方法如下。

**1. 重力分离法**

此法是在重力场的作用下,利用油与水密度差使油上浮而与水分离。这种方法简单、方便,主要用于处理粒径在 50 μm 以上的较大油粒,对于更细小的呈乳化状态的油粒则难以分离,其具体的分离方法有如下两种。

(1) 静置分离法。

该法是将油污水置于舱柜中一段时间,利用油与水密度差使油滴上浮而与水分离。静置时间越长,分离效果越好。这种方法需较大的场所,且难以连续进行。

(2) 流道分离法(或称机械分离法)。

该法是将含油污水流过多层平行板、波纹板以及锥形板等结构,从而形成螺旋流动、曲折流动,增加油滴碰撞和聚合的机会,以形成较大的油滴而上浮分离。

**2. 多孔介质分离法**

多孔介质分离法是让油污水通过多孔介质从而把分散的油粒从连续的水流中分离出来的一种方法。其过程分为油粒迁移和附着两个方面。迁移是指分散的油粒脱离液流而接触多孔介质表面,迁移过程包括直接拦截、扩散迁移、重力迁移、惯性迁移;附着则是指油粒较稳定地黏附在多孔介质的表面,其过程有物理吸附和化学吸附两种。

(1) 过滤分离法。

过滤分离是让污油通过多孔介质时,油粒中心与多孔介质表面的距离小于或等于其自身半径时,油粒被截流筛分。此法因油粒主要拦截在多孔介质的前部,故多孔介质容易堵塞,必须经常用反冲洗方法对多孔介质进行清洗。多孔介质大多采用非亲油性材料,如粒状介质(石英砂等)、滤布和特制的陶瓷塑料制品。

(2) 聚合分离法。

聚合分离是油粒在拦截、扩散等多种机理作用下迁移到多孔介质(采用聚合材料)表面,并在其上铺展、聚合,当油粒聚合到一定大小时,在水动力、浮力及毛细管力的作用下被推动向前,最终剥离并以大油粒的形式脱离多孔介质表面而上浮,实现与水分离。聚合材料主要有涤纶、尼龙等纤维材料,多孔弹性材料以及聚苯乙烯等固体颗粒材料。因聚合材料使用中等亲油性材料,故此法的反冲洗效果较差。

(3) 吸附分离法。

吸附分离利用大表面积的多孔性的固体吸附材料直接吸附含油污水中的小油粒而达到分离的目的。常用的吸附材料有亲油性纤维、硅藻土、焦炭和活性炭等。由于大油粒会堵塞吸附介质表面的微孔,减少活性表面,故常将其作为附加方法使用。

除了上述介绍的方法外,还有电气分离、化学凝聚、生物氧化和超声波分离等方法,因船上多用物理方法,故在此不进行详细介绍。

### 12.2.2 影响油水分离器性能的因素

影响油水分离器性能的因素很多,在管理中应尤为注意,否则其排水装置性能难以达到标准。

**1. 泵的影响**

我们知道,油水分离器的分离效果在很大程度上取决于油滴粒径。很明显,当含油污水通过泵时,泵的容积效率越低、转速越高、搅动越激烈,则油粒越易破碎乳化,分离效果越差。通常往复式柱塞泵和螺杆泵是最理想的含油污水输送泵,且使用时工作压力和转速较低。

**2. 工作压力的影响**

油水分离器的工作压力对分离性能有显著的影响,工作压力越高,供水泵的排出压力就越高,含油污水通过泵时对污油的乳化作用就越大,分离效果就越差。故分离器应尽可能采用较低工作压力。有的油水分离器装在污水泵的吸入管路上,使其工作压力保持真空,以提高分离效果。但这时管路系统较复杂。

**3. 油种类的影响**

不同种类的油受到泵的扰动后,其乳化程度不同,形成的油粒直径也相差很大。油的密度越小越易分离,但密度小的油易乳化,又不利于分离。实验表明,滑油比较容易分离,而原油和密度小的重油难分离。

**4. 温度的影响**

含油污水温度适当升高,则油的黏度降低,油与水的密度差变大而易于分离,但随着温度继续上升,含油污水通过泵时更容易发生乳化,使分离效果变差。在常温附近时,温度的变化对分离器性能的影响是随油的种类、分离器的类型以及泵的形式而变的,与其他因素相比,温度影响是较小的。因此,一般都是在环境温度较低或油黏度较大时才使用加热设备,以促进油与水的分离。

**5. 流量的影响**

流量越大,含油污水在分离器中停留的时间越短,分离效果越差,排放水中含油量的增加越明显。当流量超过油水分离器的额定处理量时,分离效果会明显下降,油分浓度可能达不到标准,故为保证分离效果,应注意控制流量。

**6. 油分浓度的影响**

油分浓度越高,油粒在分离器中的碰撞机会越多,越易于分离;但油分浓度高的污水经泵时易发生乳化,又不利于分离。因后者的影响更大,故油分浓度增加,分离器分离效果变差。

**7. 管道的影响**

一般来讲,管道尺寸、弯度与附件等对分离器性能影响较复杂,如在层流状态下流动时,管道越长越好,而紊流时将造成油粒乳化,应尽量缩短管路;而附件越多,对液体扰动越大,不利于分离。

**8. 旁通的影响**

在船舶上,为了使装置和系统简化,往往把舱底水泵作为油水分离器的供液泵,但该泵的容量大大超过了油水分离器的容量。为保证分离效果,需将超过部分油污水旁通至舱底,而由于旁通部分的油污水受到泵的扰动,油粒破碎,乳化程度加深,从而使分离性能降低。

### 12.2.3 油水分离器的结构和工作原理

船用油水分离器种类很多,现介绍几种常用的油水分离器。

**1. 特勃罗(TURBULO)油水分离器**

特勃罗(TURBULO)油水分离器又叫多层斜板式油水分离器,多用于处理机舱舱底的油污水。其原理是利用多层平行斜板进行流道分离,以实现重力式油水分离。其结构如图12-1所示。

该分离器壳体内有上、下两个室,上部为粗分离室16,下部为细分离室9,在细分离室内设

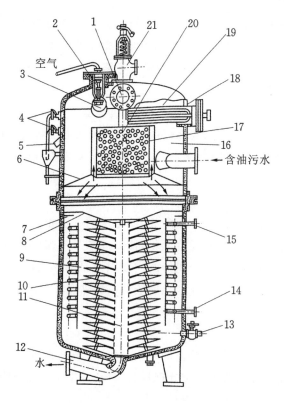

**图 12-1 特勒罗(TURBULO)油水分离器**

1—排油管；2—空气泄放阀；3—控制浮球；4—实验旋塞；5—自动排油电极插口；6—集油罩；7—支撑板；8—拉撑板；9—细分离室；10—斜板；11—集水管；12—排水管；13—排泄管；14—加热蒸汽出口法兰；15—加热蒸汽进口法兰；16—粗分离室；17—油上升管；18—蒸汽加热器；19—集油室；20—多孔阻滞板；21—安全阀

有多层锥形斜板10。含油污水由分离器的入口沿切线方向进入粗分离室，在扩张的管道中减速并在粗分离室16内做螺旋流动而进行粗分离。螺旋运动产生的离心力作用，不仅能增加油粒互相碰撞的机会，还可以使比较轻的油粒向粗分离室16的中部汇集起来，颗粒较大的油粒上浮到顶部集油室19。液流经过多孔阻滞板20时，涡流运动停止，较小的油粒便聚集成大油粒而沿多孔阻滞板20上升至集油室19。经粗分离室16处理过的含油污水通过集油罩6中部流入细分离室9，流经斜板外周与分离器壳体之间的环行空间，通过多层斜板10的捕集作用，使细小油粒进一步被分离出来（密度较小的油粒聚集在流路转弯处的内侧）。此后含油污水以极慢的速度（$Re<2$）流经多层斜板10间的狭窄通道，细小油粒互相碰撞，使油粒聚集而变大，当其因受到的浮力大于本身重力和黏滞阻力而上浮时，油粒沿着斜板10的下表面向外流动，最后脱离斜板10外边缘而直接上浮至集油罩6的下面，再经油上升管17进入油水分离器上部的集油室19。被分离出来的油经排油管1排至污油柜。

处理过的污水通过细分离室9中央的集水管11（集水管在每两层斜板之间周向开有6个小孔，以保证斜板之间的水能均匀流入管内），经油水分离器底部的排水管12排出。最上部的斜板通过拉撑板8和壳体上的支撑板7用螺钉固定。斜板均套在集水管11上，各斜板（倾斜角为15°）间均有支撑片相互隔开，以构成容积相同的水室。另外，在分离器顶部还装有控制浮球 3 的空气泄放阀 2,可放掉由舱底水泵带来的并聚集在油水分离器顶部的空气,以免油面过分下降。在油水分离器的上部和下部设有蒸汽加热器(有的下部不装),当气温较低或分离黏度较大的含油污水时,可进行加热,使油粒易于分离、上浮和排走。

特勃罗(TURBULO)油水分离器能够处理的油粒直径大于 10 μm。对于一般重油的微小油粒来说,处理后的污水含油量为 10~20 ppm,能保证船舶在横倾 15°时仍能正常工作。

**2. CYF-B 型油水分离器**

CYF 型系列国产的船用油水分离器可用来处理船舶机舱舱底水。其产品系列多,可满足各种吨位船舶的要求。图 12-2 所示的 CYF-B 型油水分离器是典型的 CYF 型系列产品。其工作原理如下:当舱底含油污水经过多个扩散喷嘴 7 进入分离器,粗大油粒即分离上浮进入左集油室 10,含有细小油粒的污水向下进入由峰谷对置的多层波纹板组 4 构成的粗分离装置;细小油粒不断碰撞、聚合和上浮,在多层波纹板组 4 的出口处形成粗大油粒而与水分离,并上浮至右集油室 15。污水则经过滤器 19 和外接管路进入一、二两极聚合元件 17、16(亦称粗粒化元件),使尚留在污水中的细微油粒在其中聚合成大油粒与水分离,然后上浮至集油室。处理后的水由清水排出口 5 排出。为实现自动排油,在左、右集油室各装有电极式油位检测器,以控制相应的自动排油电磁阀 12。粗粒化元件的集油室因集油量不多,可定期进行手动排油。

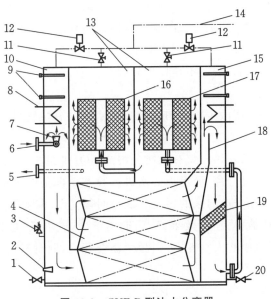

**图 12-2　CYF-B 型油水分离器**

1—泄放阀;2—蒸汽冲洗喷嘴;3—安全阀;4—多层波纹板组;5—清水排出口;6—油污水进口;7—扩散喷嘴;
8—加热器;9—油位检测器;10—左集油室;11—手动排油阀;12—自动排油电磁阀;13—中间集油室;
14—污油排放管;15—右集油室;16,17—聚合元件;18—隔板;19—过滤器;20—泄放阀

为保证高黏度污油能在低温时排放,在集油室中装有蒸汽加热管。这种油水分离器的特点如下:

(1) 采用重力分离、机械分离和粗粒化分离的结构,不容易被泥沙、杂质堵塞,故分离性能优良,运行稳定,处理后污水含油量小于 10 ppm;

(2) 粗粒化元件是定型产品,定期更换方便;
(3) 操作简单、使用可靠、维护方便;
(4) 油水分离器壳体内部采用防腐涂料,经久耐用;
(5) 采用往复泵,能减轻泵对含油污水的扰动和乳化。

## 12.3 船舶生活污水处理装置

船舶生活污水主要包括厨房废水,浴室、盥洗室、洗衣机等的排水,厕所排出物(粪便和冲洗水),以及医务室排弃污水,第一种称为灰水,后三种称为黑水。不管是哪一种污水,根据MARPOL73/78公约,都必须经过污水处理装置处理,并达到排放标准后方能排出船外。

### 12.3.1 船舶生活污水的处理方法

**1. 收集储存处理方法**

收集储存处理方法是在船上设置生活污水储存装置,当船舶行驶在禁止污水排放的水域时,将生活污水全部暂时收存,当船舶行驶至允许排放海域或港口后,再将污水排放至舷外或送岸。

此类系统主要由储存柜、污水泵和阀件等组成,其优点是设备简单,造价和运行费用都低,缺点是储存舱、柜的容积很大,特别是在限制海区内长期航行或停泊的船舶,更是如此。此外,为了防止系统在工作中散发臭味,还需使用药剂杀菌和除臭,增加了药品费和岸上处理费等,因此这种方法的使用受到限制,故此不作详细介绍。

**2. 生物化学处理方法**

生物化学处理方法是利用微生物来消化分解污水中的有机物,以使污水净化。船上大多使用的是活性污泥法,其处理的工作流程如图12-3所示。粪便、冲洗水等污水进入曝气室,在不断通入空气的情况下,由活性污泥将有机物分解成$CO_2$和$H_2O$。离开曝气室的混合液进入沉淀室,在沉淀室中污泥沉淀分离,而澄清的水进入投有杀菌剂的杀菌室,经杀菌后的净水由泵排至舷外。从沉淀室沉淀分离出来的污泥一部分回曝气室,多余部分定期排出舷外。

此类装置优点是结构简单,净化效果好,药剂用量少,成本低,且处理水质能达到排放标准;缺点是需连续向曝气室中吹入空气,否则微生物会死亡,同时对污水负荷的变化适应性较差,装置的体积也较大。

**3. 物理化学处理方法**

物理化学处理方法使用的化学药剂通常有两种:一种是生石灰($Ca(OH)_2$);另一种是次氯酸化合物,如次氯酸钠($NaClO$)或次氯酸钙($Ca(ClO)_2$)。

物理化学处理系统的工作流程图如图12-4所示,首先将污水进行固液分离,其分离出来的液体在处理柜中用化学药剂处理,化学药剂在污水中产生的絮凝胶团可吸附污水中的有机悬浮物体,同时将其中的大肠杆菌杀死,再经沉淀柜沉淀,净水由泵排至舷外;另外,固液分离出来的固体污泥存入污泥柜中,然后送焚烧炉或在允许区域排放至舷外。

此类系统优点是结构简单,尺寸小,可随时起停,对污水负荷变化的适应性好;缺点是药品用量大,成本高。

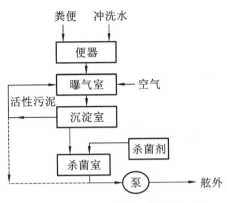

图 12-3 生物化学处理方法流程图

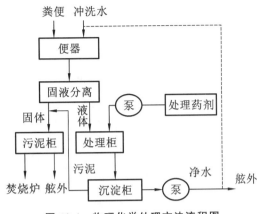

图 12-4 物理化学处理方法流程图

## 12.3.2 船舶典型的生活污水处理装置

**1. 哈姆沃西型船用生活污水处理装置**

图 12-5 为南京中船绿洲机器有限公司引进哈姆沃西公司生产的生化处理型污水净化处理装置。其排放标准符合 MARPOL73/78 公约,已获得我国海事局及世界一些权威船级社的认可。

其工作原理为:生活污水由入口进入曝气池后,细菌所需氧气由无油空气压缩机(或鼓风机 12)经扩散器供给,同时产生强烈的搅动,使污水与活性污泥充分混合;经过约 24 h 的曝气后,污水中的有机物即被微生物转化为 $CO_2$、$H_2O$、$NH_3$ 等无机物质,同时产生新的微生物。之后,活性污泥与水经过滤器进入沉淀池,而 $CO_2$ 等气体则由通气孔排出。

在沉淀池中,活性污泥沉积于池的漏斗形底部,其中一部分经污泥回流管返回曝气池中,以补偿活性污泥的流失,多余部分则定期排出。

沉淀池上部设有表面撇渣器 11,并借压缩空气将浮渣撇至曝气池。沉淀池池底污泥有一部分由压缩空气提升,通过污泥回流管返回曝气池与生活污水混合。污水在沉淀池中停留 4～5 h。

杀菌室的作用是让处理水在其中停留 0.5～1 h,以便有效地杀死细菌。处理水最后由水位浮子控制排出泵 5 的起动而排至舷外。

**2. WSH 型船用生活污水处理装置**

此装置是丹麦阿特拉斯公司生产的物理化学型污水处理装置。该装置完全实现自动操作,可用于无人机舱,污水的净化质量符合 MARPOL73/78 公约。

如图 12-6 所示,来自厕所、厨房等处的生活污水,经机械分离器 4 进行固液分离,分离出来的固体进入污泥箱 9,然后由压缩空气吹入专用污泥柜储存,这些污泥可送至陆地接收设备,亦可在非限制海区直接排至舷外,或送焚烧炉燃烧。分离出来的液体与药剂泵 12 泵入的絮凝剂 $Ca(OH)_2$ 混合,生成微小的胶体颗粒,吸收污水中的有机悬浮物质后不断长大形成絮状物而沉入絮凝箱 2 的底部,微小的颗粒随污水一起从絮凝箱 2 的下部进入沉淀箱 3,然后沿斜板上升,并逐渐沉淀在斜板上,最后滑落至沉淀箱的底部,这些污泥由污泥泵 10 送至污泥箱 9;上部澄清的液体由排出泵 11 排至舷外或供循环使用。

利用絮凝剂 $Ca(OH)_2$ 的絮凝和杀菌作用,使污水中的悬浮固体(SS)量、生化需氧量(BOD)及大肠杆菌数降低。这样处理后的污水清亮、无色、无臭,完全符合排放标准。

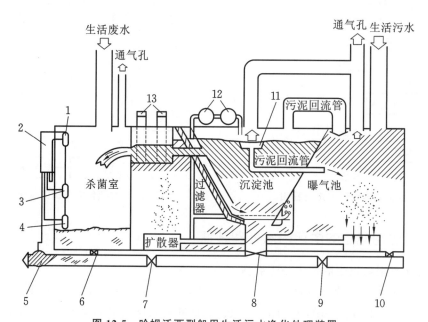

**图 12-5　哈姆沃西型船用生活污水净化处理装置**
1—警报器；2—控制箱；3—高水位浮子；4—低水位浮子；5—排出泵；
6,7,8,9,10—截止阀；11—表面撇渣器；12—鼓风机；13—加氯器

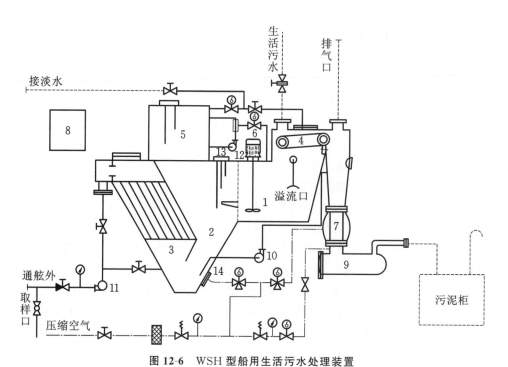

**图 12-6　WSH 型船用生活污水处理装置**
1—混合箱；2—絮凝箱；3—沉淀箱；4—机械分离器；5—絮凝剂沉淀柜；6—搅拌器；7—夹紧阀；
8—控制箱；9—污泥箱；10—污泥泵；11—排出泵；12—药剂泵；13—液位电极；14—振动器

## 12.4 压载水处理技术

### 12.4.1 船舶压载水的危害

以目前的技术,船舶航行中压载是一种必然状态。船舶在加装压载水的同时,海水中的生物也随之被加装入压载舱中,直至航程结束后排放到目的地海域。压载水跟随船舶从一个地方到另一个地方,从而引起了有害水生物和病原体的传播。压载水的无控制排放可能会对海洋生态系统、社会经济和公众健康造成危害。全球环境基金(GEF)已经把由船舶压载水所引起的外来物种入侵问题列为海洋四大危害之一,其危害案例如图12-7~图12-10所示。

图 12-7 入侵北美湖泊的亚洲鲤鱼

图 12-8 北美栉水母入侵黑海(栉水母繁殖速度惊人,以鱼卵和小鱼为食物)

图 12-9 中华绒螯蟹在欧洲河流中泛滥

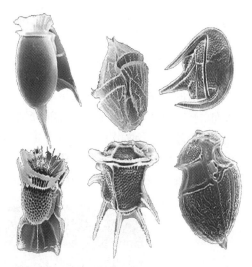

图 12-10 有毒双鞭甲藻会释放毒素,入侵我国

为了更有效地控制船舶压载水传播有害水生物和病原体,国际海事组织(IMO)于2004年通过了《国际船舶压载水和沉积物控制与管理公约》(简称《压载水管理公约》)。该公约自2009年开始,规定所有新建船舶必须安装压载水处理装置,并对现有船舶追溯实施。该公约对压载水的处理标准,即处理水中可存活生物的种类及数量作了明确规定(D-2标准),并于2017年正式实施。

### 12.4.2 船舶压载水管理方式、处理标准及相关技术

**1. 船舶压载水管理方式**

根据《压载水管理公约》,船舶压载水的管理方式主要有两种:压载水置换和压载水处理。

压载水置换是将开航港口的压载水在深海中予以置换,由于把含有微生物的压载水排放到深海中,微生活的生存环境和条件发生改变,故微生物不易存活,以减小或者避免排放的压载水对港口水域环境的不利影响。

压载水处理是指将船上的压载水排放到另一港口水域前先对水中的水生物进行灭杀处理,使压载水中的水生物和微生物数量达到一定的限定标准,从而避免对排放港的水域造成不利影响。

就《压载水管理公约》而言,压载水置换只是过渡,最终的压载水管理是对压载水进行处理,处理达到标准后,才能排放。

**2. 船舶压载水处理标准**

1) D-1标准(压载水置换要满足 D-1 标准)

D-1 标准是指船舶进行压载水置换时,其压载水的容积置换率至少为 95%。目前压载水置换方法有三种:①排空注入法(见图 12-11),就是把舱里的压载水排空再重新压入新的压载水,以达到置换率为该压载水体积的 95%;②溢流法(见图 12-12),是指将压载水压入压载舱让水从溢流口溢出,溢出量至少应为该舱容积的 3 倍,才能确保置换率为 95%;③稀释法,是指在从压载水的顶部注入水的同时以相同的流速从压载水的底部排出水,至少应保证有 3 倍该舱容积的水流体积经过该舱,舱内的水位在更换过程中基本保持不变。

图 12-11　排空注入法

图 12-12　溢流法

《压载水管理公约》要求，为符合 D-1 标准而进行压载水置换的船舶，凡可能时，均应在距最近陆地至少 200 n mile、水深至少 200 m 的地方进行压载水置换，并应考虑 IMO 制定的指南。当船舶不能按上述要求进行压载水置换时，应考虑 IMO 的指南，在尽可能远离最近陆地的地方，并在所有情况下距最近陆地至少 50 n mile、水深至少 200 m 的地方进行压载水置换。在至最近陆地的距离或水深达不到上述规定的海域，经与邻近或其他国家协商并考虑 IMO 指南，港口国可指定船舶进行压载水置换的区域。如船长可合理确定，由于恶劣天气、船舶设计或应力、设备失灵或任何其他异常状况,压载水置换会威胁船舶的安全或稳定性、船员或乘客的安全,则其压载水置换可不符合前述要求。在此种情况下,船长需详细记录相关信息。

2) D-2标准(压载水排放要满足 D-2 标准)

D-2 标准即压载水处理标准,也称为压载水排放标准。根据该标准,船舶进行压载水排放,应达到每立方米中最小尺寸大于或等于 50 $\mu m$ 的可生存生物少于 10 个,每毫升中最小尺寸小于 50 $\mu m$ 但大于或等于 10 $\mu m$ 的可生存生物少于 10 个;指标微生物(包括有毒霍乱弧菌、大肠杆菌、肠道球菌等)不超过规定的每百毫升菌落形成单位。

**3. 压载水处理的相关技术**

为了满足 D-2 标准,压载水基本处理技术和方法如下。

1) 机械分离法

机械分离法一般作为深度处理的预处理方法使用,其操作简单,处理量大。其主要包括过滤、气旋分离、稀释、浮选和沉降、高流速等,这些方法对环境危害最小,操作方便,但存在处理量小、所需动力成本大等问题。

2) 物理处理法

(1) 加热法　加热法即将压载水加热以杀死水中生物,这种方法虽然能杀死主要生物,但是对于处于休眠状态的孢子仍然不能达到目的。这种方法需要安装加热装置,并且由于环境不同、水温不同,所需能量也不同,特别是在冬季寒冷地区处理效果不佳。此方法的另一问题就是压载水的排放温度问题,如果在没有达到标准水温时排放,则可能对停泊海域生物造成危害。

(2) 空化技术　空化技术的基本原理是压载水通过孔板将受到阻碍,使得压力骤减,流速剧增,当压力降至空化初生压力(一般为相应温度下的饱和蒸汽压)时就会产生大量的空化泡。随后液体喷射扩张,压力值逐步恢复,空化泡瞬间破灭,从而产生空化。在液体中,当压强降到某一临界压强以下时,就会产生空化泡,这些空化泡在正压作用下溃灭,其溃灭过程仅持续几微秒,该点将产生瞬间高温高压,该点即热点。热点处的有机物可能直接热解,也可能与水热解生成的羟基自由基反应。

空化技术的优点是绿色、无污染,设备简单,投入低、能耗低,操作方便,维护容易。此技术也有些不足之处,主要是空化泡对管路腐蚀作用较大,同时其效果将会因压载水物理化学性质的不同而差别很大。

3) 化学处理法

化学处理法一般通过向压载水施加化学试剂,或者通过改变压载水中部分物质的化学结构,抑制压载水中微生物的生长,以达到处理效果。这些化学试剂主要有氯或氯化物、臭氧、过氧化氢、羟基自由基等,它们对压载水中微生物具有很强的杀伤作用,但大多会造成二次污染,并且目前的研究还不是很成熟。

此方法通常能用化学注射泵将化学试剂直接输送到主压载水泵,并与压载水混合,以达到相应效果。

化学处理法的优点是机械结构简单易用、成本低、能耗低。化学处理法的缺点是对于海洋微生物来说,不同的微生物需要不同的化学物质来处理,而要想达到很好的效果,可能需要添加多种化学物质,而这些化学物质的运输、存储过程都存在着潜在的风险;处理后的船舶压载水残留在管路上、船体上、水舱中,由于含有大量化学药品,可能会对以上部件造成腐蚀,从而影响船舶的性能;排到海水中的处理后压载水中的化学药品,还会对周边海水产生破坏,污染海洋环境。

图 12-13 是挪威 OceanSaver 公司推出的 OceanSaver 压载水处理系统,采用空洞＋氮气＋过滤＋电渗析的方法,活性物质主要是 HClO、$Cl_2$、$O_3$、$H_2O_2$、$ClO_2$ 和 $ClO^-$ 等。

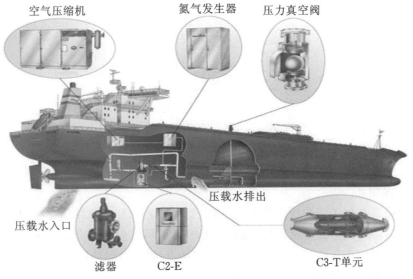

图 12-13　OceanSaver 压载水处理系统

## 12.5　船用焚烧炉

船用焚烧炉用来焚烧船上的污油、渣油、生活污水处理装置排放的污泥以及机舱废棉纱、食品残渣和其他可燃固体垃圾等。其中,污油通过污油燃烧器燃烧;固体垃圾则经投料口送入炉内燃烧;生活污泥可送入污油柜中与污油混合,经粉碎泵后,通过污泥燃烧器喷入炉内燃烧。

船用焚烧炉主要应满足如下要求:

(1) 运行时要有适当炉内温度,以便能有效地使油污渣、污泥及固体废弃物等燃烧完全,避免对空气造成二次污染;

(2) 能耗低,所消耗的辅助燃料应尽可能少一些;

(3) 具有足够的容量,能在白天烧掉一天所积聚的各种废弃物;

(4) 烟气在炉内停留的时间尽可能长一些;

(5) 不能有气体外泄,因此必须在负压下工作;

(6) 焚烧炉结构要紧凑,质量要轻,装置要安全,操作、管理要方便。

### 12.5.1　污油燃烧器

船用焚烧炉的构造很简单,它以钢板作外壳,内衬隔热耐火砖围成空腔,构成燃烧室。燃烧室内装有燃烧器,并设有投入固体废弃物的投料门。燃烧器是焚烧炉的核心部件,其工作情况直接决定焚烧炉的性能。目前焚烧炉使用的污油燃烧器主要有以下三种。

**1. 气体压力雾化式燃烧器**

气体压力雾化式燃烧器喷射具有一定压力的空气或蒸汽来使污油雾化而燃烧,结构如图 12-14 所示。其喷嘴多用套管式,废油从内管喷出,具有一定压力的空气(或蒸汽)从外管前端若干个小孔喷出,形成的高速气流使污油雾化,雾化的油气与从燃烧风机来的二次空气充分混合,然后在燃烧室燃烧。这种燃烧器使废油雾化而易于燃烧,但喷嘴易磨损,且容易被颗粒较大的污渣堵塞。

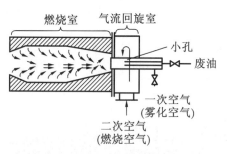

图 12-14 气体压力雾化式燃烧器

**2. 转杯式燃烧器**

转杯式燃烧器类似于锅炉所用的燃烧器,主要由旋转油杯和雾化风机组成。污油供入高速旋转的油杯后靠离心力在油杯内形成油膜,甩出后被风机供入的高速气流粉碎形成油雾而燃烧。这种燃烧器结构复杂,价格昂贵,运行时有噪声,但受油泥的影响较小,因此较为适用。

**3. 重力滴下旋转式燃烧器**

该类燃烧器靠重力将污油滴入焚烧炉内一高速旋转的漏斗形中央圆筒的内壁,靠离心力使油滴甩出而雾化燃烧。这种燃烧器结构简单,制作和管理方便,但当污油含水量大且滴量又多时,燃烧条件较差,容易熄火。

### 12.5.2 焚烧炉的结构

**1. 哈姆沃西焚烧炉**

这种焚烧炉可用于焚烧废油、固体垃圾(废物)、塑料、污水处理装置排出的污水污泥。其结构如图 12-15 所示。炉体为直立的圆筒体,炉内敷设一层绝热材料和一层耐火材料,设有转臂式火把,火把的驱动机构、送风机和灰斗均设于下部空间。点火辅助燃烧器、油水污泥燃烧器、固体废物投料门(为双层门结构)和送风口都装在炉体壁上。燃烧器和送风口均呈切向布置以形成旋流燃烧;固体废物投料门是双重的,目的是避免炉内高温对操作人员及舱室安全造成辐射威胁,同时可在焚烧过程中连续投放固体废物。炉顶两侧接近排烟口处装设由滤网挡板组成的飞灰分离器,炉顶排烟管上装有烟和空气混合室,借外面连接的抽风机吸烟气,同时也带进空气来冷却炉壁。炉门是气动的,并用压力空气密封,以防灰渣外冒。

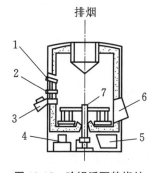

图 12-15 哈姆沃西焚烧炉
1—火焰监视器;2—油水污泥燃烧器;
3—点火辅助燃烧器;4—鼓风机;
5—灰斗;6—固体废物投料门;
7—旋转臂

燃烧器有两个:一个是点火辅助燃烧器,它采用高、低位燃烧器,自配油泵和风机;另一个为油水污泥燃烧器。燃烧室采用电火花点火,电火花点火和火焰监控全部自动化。另外,旋转臂的转速由两级齿轮减速来控制,助燃的空气从旋转臂下面喷出,同时又可冷却旋转臂。

油水污泥燃烧器采用鸭嘴形的扁管,固体颗粒度不大于 6 mm、含水率不大于 50% 的油污渣和水污泥的混合液可以正常燃烧。液体废物循环是自控的。当固体废物投放到炉膛后,开始向炉内送风,点火辅助燃烧器工作,火把转动,当炉内温度达到 600 ℃ 以上时,再将油污渣、水污泥引入炉膛焚烧。为使油污渣、水污泥燃烧完全,其在引入炉膛前需要事先搅拌和加温。

此种焚烧炉优点是沿炉壁进风口多,可实现强制通风;燃烧快,旋转臂能保证固体废物完全燃烧。其缺点是结构复杂,旋转臂拉的把块容易损坏。

**2. 阿特拉斯 ASW-400 型焚烧炉**

该焚烧炉用来处理船上废油及油污渣、污水处理装置的污水污泥等液体废物,以及除闪点小于 60 ℃ 的废物和爆炸物外的固体废物。其结构如图 12-16 所示。

该焚烧装置由焚烧炉、排烟风机(或称引风机)、用于粉碎和循环污泥混合物的污泥输送系统和自动控制箱四部分组成。焚烧炉有多个燃烧室,即固体废物干馏焚烧的干馏室和另外两个用耐火砖墙隔开的燃烧室。辅助燃烧器位于焚烧炉侧面,用来预热焚烧炉和点燃污泥燃烧器。当只烧固体废物时,仅需使用辅助燃烧器。

此焚烧炉的处理能力为 2000 kg 污泥和 500 L 的固体废物,全负荷时的发热值为 $1675 \times 10^3$ kJ/h,耗电量为 18 kW。焚烧炉的工作温度为 750~850 ℃,排烟温度为 300 ℃。

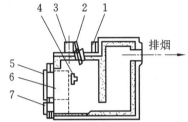

图 12-16 阿特拉斯 ASW-400 型焚烧炉
1—搅拌器;2—废油燃烧器;3—鼓风机;
4—辅助燃烧器;5—固体废物投放口;
6—固体废物干馏室;7—灰门

## 12.6 船舶柴油机排放控制技术

柴油发动机一直因高热效率和高扭矩的优异性而被广泛应用在船舶推进领域。多年来,船用发动机的发展也一直侧重于强化其在经济性、可靠性、机动性等方面的表现,但同时其因转速较低、燃烧爆压高以及使用劣质燃料等而存在高污染排放、噪声较大等问题。

据统计,以柴油为燃料的船舶每年向大气排放氮氧化物($NO_x$)约 650 万吨,排放硫氧化物($SO_x$)约 600 万吨,排放颗粒物(PM)170 万吨。船舶柴油机排放废气中的 $SO_x$,尤其是 $SO_2$ 容易氧化形成酸雨,而 $NO_x$ 中的 NO 和 $NO_2$ 易造成通常所提及的氮氧化物污染,PM 则是雾霾的主要成分。

此外,根据欧盟的调查,欧洲的机动车排放量正逐年下降,但船舶排放量却在继续上升。2008 年 10 月,国际海事组织对 MARPOL73/78 公约的附则Ⅵ进行了修正,规定船舶柴油机的排放要求于 2011 年达到 TierⅠ标准,2016 年达到 TierⅢ标准。

### 12.6.1 $SO_x$ 的排放控制

MARPOL73/78 公约要求从 2012 年 1 月 1 日开始,全球重质燃油中硫的质量分数从 4.5% 降至 3.5%。在硫排放控制区域,要求从 2010 年 7 月 1 日起,船舶所用燃油硫含量不得超过 1.0%,或使用硫处理装置使硫氧化物排放量小于 4 g/(kW·h);2015 年开始,在北美、波罗的海、北海和加勒比海海域,海洋船舶的硫氧化物排放标准上限从 1% 降低到 0.1%;在除船舶污染物排放控制区(ECA)之外的所有欧洲海域,船舶硫氧化物排放标准上限降至 0.5%,到 2020 年进一步降至 0.1%;到 2025 年,0.5% 的硫氧化物排放上限标准将在全球范围内实施。

硫氧化物的排放水平完全取决于燃料中硫的含量。因此，在发动机内采取某种措施对降低 $SO_x$ 的排放量起不到任何作用。减少这种有害物质的唯一方法就是后处理技术或者使用低硫油、天然气、生物燃料等作为替代燃料。

在全球油价高企的今天，对排烟进行脱硫处理将是船舶防止 $SO_2$ 污染的主要发展方向之一。

按照脱硫工艺是否加水及产物干湿形态，脱硫工艺可分为干法、半干法、湿法三种。根据脱硫系统中脱硫剂的循环方式，船舶湿法脱硫工艺系统可以分为开式系统、闭式系统和混合式系统。

开式系统：指直接采用海水对废气进行清洗脱硫，完成脱硫后的洗涤水达标后直接排至船舷外的系统。其缺点是脱硫设备增加了整个排气系统的背压，而且产生的副产物硫酸盐会对环境造成二次污染。

闭式系统：指采用碱液对废气进行清洗脱硫，完成脱硫后的洗涤水经补充碱液后循环进行废气清洗的系统。该系统需要对脱硫反应后的副产物进行封闭存储。

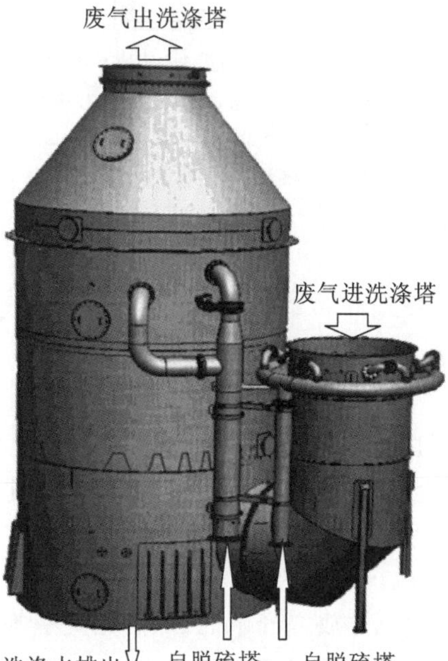

混合式系统：即将开式系统和闭式系统组合起来的系统。船舶在不同海域（水域）航行时可根据需要选择运行开式或闭式系统，比如在公海航行时可选择运行开式系统，而在洗涤水排放限制区域或淡水水域航行/停泊时，可选择运行闭式系统。

在具体的脱硫技术应用中，海水脱硫和碱液洗涤脱硫是两种主要的应用形态。

如图 12-17 所示，OM5300 型开式脱硫塔是 U 形结构，主要由以下 4 部分构成：一是海水系统，包括 3 台海水泵和 2 台海水增压泵及海水进出脱硫塔管路、海水进出口检测取样系统；二是废气系统，包括主机及 3 台副机排烟转换挡板、2 台烟道密封风扇、烟气检测取样监控系统；三是脱硫塔自动控制及报警系统，包括配电箱、控制箱、控制箱上人机面板 HMI 及集控室人机面板显示板 HMI 等；四是脱硫塔本体及附件。

**图 12-17 OM5300 型开式脱硫塔结构**

## 12.6.2 $NO_x$ 的排放控制

MARPOL73/78 公约中，氮氧化物的排放标准按照低速机、中速机、高速机进行划分，见表 12-1。从 2015 年开始，低速机、中速机、高速机废气氮氧化物排放需在上一标准的基础上分别下降 76.38%、79.54% 和 74.02%。

**表 12-1 船舶废气氮氧化物排放标准** 单位：g/(kW·h)

| 年份 | 低速机（≤130 r/min） | 中速机（130～2000 r/min） | 高速机（≥2000 r/min） |
| --- | --- | --- | --- |
| 2001—2010 年 | 17.0 | $45 \times n^{-2}$ | 9.8 |
| 2011—2014 年 | 14.4 | $44 \times n^{-2}$ | 7.7 |

续表

| 年份 | 低速机(≤130 r/min) | 中速机(130~2000 r/min) | 高速机(≥2000 r/min) |
|---|---|---|---|
| 2015年以后 | 3.4 | $9\times n^{-2}$ | 2.0 |

注:$n$表示转速。

$NO_x$生成的影响因素:燃烧温度、燃烧时间及燃油与空气的预混合程度。要控制$NO_x$的排放,可以从其生成机理和性质两方面着手,一般有机内燃烧控制技术和机外排气净化技术。

**1. 燃油乳化**

燃油乳化(water-in-fuel emulsion)技术是在柴油或重油进入汽缸前将其与水按一定比例混合,并在超声波和机械搅拌的作用下,形成油包水的乳化油滴,喷入高温燃烧室后,由于水比热较大,吸收大量的热汽化,进而在油滴内部产生"微爆",使之破碎成粒径更小的油滴,以促进混合气的形成和燃烧,同时,水的吸热作用在燃烧过程中可以降低最高燃烧温度。水与油的混合喷入还可以降低燃油密度,使最高燃烧温度进一步降低,使柴油机的$NO_x$排放量减少。

一般情况下,增加1个百分点的水将减少1个百分点的$NO_x$,MAN B&W二冲程发动机使用含水10%的乳化燃油,实现了减少10%的$NO_x$的效果;标准设计的发动机在满负荷运行时可加入20%的水。

使用乳化燃油不仅能够降低$NO_x$的排放量,还可改善柴油机的排烟质量,尤其在低负荷运行时更加明显,但是它也会引起发动机零部件的腐蚀以及油水分离现象。

**2. 发动机优化**

控制缸内参数可降低发动机排放量和提高燃油经济性,诸如改善燃烧室结构和燃烧滞留期、增大压缩比、优化喷嘴结构、控制燃油喷射过程、采用共轨系统等,其中延迟喷油正时是在燃烧过程中减少$NO_x$生成的最简单有效的方法之一,它主要通过滞燃期起作用,使燃料燃烧所形成的温度峰值降低,但燃油消耗率会略有上升,并会降低发动机功率。利用延迟喷油的办法可将$NO_x$排放量减小10%~15%。

当燃气温度和增压空气冷却水的温度较低时,$NO_x$排放量可降低20%,甚至降至更低。

高压共轨喷射系统通过对喷油要素的优化使船舶柴油机燃烧更充分,从而减少柴油机的有害物排放,特别是在低负荷或低转速时,效果更加明显。共轨柴油喷射系统可以将燃油喷射压力提高到180 MPa。实践表明,采用共轨技术的船用柴油机可以减少20%的$NO_x$排放。

另外,增压中冷技术可在船舶柴油机的热负荷不增加甚至降低,以及机械负荷增加不多的情况下,大幅提高船舶柴油机的功率,降低有害物的排放。

**3. 废气再循环**

废气再循环(exhaust gas recirculation,EGR)技术是将柴油机排气管中一部分废气经冷却和清洁后再次引入气管,与新鲜空气混合后进入汽缸参加缸内燃烧的技术。废气再循环之所以能使排气中$NO_x$浓度下降,是因为一方面柴油机排出的废气循环进入汽缸显著降低了燃烧前汽缸中的氧含量,另一方面柴油机排出的废气中含有较多的水蒸气和$CO_2$,它们的比热容比空气的大得多,从而也降低了燃烧过程所能达到的温度。

MAN B&W柴油机在75%的发动机负荷下,采用20%的再循环率取得了50%的脱硝率,一般废气再循环可以在不影响柴油机输出功率的情况下有效地降低$NO_x$的排放(降低50%~60%),但只适用于使用低硫分和低灰分燃油或其他洁净燃料的机型。

废气再循环会影响燃烧,增加燃油的消耗量,燃烧废气中的微粒物质、未燃的碳氢化合物和一氧化碳也会增多;废气冷却时还会产生高黏性的硫酸产物、水和烟灰的混合物,这也限制了废气再循环在柴油机中的应用。

**4. 湿空气动力系统**

湿空气动力(humid air motor,HAM)系统利用水蒸气加湿进气管中的进气,形成湿空气进入汽缸燃烧,因而可降低最高燃烧温度和 $NO_x$ 的生成数量。

HAM 系统可以取代增压空气冷却器来冷却进口空气和增加其水蒸气含量,使空气湿度提高了几倍,从而能有效减少 $NO_x$ 的排放(可减少 70%～80%),同时不会引起二次污染;HAM 系统可以利用海水作为水蒸气的来源,用废气锅炉加热或柴油机冷却水加热。

**5. 直喷水技术**

直喷水(direct water injection,DWI)技术采用同时喷水和喷油的复合型喷油器,在燃油喷射阶段,按水-燃油重量比 0.4～0.7 将高压水喷入汽缸内,完成水与燃油的混合,进而降低燃烧温度,可降低 50%～60% 的 $NO_x$ 排放量。

这种复合型喷油器的喷水系统与喷油系统完全独立,因此停止喷水系统不会影响柴油机工作。

DWI 技术除降低 $NO_x$ 的排放量外,还可降低柴油机的热负荷,并提高柴油机运行的清洁性,同时淡水消耗量较少。

DWI 技术会导致燃油消耗率略有提高,在使用含硫量较高的燃油时更需考虑燃烧室材料和采用特殊的喷嘴。

**6. 选择性催化还原法**

选择性催化还原(selective catalytic reduction,SCR)是指在 290～350 ℃下,利用还原剂(如氨气、尿素溶液等)有选择性地与 $NO_x$ 在催化剂涂层上进行催化还原反应(而不与氧发生反应),生成无毒无污染的 $N_2$ 和 $H_2O$。其主要发生的反应如下:

$$4NO + 4NH_3 + O_2 \Longrightarrow 4N_2 + 6H_2O$$
$$6NO_2 + 8NH_3 \Longrightarrow 7N_2 + 12H_2O$$

SCR 工作原理示意图如图 12-18 所示。

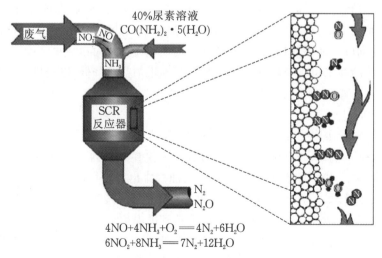

图 12-18　SCR 工作原理示意图

芬兰瓦锡兰公司的 V6R32E 型中速柴油机,采用 SCR 系统后 $NO_x$ 排放量降低 85%,CO

和 HC 排放量均降低 70%；MAN B&W 公司的 6S35MC 型柴油机应用 SCR 系统后，脱硝率在 90% 以上。船用 SCR 系统结构图如图 12-19 所示。

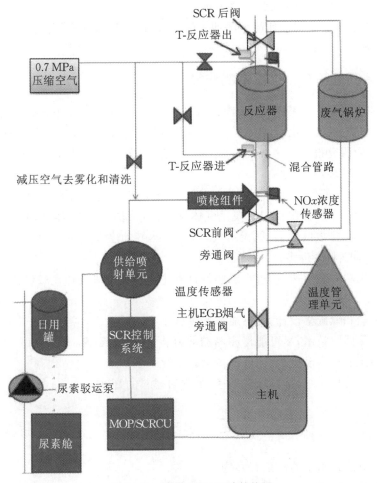

图 12-19 船用 SCR 系统结构图

SCR 技术具有很高的 $NO_x$ 净化效率，能够达到 Tier II 和 Tier III 标准的排放要求；此外，使用该技术还可以在反应器中氧化去除部分烟气和碳氢化合物，不会造成油耗率和排气黑烟的增加。当然，SCR 装置也存在尺寸大、初期投资高的问题。

基础型 SCR 装置体积与发动机相当，其投资费用是船舶的 5%~8%，是船舶柴油机的 50%；但 SCR 技术可以非常有效地降低船舶柴油机的 $NO_x$ 排放量，成为降低 $NO_x$ 排放量的首选技术方案。

### 12.6.3 颗粒物排放控制

颗粒物包括燃油不完全燃烧产生的微小碳烟、燃油和汽缸滑油中的灰分、燃油中未燃烧部分、燃烧产物以及滑油中的硫酸盐。船舶排放的多数颗粒物粒径都小于 10 μm，能够进入人体肺部的深处，对人体健康造成伤害。

船用发动机排气的颗粒物净化措施，就机内控制来说，可以从提高喷油压力、改善油气混合质量入手。

对于机外净化技术,采用柴油颗粒过滤器(diesel particulate filter,DPF),可捕捉排气中微粒,使其无法排出机外,再利用催化剂、氧化器、燃烧器等对其进行分解、燃烧。这种装置可将船舶柴油机排气中有害微粒物减少70%～90%。

排气系统安装 DPF 后将会使船舶柴油机的排气背压提高,功率下降,DPF 上沉积的微粒越多,排气背压越高。

### 12.6.4 降低船舶 $CO_2$ 排放量的途径

船舶运输一向被认为是最清洁的运输方式,但 IMO 的一组研究报告数据显示,2007 年船舶行业排放 10.46 亿吨二氧化碳,约占全球二氧化碳排放总量的 3.3%。国际独立油轮船东协会也发布了类似的研究报告。这些报告显示,全球远洋航运与海贸的快速发展和燃油消耗加剧了二氧化碳对全球环境的影响。

于是 IMO 提出了船舶能效设计指数(EEDI)和船舶能效营运指数(EEOI)两个指标,旨在从船舶设计和运营两个方面降低船舶温室气体排放,其采取的主要措施如下:

(1) 使用低 $CO_2$ 排放的燃料,如天然气,由于天然气的主要成分是甲烷,放出同样的热量产生的 $CO_2$ 比石油燃料少得多;

(2) 优化主机功率和转速,通过在船舶设计和主机选型阶段选择比较经济的配桨点,降低主机的油耗;

(3) 优化船舶和螺旋桨设计,提高船舶操纵性;

(4) 采用废热回收技术,尽可能提高船舶动力装置的综合效率;

(5) 做好旧船的技术改造,优化低负荷运行工况;

(6) 建立能效管理系统,推行经济航速,加强对燃料的管理。

## 复习思考题

12-1 船舶对航行水域的污染有哪些?

12-2 简述防止船舶污染的技术措施。

12-3 简述油水分离的基本办法。

12-4 船舶上生活污水的处理方法有哪些?

12-5 简述船用压载水管理方式和处理技术。

12-6 简述船用焚烧炉的作用和常见类型。

12-7 防止船舶柴油机排放污染的常用方法有哪些?

12-8 简述降低船舶碳排放的措施。

# 第4篇　船舶电气与轮机自动化基础

## 第13章　船舶电气系统概述

### 13.1　船舶电力系统组成

#### 13.1.1　船舶电力系统的组成

船舶电力系统是由电源装置、配电装置、电力网和负载组成并按照一定方式连接的整体，是船上电能产生、传输、分配和消耗等全部装置和网络的总称。其结构简图如图13-1所示。

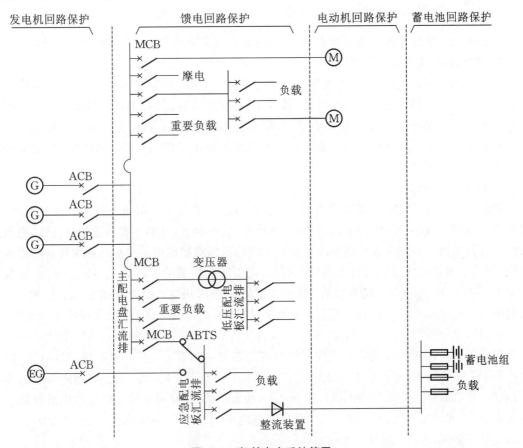

图 13-1　船舶电力系统简图

G—主发电机；EG—应急发电机；M—电动机；ACB—空气断路器；MCB—装置式断路器；ABTS—汇流排转换接触器

**1. 电源装置**

电源是将机械能、化学能等能源转变为电能的装置。船舶电源装置主要是指发电机和蓄电池。

**2. 船舶电力网**

船舶电力网是全船电缆电线的总称,也是电能的生产者(各种电源)和电能的消耗者(各类用电设备)间的中间传递环节。船舶电力网根据其所连接的负载性质和类别可以分为动力电网、照明电网、应急电网、低压电网和弱电电网等。

**3. 配电装置**

配电装置是对电源和用电设备进行保护、监测、分配、转换、控制的装置。

**4. 负载**

负载即用电设备。船舶负载有甲板机械、船舶舵机、动力装置用辅机(为主机和主锅炉等服务的辅机,如主机滑油泵、海水冷却泵、淡水冷却泵和鼓风机等)、舱室辅机(生活水泵、消防泵、舱底水泵以及为辅助锅炉服务的辅机等)、电力推进设备(主电力推进装置、艏艉侧推装置等)、机修机械(车床、钻床、电焊机等)、冷藏通风设备(冷藏集装箱、空调装置、伙食冷库和通风机等)、照明设备、船舶通信导航设备(无线电通信设备、导航和船内通信设备)等。

### 13.1.2 船舶电力系统的基本参数

船舶电力系统的基本参数是指电流种类(电制)、额定电压等级和额定频率。

**1. 电流种类(电制)**

早期船舶采用直流电制,主要基于直流发电机调压容易、直流配电装置简单、直流电动机调速平滑等优点。但直流电制在可靠性、经济性、可维修性方面的缺陷甚多,而电力电子技术的发展突破了交流电力系统的调压、调频、并联运行等一系列难点,使交流电制占据了主要地位。除了采用直流电力系统或交直流混合电力系统的特殊工程船舶外,目前几乎所有大中型船舶均采用交流电力系统。

**2. 额定电压等级**

船舶电力系统额定电压等级的选用直接关系到电力系统中所有电气设备的质量和尺寸,提高电压有利于减小导线中的电流、提高设备功率、减小舱容,有利于提高船舶经济性,但随之对电气设备的绝缘和安全方面的要求也更高。世界各国对船舶电压等级的选用与其陆上电制参数一致,使船舶电气设备具有通用性。例如,美国和日本采用 450 V、60 Hz 的电制,而我国采用 400 V、50 Hz 的电制。随着船舶发展的大型化,目前采用电力推进的商船、滚装船和一些工程船舶电站的容量都比较大(高达几万千瓦),出现了 6 kV、3.3 kV 以上中压等级的船舶电站。

我国用电设备的额定电压有 24 V、110 V、220 V、380 V、1 kV、3 kV、6 kV、10 kV 等。根据电源电压的额定值比同级电力系统用电设备的额定电压高 5% 左右的原则,发电机的额定电压有 115 V、230 V、400 V、1.05 kV、3.15 kV、6.3 kV、10.5 kV 等。我国《钢质海船入级规范》规定,非电力推进船舶的限制电压为 500 V,动力负载、具有固定敷设电缆的电热装置等的额定电压为 380 V,照明、生活居室的电热器限制电压为 250 V,额定电压为 220 V。

**3. 额定频率**

船舶交流电力系统的额定频率一般沿用各国陆地上的频率标准,我国采用 50 Hz,西欧、美国采用 60 Hz。这里不包括弱电设备所需的特殊频率以及海上平台等特殊设备的电源频率。

### 13.1.3 船舶电力系统的特点

根据船用负载的特点,船舶电力系统的电站容量、连接方式、电压等级、配电装置等与陆上电力系统有着很大的差别。按驱动发电机的原动机形式分类,船舶发电机组有柴油发电机组、蒸汽发电机组、汽轮发电机组、轴带发电机组等。

船舶电站单机容量一般不超过 1000 kW,装机总功率不超过 5000 kW(电力推进船和特种船除外),相比陆上要小得多。船舶电力系统大多采用多台同容量、同类型的发电机组联合供配电的方式,以方便管理维护。正常航行时仅有 1 台或 2 台发电机组向电网供电,但是要求船舶发电机组有较高品质的调速和调压装置来应对负载变化,在突发局部故障时也能保障船舶安全运行。船舶电网的输电距离短,线路阻抗低,各处短路电流大。短路电流所产生的电磁机械应力和热效应易使开关、汇流排等设备遭受损伤和破坏。因此,船舶输电电缆一般沿舱壁或舱顶走线,电缆的分支和转接均在配电板(箱)或专设的分线盒内完成,不允许外部有连接点。

## 13.2 船舶电网

船舶电网是介于船舶电源和用电设备之间的传输和分配电能的传输线路的总称。船舶电网根据供电电源的不同可分为主电网、应急电网、小应急电网。

**1. 主电网**

主电网是指由主发电机通过主配电板供电的网络,包括动力电网和照明电网,分别供电给动力负载和照明负载。

**2. 应急电网**

应急电网是指由应急发电机通过应急配电板供电,或由蓄电池通过蓄电池充放电板供电的电路网络,它的供电范围见表 13-1。

表 13-1 应急电网供电的电气设备

| 序号 | 供电系统 | 客船 | | 货船总吨 | |
|---|---|---|---|---|---|
| | | 国际航行 | 国内航行 | ≥5000 t | 500~5000 t |
| 1 | 航行灯及信号灯 | | | | |
| 2 | 通道、出入口、扶梯、应急出口的照明 | * | * | * | * 仅对油船 |
| 3 | 登艇处的甲板和舷外放艇时所需的照明,救生筏、救生浮件储放处的照明 | * | * | * | * |
| 4 | 机舱、炉舱、主机操纵台、锅炉水位表及气(汽)压表、总配电盘前后、应急发电机室、舵舱等的照明 | * | * | * | * |
| 5 | 驾驶室、海图室、无线电室、消防设备控制站的照明 | * | * | * | * |
| 6 | 船员和旅客公共舱室、旅客超过16人居住舱室的照明 | * | * | * | * |
| 7 | 白昼信号弹照灯 | * | 建议 | * 大于150总吨的国际航行船舶 | |
| 8 | 无线电测向仪 | * | 建议 | * 国际航行船舶 | |

续表

| 序号 | 供电系统 | 客船 | | 货船总吨 | |
|---|---|---|---|---|---|
| 9 | 应急消防泵 | * | | | |
| 10 | 紧急集合报警装置 | * | * | * | 建议 |

注:"*"表示需要供电。

**3. 小应急电网**

小应急电网是指由蓄电池通过蓄电池充放电板来传输、分配临时应急电能的网络。对于装设应急发电机组但无自起动装置的船舶,要求安装临时应急照明电网,而且蓄电池的容量能满足连续供电 30 min。

根据负载的性质和用途不同,船舶电网还有其他分类方式。通常将由主配电板直接向区配电板、分配电板和负载供电的网络称为一次系统,由区配电板或分配电板向负载供电的网络称为二次系统。船舶电网中为动力设备供电的网络称为动力网络,向照明设备、电风扇及小容量电热设备供电的网络称为照明网络,而为各导航、通信无线电设备和监测报警系统等供电的网络称为弱电网络。

## 13.3 配电装置

配电装置是接收和分配电能,并对电网进行保护的设备。有些配电装置(例如主配电板、应急配电板和蓄电池充放电板等)还具有对电源装置、用电设备进行测量、保护和控制的功能。

船用配电装置种类很多,如面向主发电机控制和监测的主配电板、面向应急发电机控制和监测的应急配电板、面向蓄电池组控制和监测的蓄电池充放电板。此外,还有区域分配电板、岸电箱和交流配电板等。

### 13.3.1 主配电板的构成及功能

船舶主配电板是船舶电力系统的中枢,承担着对主发电机和用电设备的控制、保护、监测和配电等多种功能,一般由发电机控制屏、并车屏、负载屏和汇流排四部分组成,如图 13-2 所示。

**图 13-2 主配电板外观图**

**1. 发电机控制屏**

发电机控制屏包含发电机主开关及操纵器件、指示灯和仪表、发电机励磁控制和保护环节等。每台发电机组均配有单独的控制屏,用于控制、调节、保护和监测发电机。控制屏面板大体分为上、中、下三部分,上部装有电压表、电流表及转换开关、频率表、功率表、功率因数表以及原动机的调速开关和按钮等;中部安装有发电机主开关;下部一般安装有发电机励磁控制装置。发电机控制屏内还装有逆功率继电器和仪用互感器等。

**2. 并车屏**

并车屏包含同步表、同步指示灯、投切顺序选择和转换开关、操纵按钮及状态显示指示灯等。有的还设有汇流排分段隔离开关、粗同步并车电抗器、自动并车装置等。并车屏用于交流发电机组的并联运行、解列等操作。

**3. 负载屏**

负载屏包括动力负载屏和照明负载屏,通常安装有装置式自动空气开关、电压表、电流表及转换开关、绝缘指示灯、兆欧表以及与岸电箱相连的岸电开关。它们用于分配电能并完成对各馈电线路的控制、监视和保护等功能。各用电设备或分电箱的电能通过装置的空气开关供给。有些动力负载屏上还装有重要泵的组合起动装置。

**4. 汇流排**

配电板上主汇流排及连接部件是铜质的,连接处作了防腐或防氧化处理。汇流排能承受短路时的机械冲击力,其最大允许温升为 45 ℃。

交流汇流排接头从上到下(垂直排列)、从左到右、从前到后(水平布置)的顺序依次为 A 相、B 相、C 相。汇流排的颜色依次为绿色、黄色、褐色或紫色,中线为浅蓝色(若有接地线,则接地线为黄绿相间色)。直流汇流排接头从上到下(垂直排列)、从左到右、从前到后(水平布置)的顺序依次为正极、中线、负极。其正极为红色,负极为蓝色,中线为绿色和黄色相间色。

### 13.3.2 分配电板

分配电板是由过载保护电器组成的集合体,是对额定电流不超过 16 A 的电气设备进行供电的开关板,也称为分电箱,主要有动力分配电板和照明分配电板两种。区域分配电板由主配电板或应急配电板馈电,是对电流大于 16 A 的电气设备进行供电的开关板。

### 13.3.3 应急配电板

应急配电板用于应急发电机的控制和监视,并向应急用电设备供电。它与应急发电机组安装在同一舱室内,一般位于艇甲板上。应急配电板由应急发电机控制屏和应急配电屏组成,其上面安装的仪器仪表与主配电板基本相同。应急发电机总是单机运行,所以不需要并车屏、逆功率继电器和同步表。

应急电网平时可由主配电板供电,仅当主发电机发生故障或检修时才由应急发电机组供电。主配电板连通应急配电板有供电联络开关,它与应急配电板的主开关之间设有电气连锁,以保证主发电机向电网供电(即主网不失电)时,应急发电机组不工作。一旦主发电机开关跳闸,经应急发电机组的自动起动装置确认后,应急发电机组自动起动,并合闸向应急电网供电。平时需要检查和试验应急发电机组时,可把应急发电机组工作方式选择开关置于试验位置,使应急发电机组脱离电网。有些采用自动管理的应急电站,只有在应急发电机组工作后应急电网才允许转换为由应急发电机组供电,以免与主电网发生冲击。

### 13.3.4 充放电板

船舶小应急照明、操纵仪器和无线电设备的电源均采用蓄电池,船舶设置充放电板对蓄电池进行充电、放电,实现向用电设备正常供电。常用充放电板主要由两个部分组成:电源部分和充放电回路。

### 13.3.5 蓄电池

蓄电池是任何类型的机动船舶都需要的可靠电源设备,其用途之一是作为应急电源或备用电源,一般商船都把蓄电池作为船舶小应急电源,在船舶主电网失电而应急发电机组尚未正常供电的时间段,蓄电池组则供电给小应急负载;用途之二是作为低压设备的电源(如给无线电收发报机、自动电话交换机和各种警报器供电)。此外,蓄电池也用作应急发电机组和救生艇上柴油机的起动电源,以及罗经的直流电源等。

**1. 船用蓄电池的类别**

船用蓄电池有酸性蓄电池和碱性蓄电池两大类。酸性蓄电池中最为典型的是铅酸蓄电池,其船用历史最久,常用于柴油机的起动和应急照明。碱性蓄电池包括镉-镍蓄电池、铁-镍蓄电池、锌-银蓄电池和镉-银蓄电池等,主要用于无线电通信设备。由于碱性蓄电池价格较高,民用船舶较少采用。

**2. 蓄电池的主要性能**

蓄电池的主要性能指标包括开路电压、工作电压、电池容量、使用温度、寿命和储存期等。酸性蓄电池中,每个小电池的电动势为 2.0~2.1 V。放电时,电压逐渐下降,达到某一电压(称为最低工作电压)时,电压急剧下降,当低至放电终止电压时不再放电。10 h 放电率的每个小电池放电终止电压为 1.8 V。充电时,电压在 2.05~2.8 V 范围内变化,充电终期每个小电池电压为 2.5~2.8 V。充电设备的电压应考虑能调节到每个小电池 2.8 V 的数值。

碱性蓄电池中每个小电池的电动势为 1.3 V 左右,在额定放电率时平均放电电压为 1.2 V。结构形式不同,充放电特性是不同的。

**3. 酸性蓄电池**

酸性蓄电池主要由容器、极板和隔板三部分组成。盛装电解液和支撑极板的容器,具有防止酸液泄漏、耐腐蚀和坚固等特性。铅酸蓄电池容器有玻璃槽、铅衬槽、塑料槽、硬橡胶槽等,船上多数使用后两种。

船用酸性蓄电池的极板常采用铅锑合金制成栅格式,栅格中压入活性物质,正极的活性物质是二氧化铅($PbO_2$),负极的活性物质是海绵状纯铅(Pb)。为增加容量,蓄电池的正极板和负极板制成许多片,分别并联在一起接成两组,构成蓄电池的正、负极。隔板用橡胶、塑料或木板等绝缘材料制成。为保证电解液的自由流通,隔板上开有大小适中的孔。

酸性蓄电池的电解液是质量分数为 27%~37% 的稀硫酸溶液,相对密度为 1.28~1.31。酸性蓄电池是利用铅、二氧化铅和硫酸的化学反应来储存电能和释放电能的。当蓄电池的正、负极板插入硫酸溶液时,极板之间将产生 2 V 左右的电动势,一旦外电路接通则形成放电电流,同时在电池内部正、负极板与硫酸发生化学反应,逐渐变成硫酸铅,当正、负极板都变成同样的硫酸铅后,蓄电池便不能再放电了,它必须通过充电来恢复成原来的 $PbO_2$ 和 Pb。显然蓄电池的充电和放电是可逆的。充电时电解液稀硫酸的相对密度会增加;放电时由于生成水,电解液稀硫酸的相对密度降低。实际工程中,采用比重计来测量电解液的相对密度,从而估计蓄电池电动势的大小。

**4. 碱性蓄电池**

碱性蓄电池具有体积小、机械强度高、工作电压平稳、能大电流放电、使用寿命较长和易于携带等特点,近年来在远洋船上的应用增多。碱性蓄电池比酸性蓄电池的额定电压低,要提供相同的供电电压,碱性蓄电池通常在数量上要比酸性蓄电池多67%,成本较高。

船舶主要采用镉-镍、铁-镍蓄电池,下面以镉-镍碱性蓄电池为例进行介绍。

碱性蓄电池主要由容器、极板和活性物质构成。容器用镀镍钢板制成,直接与电解液或一组极板接触,所以碱性蓄电池的外壳带电。其正极由氧化镍粉、石墨粉组成,石墨粉主要用来增强导电性,不参与化学反应;负极由氧化镉粉和氧化铁粉组成,掺入氧化铁粉的目的是使氧化镉粉具有较强的扩散性,防止结块,增加极板的容量。正、负极上的这些活性物质分别包在穿孔的钢带中,加压成型后构成电池的正、负极,两极之间用耐碱的硬橡胶隔开。

碱性蓄电池的电解液是质量分数为20%的氢氧化钾水溶液(或纯氢氧化钠溶液),相对密度为1.2~1.27。蓄电池充电时将电能变为化学能储存起来,放电时将化学能变为电能输送给用电设备,两电极上所发生的化学反应是可逆的。

**5. 船用蓄电池的充电方式**

(1) 恒电流充电:以恒电流充电至充电结束。

(2) 恒电压充电:给蓄电池加以恒定电压进行充电(由于充电初期通过电流大,应根据该电流选定整流器的容量)。

(3) 恒电流恒电压充电:在充电初期通以适当的恒定大电流,当达到某一电压时,保持恒定电压连续进行充电。

(4) 初次充电:指使用铅酸蓄电池时,初次向电池内加入电解液进行充电,充电的第一阶段,电流为额定容量的0.07,充到单格电压上升到2.4 V为止;充电的第二阶段,电流为额定容量的0.04,充到单格电压上升到2.5 V,且相对密度和电压在3 h内稳定为止。

(5) 正常充电:指对已经放过电的蓄电池,为了使其恢复到原来规定容量而进行的充电,充电分两阶段进行,第一阶段按标准充电制的电流(额定容量的0.1)充电6~7 h;第二阶段用第一阶段充电电流的一半充2~3 h。

**6. 船用蓄电池的维护保养**

(1) 酸性蓄电池。

① 电解液应每半个月检查液面高度,每年进行化验检查。要及时补充电解液,注液孔螺帽应旋紧,以防电解液溅出。

② 应保持蓄电池表面清洁,为防止极柱夹头生锈,其表面应涂上一层凡士林油膜。

③ 蓄电池室应保持良好的通风,并严禁烟火。

④ 酸性蓄电池在运行中往往因长时间充电不足或过放电等造成极板硫化,这时要对蓄电池进行过充电,使蓄电池恢复到良好的运行状态。过充电是指在正常充电后,再用10 h放电率的1/2或3/4的小电流充电1 h,然后停1 h,如此反复进行,直至刚接通充电电源就产生强烈气泡为止。

(2) 碱性蓄电池。

① 每半个月检查一次电压、电解液密度和高度,及时补充电解液。

② 保持气塞透气或定期打开气塞放气。

③ 碱性蓄电池的外壳带电(正极),存放时须防止金属将负极与外壳接触而引起短路。

④ 一般每工作10～12次充放电循环或每月进行一次过充电。

⑤ 每年或每使用50～100次应更换电解液。电解液的更换应在放电状态下进行，必要时可用纯水清洗，并及时注入更换的电解液。

### 13.3.6 岸电箱

船舶停泊在码头或进坞修理时，一般接用岸电电源。在码头上设置与岸电连接的装置，船舶一靠码头即可使用岸电。船上发电机组全部停机，既可减少靠岸后的值班人员，又便于对发电机组进行正常的维护或修理。

交流岸电的供电方式有以下两种：

(1) 接用单相交流岸电，仅供船上照明电路使用，此时配电板内照明汇流排与电力汇流排分开；

(2) 船上安装一台变流机组或整流装置，将交流岸电变为直流电，再供电给船上的停泊负载。

交流电制船舶无论进坞修理还是停泊码头，都应设置交流岸电箱，以接用交流岸电。岸电箱的容量依据停泊负载来确定，各类船舶的停泊负载不同，通常包括照明设备、日用设备（日用海水泵、日用淡水泵以及空压机等）、冷藏空调设备、厨房设备、通风机、通信设备、修理机械和娱乐设备等。

岸电箱及接岸电的基本要求如下。

(1) 岸电箱应有设施。

岸电箱内应设有能切断所有绝缘极（相）的断路器或开关加熔断器、指示端电压的指示灯或电表、用于连接软电缆的合适接线端子；对于岸电为中性点接地的交流三相系统，应设有接地接线，以便将船体接至岸上的接地装置或岸上电网的零点；应有监视岸电极性（直流时）和相对船舶配电系统的相序（三相交流时）是否相符的设施；有标明船电系统的配电系统形式、额定电压和频率（对于交流）的铭牌；有时根据船东要求还应装设电度表。

(2) 接岸电箱时应注意的问题。

岸电箱应安装在便于连接外部电源软电缆的场所，根据安装的处所，选择合适的外壳防护等级。岸电箱与主配电板间应以固定敷设的电缆连接，该电缆应有足够的定额。当岸电或（和）船电系统为中性点接地的交流三相系统时，应将船体与岸地相连接。利用船体作导电回路的船舶，在接岸电时，不能以陆地或海水作岸电回路，而应以绝缘的岸电相线将船体与岸电网络的零点或接地的负极相连。岸电箱内应有连接此电缆的接线柱。

## 13.4 船舶电机与电力拖动系统

### 13.4.1 交流异步电动机

交流异步电动机具有结构简单、运行可靠、价格低廉、维护保养方便等一系列优点。随着交流变频调速技术的日臻成熟，异步电动机在国民经济的各行各业得到了广泛的应用。目前船舶上几乎所有辅机拖动电动机都采用异步电动机。异步电动机的主要缺点是必须从电网吸收滞后的无功功率，而轻载时功率因数低，这使得发电机组的容量得不到充分发挥。

**1. 三相异步电动机的结构与铭牌数据**

三相异步电动机由静止的定子和转动的转子两大部分组成,定子和转子之间有一很小的气隙,如图13-3所示。按转子结构的不同,三相异步电动机分为鼠笼式和绕线式两大类。

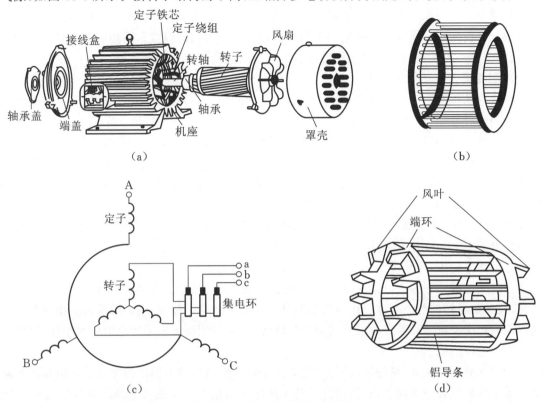

图13-3 三相异步电动机结构图

(a)电动机整体结构示意图;(b)铜条笼形转子;(c)绕线转子异步电动机示意图;(d)铸铝笼形转子

1) 定子

异步电动机的定子由定子铁芯、定子绕组、机座、端盖和接线盒等部分组成。

定子铁芯是电动机磁路的一部分,同时用于嵌放定子绕组。为了产生较强的磁场和减小铁芯中的磁滞及涡流损耗,定子铁芯由0.5 mm左右厚度的硅钢片冲制、涂漆、叠压而成。

定子绕组为三相绕组,即有三组完全相同的独立绕组。各相绕组分别用绝缘铜线绕制,分别嵌放在相应定子铁芯槽内。三相的三个绕组的首、尾端通常以U1/U2、V1/V2、W1/W2表示,六个线端都固定接在机座的接线盒上。根据定子每相绕组的额定电压,以及所使用的电源电压的不同,六个线端可进行星形或三角形连接,引出三个端子接三相交流电源。例如,当电动机铭牌上标明"额定电压380/220 V,接法Y/△"时,表示当电源电压为380 V时,定子绕组应进行星形连接;当电源电压为220 V,则应将绕组进行三角形连接,因为定子每相绕组的额定电压为220 V。

2) 转子

异步电动机的转子有鼠笼式和绕线式两种形式。两种转子均包括转子铁芯、转子绕组、转轴、轴承、滑环(仅限绕线式中有)、风叶等。

鼠笼式转子铜条绕组是把裸铜条插入转子铁芯槽内,两端用两个端环焊成通路。铸铝绕组是将铝熔化后浇铸到转子铁芯槽内,两个端环及冷却用的风翼也同时铸成。一般小型鼠笼式异步电动机都采用铸铝转子。

绕线式转子铁芯同鼠笼式转子铁芯一样,但其绕组却和定子绕组相似,是以绝缘铜线绕制的三相对称绕组。转子绕组的排布形式必须与定子绕组相对应(具有相同的磁极对数),且通常连接成星形。三个线端分别接到固定于转轴上的三个铜制滑环上,通过滑环与固定于机座电刷架上电刷的滑动接触与外接电路接通。这种转子绕组回路可接入附加电阻或其他控制装置,用改变异步电动机的转子电阻值来改善电动机的起动性能或调速性能。

**2. 三相异步电动机的工作原理**

异步电动机利用三相交流电在定子绕组中形成的定子旋转磁场与感生的转子电流相互作用产生的电磁转矩,驱动转轴工作。

三相异步电动机的定子绕组沿定子铁芯内圆周均匀、对称分布。为分析方便,将每相绕组用一个单匝线圈来等效替代,三相的三个线圈仍对称分布,即在定子内圆周上彼此相隔120°。三相绕组的首、末端分别定为 U1、U2、V1、V2、W1、W2,并将它们作星形连接(把三个末端 U2、V2、W2 并接在一起)。

当 A、B、C 三相交流电源分别接入三相绕组的 U1、V1、W1 端后,三相定子绕组中便有三相对称电流 $i_A$、$i_B$ 和 $i_C$ 流过。

在上述分析中,将相序为 A→B→C 的三相电压对应接入三相绕组 U、V、W 后,绕组中电流达到最大值的顺序为 U→V→W,所产生的旋转磁场转向在空间上同样为 U→V→W。由此可见,旋转磁场转向与三相绕组中电流达到最大值的顺序是一致的,或者说是由三相绕组中所通电流的相序决定的。若要改变旋转磁场的转向,只需改变通入定子绕组的电源相序,即任意交换两根电源进线。

旋转磁场的转速 $n_0$ 称为同步转速,它取决于定子绕组所接电源的频率以及绕组的磁极对数。异步电动机处于电动状态运行时,其转子转速 $n$ 将始终小于旋转磁场的同步转速 $n_0$。因为如果转子转速 $n=n_0$,则转子绕组与旋转磁场之间就不存在相对运动,转子绕组不切割磁力线,因而就不存在转子感应电势、电流以及电磁转矩。因此,异步电动机的转子转速总是略小于定子旋转磁场的同步转速,即转子与旋转磁场"异步"转动,异步电动机由此得名。

### 13.4.2 三相异步电动机的基本保护环节

在电力拖动系统中,不仅应保证设备在正常工作条件下的安全运行,还应考虑在异常情况下保证设备和人身的安全。为此,必须在系统中设置必要的保护环节。最常见的电气保护环节有短路保护、过载保护、失压(欠压)保护及缺相保护。

**1. 短路保护**

电流不经负载而直接形成回路称为短路。在船舶电网中,由于导线电阻很小,若短路将会在回路中产生很大的短路电流和线路电压降,如果不加以保护,将造成电网中的电气设备不能正常工作,严重的短路故障会使发电机过载而烧毁,甚至引起火灾。短路保护的目的是在短路电流出现时能及时地把发生短路故障的部分电路与电源隔开(脱离),从而保证电网中其余部分能正常工作。

常用的短路保护措施有在电路中装设自动空气断路器(又称自动空气开关)、熔断器(俗称保险丝)等。

**2. 过载保护**

对于大多数电气设备来说,当电流超过其额定值(即过载)时,设备并不一定会立即损坏,但长时间的或严重的过载是不允许的。故电路中常装设过载保护电器,以防被保护电器因过载而损坏。

过载保护的原理是:当被保护电器出现长时间过载或超强度过载时,利用过载时出现的热效应、电磁效应等使过载保护电器动作,使被保护设备脱离电源。

可用于过载保护的电器有多种,一般用过载继电器来实现过载保护。热继电器和过电流继电器是两种最常用的过载继电器。自动空气开关也具有过载保护功能。

热继电器是利用过载时的热效应来使过载保护电器动作以实现过载保护的。过电流继电器则是利用电磁效应使过载保护电器动作来实现过载保护的。

热继电器动作后,其触头不能立即复位,必须等到双金属片冷却后,按下复位按钮,使杠杆机构重新锁定(也可把热继电器选择为自动复位),热继电器才可恢复到动作前的状态(常闭触点闭合)。

**3. 失压(欠压)保护**

失压(欠压)保护是通过接触器本身的电磁机构和起动按钮来实现的。当电源电压由于某种原因消失时,三相异步电动机会自动停机。当电源电压恢复时,三相异步电动机不会自动起动,只有在操作人员按下起动按钮后,三相异步电动机才可起动,这种保护称为失压保护。当电源电压过分降低(欠压)时,三相异步电动机为了维持电磁转矩满足负载转矩的需要,其电流必将增加,使三相异步电动机可能过载甚至烧毁。此时由于电源电压过分降低,当接触器反力弹簧的作用力大于电磁吸力时衔铁将释放,主触头断开,使三相异步电动机脱离电源,实现欠压保护。

**4. 缺相保护**

三相交流异步电动机运行时,任一相断线(或失电),会造成单相运行,此时三相异步电动机为了得到相同的电磁转矩,定子电流将大大超过其额定电流,导致电动机发热烧坏。缺相运行的电动机,还伴随着剧烈的电振动和机械振动。一般热继电器的发热元件串接在三相主电路的任意两相之中,在任一相发生断路(缺相)故障时,必然导致另两相电流的大幅增加,在这种情况下,热继电器起着缺相保护的作用,它将断开接触器电源,使电动机停转。

### 13.4.3 锚机电力拖动系统

下面以锚机为例介绍船舶的电力拖动系统。

**1. 锚机的运行特点**

一般航行锚机均利用锚及锚链的重力进行自由落体抛锚,自动抛锚时,利用锚机上的手动带式制动器来控制抛锚的速度。深水锚机由于钢缆不宜频繁承受手动制动力的冲击,而且深度大时速度快,手动制动器不易控制,因此采用电动抛锚,此时电动机以制动状态运行。

航行锚机起锚时,首先收起躺在海底的锚链和悬着的锚链,靠拉力(主要克服惯性力)使船舶移动,并逐渐将锚链拉直,最后在船舶移动惯性力和电动机的最大力矩的作用下,锚破土后收进锚链孔,全部起锚过程见图13-4。如果遇到仅依靠电动机拖动不能破土起锚的情况,也可开动主机,借助螺旋桨推力来破土起锚。深水锚机的起锚过程与航行起锚过程基本相同。当水深大于锚链长度时,其起锚状态称为应急起锚。船舶对锚机有一定的技术要求,在抛两只锚情况下,当起锚时要求在双锚依次破土后在一定深度(规范规定为80 m)处锚机应能同时收起双锚。

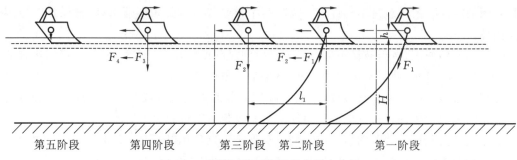

图 13-4 起锚过程示意图及作用力分析

**2. 锚机对电力拖动控制的基本要求**

各类船舶的锚机的拖动控制系统基本是相同的,不论是电动还是液压的锚机,它们的技术要求也基本相同。其技术要求可总结为以下几点:

(1) 在锚机和绞缆机的控制系统中应设置自动逐级延时起动电路和应急保护电路;

(2) 电动机应具有足够大的过载能力,应能满足任何一种起锚状态所需要的最大转矩,并且能在最大负载力矩下起动(在 30 min 内允许起动 25 次);

(3) 电动机在堵转情况下能承受堵转电流时间为 1 min(堵转力矩为额定力矩的 2 倍),在堵转时,对直流而言,应能使电动机自动转到人为机械特性上运行,对交流而言,应能自动转换到低速运行;

(4) 为满足规定的起锚速度和拉锚入孔时的低速要求,电动机应有一定的调速范围,一般要求在 3∶1~5∶1;

(5) 在电动抛锚时,由于是位能性负载,所以要求控制系统必须具有稳定的制动抛锚功能,匀速抛锚;

(6) 电动机起动不宜过于频繁,应能连续工作 30 min,且满足 30 min 内能起动 25 次的要求;

(7) 采用电气和机械联合制动,以便满足快速停车及系缆时具有轻载高速性能等要求;

(8) 电力拖动装置应满足在给定航区内,单锚破土后,能收起双锚;

(9) 对液压锚机来讲,它应由独立的电动机驱动,其液压管路应不受其他甲板机械管路的影响。链轮与驱动轴之间应装有离合器,离合器应有可靠的锁紧装置;链轮或卷筒应装有可靠的制动器,制动器刹紧后应能承受锚链断裂负荷 45% 的静拉力;锚链轮上必须装有止链器。

# 复习思考题

13-1 船舶电力系统由哪几个部分组成?

13-2 船舶电力系统有何特点?

13-3 船舶主配电板由哪几部分构成?

13-4 简述三相异步电动机的构成及工作原理。

13-5 三相异步电动机的基本保护有哪些环节?

# 第 14 章　船舶电气安全管理

## 14.1　船舶照明系统的维护保养

### 14.1.1　照明系统的维护周期和要求

对于普通照明及可携式灯具,应测量线路的绝缘电阻(正常情况大于 0.5 MΩ),检查灯头接线是否老化和断开;对于室外灯具,应检查其水密性能与锈蚀情况,凡有损坏的应及时更换。上述检查频率通常为每半年一次。对于应急照明,每月进行一次效能试验,每半年测量一次绝缘电阻。

每次开航前,应检查航行灯、信号灯的供电电源、灯具及故障报警装置。探照灯、运河灯在使用前应检查其电源、开关、连接电缆和灯具的水密性能及绝缘电阻情况。

### 14.1.2　船舶照明系统维护保养注意事项

(1) 尽量避免带电更换灯泡,更换的灯泡的额定电压应与电源电压一致,功率不能超过灯具允许的容量。

(2) 在检修某些特殊部位,例如辅助锅炉内部、柴油机曲轴箱、压载舱、储水柜等地方需用临时照明时,必须使用带有安全网罩的 36 V 以下的低压灯。装卸易燃危险货物时,不可使用携带式货舱灯。

(3) 应急照明灯具应涂以红漆标记,以示区别,经常检查灯泡是否良好,损坏的应及时更换。

(4) 甲板、船桥等露天投光灯具,开灯前应先脱去帆布,用完要及时将帆布罩好。

(5) 室外水密插座,通电前先检查插头螺母是否旋紧,取出插头前检查电源是否切断,用毕后应旋紧防水盖。

(6) 需要张挂彩灯时,要考虑供电线路和开关的载流量、各相电流分配情况,并要配备好保护装置。油船严禁张挂彩灯。

## 14.2　船舶电气火灾的预防

由电气线路和电气设备故障引起的船舶火灾占整个船舶火灾事故的 30% 左右。船舶火灾不仅直接影响船舶的安全运输,同时也给广大船员和乘客的人身安全及国家财产构造很大威胁。

### 14.2.1　电气设备起火的原因

(1) 电气设备的绝缘性能下降或绝缘层损坏,电气线路发生短路、接地等故障引起火花;

(2) 电气设备长期过载、超负荷工作,温升超过允许值,甚至燃烧;

(3) 继电器、接触器通断情况不良,灭弧不好;

(4) 直流电动机换向不好,换向火花过大;

(5) 导体或电缆连接点松动,接触不好,引起局部发热甚至燃烧。

### 14.2.2 电气设备的防火要求

(1) 经常检查电气线路及设备的绝缘电阻,发现接地、短路等故障时要及时排除;

(2) 电气线路和设备的载流量必须控制在额定范围内;

(3) 严格按施工要求,保证电气设备的安装质量;

(4) 按环境条件选择使用电气设备,易燃易爆场所要使用防爆电器;

(5) 电缆及导线连接处要牢靠,防止松动脱落。

### 14.2.3 电气灭火器具

对于已经切断电源而范围较大的电气火灾,可使用水和常规灭火器。对于未切断电源的电气火灾,应采用绝缘性能好、腐蚀性小的灭火器具。船用灭火器具一般有以下几种:① 二氧化碳灭火器;② 1211 灭火器;③ 干粉灭火器。

## 14.3 油船电气系统的安全管理

### 14.3.1 油船静电起火的预防

不论是固体、液体或气体,任何两种不同物质的摩擦、从紧密接触到分离、受热受压都能产生正负电荷分离的静电现象。导体在带电物体的影响下,也会感应产生静电荷。油船静电的形成是一个非常复杂的过程,产生静电的具体原因主要有:

(1) 当货油沿着输油管路流动和流入货舱时,油与管壁、油舱的摩擦和冲击,会产生和积聚静电荷;

(2) 船体在风浪下的摇摆颠簸,会使油品与油舱壁产生摩擦而生成和积聚静电荷;

(3) 油品通过多孔或网状过滤器、隔离装置时,也会产生和积聚静电荷;

(4) 油品微滴的飞溅及其与空气的摩擦和油中结晶水滴的沉降过程,会产生静电;

(5) 油舱内的油品与油面漂浮物的相互撞击,可产生静电;

(6) 在对油舱进行采样测量时,测杆和采样器具在施放和提升过程中,油舱内会产生静电;

(7) 洗舱机和喷嘴软管在洗舱工作过程中会产生静电,洗舱水柱、水雾、水珠等形成的水滴,降落在油品中发生冲击时,也能产生静电;

(8) 油舱内的铁锈、石油渣滓等沉淀物在下沉时,会产生静电;

(9) 油舱上索具和吊杆的摩擦,会产生静电;

(10) 落到油舱的物品及工具等,在坠落和发生碰撞时,会产生静电;

(11) 人是静电的良导体,当人体穿脱毛料和合成纤维衣服时,会产生极高的静电电压,足以引燃周围的爆炸性气体。

### 14.3.2 油船静电的预防

燃烧和爆炸必须同时具备三个基本条件：① 有可燃性气体；② 有空气或氧气；③ 有火源或危险温度。油船上存在着大量易燃易爆的混合气体和可燃性物质，对油船的安全极为不利。而静电是引起油船火灾和爆炸事故的重要原因，必须设法预防。油船静电预防的出发点，首先是避免或减少静电的产生，如尽量减少各种摩擦、感应及极化起电现象；其次是采取接地措施消散静电，避免静电的大量积聚而产生火花放电。具体措施有：

（1）货油舱在卸油、排压载水或洗舱前，都要向舱内充入惰性气体；航行期间，也要向舱内补充惰性气体，使舱内含氧量降低。该惰性气体可由锅炉或主机的排烟经洗涤、净化、干燥等处理后产生，亦可由专用的惰性气体产生设备提供。

（2）由于静电电压与货油的流速成正比，因此在装卸油时应控制货油的流速，以不超过 4 m/s 为宜。为防止油管内或舱底残留积水而发生油水冲击导致大量静电荷产生，开始装油时，货油速度应控制在 1 m/s 以下；待油装至高出舱底肋骨后，再逐渐加速到 4 m/s。

（3）油管要用接地电缆连接，具体接线要求是，接油管时，应先接接地电缆，后接油管；在拆油管时，应先拆油管，后拆接地电缆，两者切勿颠倒。接地电缆的直径为 16 mm，导线与船体的接触面积应大于 75%。

（4）装油后测量、取样时，应考虑油的半衰时间，宜在装完后 30 min 进行，所用的量尺及取样装置应采用非金属材料制成。

（5）洗舱时，应尽可能避免由于水雾带电而产生静电电压，洗舱机台数不宜过多，在吊入舱内之前应可靠接好接地电缆，工作人员必须防止金属工具落入舱内。

（6）油船工作人员应穿导电良好的衣服和鞋袜，不宜佩戴与人体绝缘的金属器件，有条件时，可在油船入口处设置消除静电装置，以消除人体静电。

### 14.3.3 油船电气设备的管理要求

（1）油船配电系统只允许采用对地绝缘系统，即发电机和供配电系统均不应接地，更不能将船体作为回路。

（2）危险区域必须使用的电气设备应为防爆型结构，或采用本质安全型电路或设备。本质安全型电路或设备是进行测量、监视、控制、通信等的弱电电路或设备，没有高压和大电流，电路与其电源间有短路隔离保护措施，多为无触点的半导体器件，在正常或故障情况下，所产生的火花能量不足以点燃可燃性气体。

（3）定期检测电缆、电气设备的绝缘电阻，保持绝缘良好。

（4）检测电气设备时，要防止工具碰击短路而产生电火花。

（5）不允许任意架设临时供电线路和装设临时灯具，或随意加大电气设备功率。在调换灯管、灯泡时应先关断电源，在防爆灯及灯泡上不得涂刷油漆和包裹易燃纸品等物。

（6）在室外禁止使用非防爆式灯具，手电筒也应是防爆的。

（7）主电站和应急电站应定期清洁，防止油污造成短路。

（8）严格控制使用电炉，尤其是明火电炉，应绝对禁止使用。

（9）要防止电缆、电气设备与高温管道接触，保证绝缘层不损坏。

### 14.3.4 油船作业时的注意事项

油船在进行装卸油品、洗舱、除气、压载等作业时的注意事项如下：

（1）不允许动用电焊、气焊、喷灯以及易于发生火灾的工具；

（2）停止给蓄电池充电；

（3）无线电通信只允许收报，不能发报；

（4）断开靠货舱口及货舱进气口的电动机电源，关好各种起动箱控制室、插座的门盖，以防油气和水侵入；

（5）禁止在室外和气密场所使用万用表和兆欧表；

（6）关闭变流机组、通风机、加温器等的电源；

（7）断开雷达电源，天线转至背向油舱的方向；

（8）使用防爆式报话机时，应站在货舱口的下风方位，如需换电池，要在室内进行，使用固定式超短波电话时，应将输出功率调到 1 W 以下；

（9）修理雷达、发报机和各种助航仪器时，应先测爆，在确认无可燃气体威胁时，方可进行修理，严禁悬挂彩灯。

## 复习思考题

14-1 船舶电气设备起火的原因有哪些？

14-2 油船静电防火需要注意哪些方面？

# 第 15 章 轮机自动化基础

轮机自动化系统是集机舱动力系统及辅助系统的自动控制、监测、报警等于一体的监控系统，主要包括以下内容和技术：
（1）船舶主机自动遥控，各种参数和工况的自动监测、报警；
（2）各种辅机的自动控制、集中控制、自动调节；
（3）电站自动化；
（4）火警探测及自动灭火；
（5）系统的故障诊断等。

## 15.1 轮机自动化的历史

### 15.1.1 自动控制技术的发展

古代人类在长期生产和生活中，为了减轻自己的劳动，逐渐产生利用自然界动力代替人力、畜力，以及用自动装置代替人的部分脑力活动的愿望。经过漫长岁月的探索，人类造出一些原始的自动装置。

比如，指南车是我国古代伟大的发明之一，也是世界上最早的控制论机械之一。英国著名科学史学家李约瑟曾说，中国古代的指南车"可以说是人类历史上迈向控制论机器的第一步"，是人类的"第一架有共协稳定的机械"。

公元 1 世纪，古埃及和希腊的发明家也创造了一些自动装置来满足当时宗教活动的需要，如教堂庙门自动开启、铜祭司自动洒圣水、投币式圣水箱和教堂门口自动鸣叫的青铜小鸟等。

17 世纪以来，随着生产力的发展，欧洲的一些国家相继出现了多种自动装置，其中比较典型的有：法国物理学家 B.帕斯卡在 1642 年发明能自动进位的加法器；荷兰发明家 C.惠更斯于 1657 年发明钟表，提出钟摆理论，利用锥形摆作为调速器；英国机械师 E.李 1745 年发明带有风向控制的风磨，利用尾翼来使主翼对准风向；俄罗斯机械师 И.И.波尔祖诺夫 1765 年发明浮子阀门式水位调节器，用于蒸汽锅炉水位的自动控制。

社会的需要是自动化技术发展的动力。自动化技术是紧密围绕着生产、军事设备的控制以及航空航天工业的需要而形成和发展起来的。自动化技术在工业上的应用是以瓦特的蒸汽机调速器作为正式起点。1788 年，瓦特为了解决工业生产中蒸汽机的速度控制问题，把离心式调速器与蒸汽机的阀门连接起来，构成蒸汽机转速调节系统，使蒸汽机变成既安全又实用的动力装置，如图 15-1 所示。此时的自动化装置是机械式的，而且是自力型的。

从此，自动控制在工业领域以及人类社会的各个方面得到广泛的应用，并且在第二次世界大战前后，控制理论得到空前的发展，逐步形成了建立在频率法和根轨迹法基础上的理论，通常称之为经典控制理论。

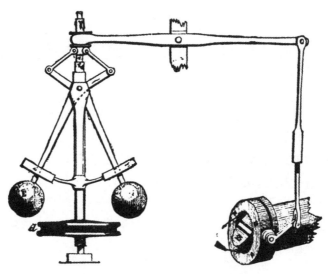

图 15-1　瓦特设计的离心式调速器

### 15.1.2　自动控制理论的发展

**1. 经典控制理论**：20 世纪 40 年代—20 世纪 50 年代

经典控制理论以传递函数为基础，以频率法和根轨迹法作为系统综合分析的基本方法，对单输入单输出控制系统进行分析与设计。

**2. 现代控制理论**：始于 20 世纪 60 年代

现代控制理论是在经典控制理论的基础上，于 20 世纪 60 年代以后发展起来的。它的主要内容是以状态空间为基础，研究多输入、多输出、时变参数、分布参数、随机参数、非线性等控制系统的分析和设计问题。最优控制、最优滤波、系统辨识、自适应控制等理论都是这一领域重要的研究课题。

与经典控制理论相比，现代控制理论主要特点是：研究对象一般是多变量线性系统，而经典控制理论则以单输入单输出系统作为对象；除输入和输出变量外，还描述系统内部状态变量；在分析和综合方面以时域方法为主，而经典控制理论主要采用频域方法；使用更多数据工具。

**3. 大系统理论**：始于 20 世纪 70 年代

原有的控制理论，不论是经典控制理论，还是现代控制理论，都是建立在集中控制的基础上，即认为整个系统的信息能集中到某一点，经过处理，再向系统各部分发出控制信号。这种理论应用于大系统时遇到了困难。这不仅是因为系统太庞大，信息难以集中，也是因为系统过于复杂，集中处理的信息量太大，难以实现，所以需要有一种新的控制理论，以弥补原有控制理论的不足。

大系统的特征是规模庞大、结构复杂（环节较多、层次较多或关系复杂）、目标多样、影响因素众多，且常带有随机性。这类系统不能采用常规的建模方法、控制方法和优化方法来分析和设计，因为常规方法无法通过合理的计算工作得到满意的解答。随着生产的发展和科学技术的进步，许多大系统出现了，如电力系统、城市交通网、数字通信网、柔性制造系统、生态系统、水源系统和社会经济系统等。这类系统都具有上述特点，因此系统内部各部分之间通信困难，通信的成本提高了,系统的可靠性降低了。大系统有两种常见的结构形式:①多层结构,这种结构把一个大系统按功能分为多层次,其中最低层为调节器,它直接对被控对象施加控制作用;②多级结构,这种结构是在对分散的子系统实行局部控制的基础上再加一个协调级去解决子系统之间的控制作用不协调问题。

**4. 智能控制理论:20 世纪 90 年代至今**

随着计算机网络技术的迅速发展,管理自动化取得较大进步,出现了管理信息系统、办公自动化系统、决策支持系统,智能化程度日益提升。自动化技术不仅减轻和代替了人们的体力劳动,也在很大程度上代替了人们的脑力劳动。

人类开始综合利用传感、通信、计算机、系统控制和人工智能等新技术和新方法来解决所面临的工厂自动化、办公自动化、医疗自动化、农业自动化以及各种复杂的社会经济问题,研制出柔性制造系统、决策支持系统、智能机器人和专家系统等高级自动化系统。

### 15.1.3 轮机自动化的发展

20 世纪 50 年代,各航运发达国家基于船员短缺问题,试图减少船员,降低运输成本,提出了"船舶自动化"概念,当时主要是将船舶机舱各种机械设备的集合作为控制对象,研究开发机舱自动化系统。

1961 年,日本首先推出机舱集中控制系统,使万吨级远洋货船船员定额由 50 余人减少到 30 余人。1964 年,丹麦首次实现机舱夜间 16 h 无人值班,船员定额进一步减少到 20 余人,并加强了船舶机械维护保养,提高了轮机设备完好率和船舶营运率,经济和社会效益显著。此后,无人值班机舱成为船舶自动化的典型设计,设计内容主要包括主机驾驶室遥控系统、动力装置参数和过程自动化调控系统、机舱监测系统、电站自动化系统以及主机和船舶的安全系统。

## 15.2 反馈控制系统和 PID 控制策略

经典控制理论是以传递函数为基础的一种控制理论,控制系统的分析与设计是建立在某种近似的和(或)试探的基础上的,控制对象一般是单输入单输出系统、线性定常系统,而对多输入多输出系统、时变系统、非线性系统等则无能为力。

经典控制理论的主要分析方法有频率特性分析法、根轨迹分析法、描述函数法、相平面法、波波夫法等,控制策略仅局限于反馈控制、PID 控制等。这类控制不能实现最优控制。它按控制方式可分为开环、闭环和复合控制等。

### 15.2.1 反馈控制系统的基本概念

组成一个反馈控制系统,必须有四个最基本的环节,即控制对象、测量单元、调节单元和执行机构。

**1. 控制对象**

控制对象是指所要控制的机器、设备或装置,而所要控制的运行参数则称为被控量。例如,在柴油机汽缸冷却水温度自动控制系统中,柴油机是控制对象,柴油机冷却水出口温度是被控量;在锅炉水位自动控制系统中,锅炉是控制对象,水位是被控量;在锅炉蒸汽压力控制系统中,锅炉是控制对象,蒸汽压力是被控量;在燃油黏度自动控制系统中,燃油加热器是控制对象,燃油黏度是被控量;在柴油机转速控制系统中,柴油机是控制对象,转速是被控量;等等。

**2. 测量单元**

测量单元的作用是检测被控量的实际值,并把它转换成统一的标准信号,该信号称为被控量的测量值。在气动控制系统中,对应被控量的满量程,其统一的标准气压信号是 $0.02\sim0.1$ MPa;在电动控制系统中,对应被控量的满量程,其统一的标准电流信号是 $0\sim10$ mA 或 $4\sim20$ mA,使用 $4\sim20$ mA 的居多。测量单元一般包含两部分,即传感器和变送器,传感器用于对物理量的检测,变送器则将传感器的输出转换为调节器能够接收的信号。例如,在温度自动控制系统中,测量单元常采用温度传感器和温度变送器;在压力自动控制系统中,测量单元常采用压力传感器和压力变送器;在锅炉水位自动控制系统中,测量单元常采用水位发讯器(参考水位罐)和差压变送器;等等。

**3. 调节单元**

调节单元是指具有某种调节作用规律的调节器。调节器接收测量单元送来的被控量测量值,并与被控量的期望值相比较而得到偏差信号,再根据偏差信号的大小和方向(正偏差还是负偏差),按照某种调节作用规律输出一个控制信号,送给执行机构,对被控量施加控制作用,直到偏差等于零或接近于零为止。

在反馈控制系统中,一般把被控量的期望值称为设定值,被控量的测量值与设定值之间的差值称为偏差值,将设定值表示为 $r$,被控量的测量值表示为 $z$,偏差值表示为 $e$。

在实际应用中,调节器一般有位式调节器、比例调节器、比例积分调节器、比例微分调节器和比例积分微分调节器五种,根据控制对象特性的不同及对被控量控制精度的要求,控制系统可选用不同调节作用规律的调节器。

**4. 执行机构**

执行机构接收调节单元输出的控制信号,并将该信号转换为作用到控制对象的实际控制作用。调节单元输出的控制信号一般都要经过执行机构才能作用到控制对象上,从而改变流入控制对象的物质或能量,使之适应控制对象的负荷变化。在气动控制系统中,执行机构一般是气动薄膜调节阀或气动活塞式调节阀;在电动控制系统中,执行机构一般采用伺服电动机。

以上四个环节是组成反馈控制系统必不可少的基本单元。如图 15-2 所示,大家可以对比手动操作和自动控制的相似之处。但一个完整的控制系统,一般还会有若干辅助单元,例如用来指示被控量给定值和测量值的指示单元、设定给定值的给定单元等。另外,气动控制系统还应设有气源装置;电动控制系统还应有稳压电源等辅助装置。

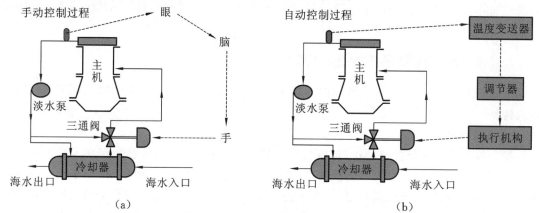

图 15-2　柴油机汽缸冷却水温度的手动控制和自动控制

### 15.2.2 调节器及其调节作用规律

在反馈控制系统中,调节器是最重要的组成单元。当控制对象确定后,反映控制对象特性的各种参数也是既定的,而调节器对控制系统的动态过程品质起着决定性的影响作用。调节器的输入是被控量的偏差值 $e(t)$,调节器的输出是控制量 $p(t)$,用于改变执行机构的位置(如调节阀的开度),最终作用于控制对象。调节器的作用规律是指输出量 $p(t)$ 与输入量 $e(t)$ 之间的函数关系,即 $p(t)=f[e(t)]$,也就是说给调节器施加一个输入信号后,其输出量按何种方式进行变化。根据调节器输出的变化方向,调节器有两种类型:一种是随着测量值的增加,调节器的输出也增加,称为正作用式调节器;另一种是随着测量值的增加,调节器的输出减小,称为反作用式调节器。

船舶机舱中常用调节器的作用规律有双位作用规律、比例(P)作用规律、比例积分(PI)作用规律、比例微分(PD)作用规律、比例积分微分(PID)作用规律五种。这些作用规律中,除了双位作用规律之外,其余都有作用强度问题,例如比例系数的大小衡量着比例作用的强弱,积分时间的长短反映积分作用的强弱,微分时间的长短决定着微分作用的强弱。

**1. 双位式调节器**

双位作用规律的特点是,对应被控量的上限 $e_{min}$ 和下限 $e_{max}$,调节器只有两个输出状态(逻辑 0 和逻辑 1)。这种作用规律不能使被控量稳定在某个值上,而是使被控量在上限值和下限值之间上下波动。当被控量下降到下限值时,调节器的输出通过执行机构使被控量增大,到达上限值时,调节器的输出状态改变,被控量减小,如此周而复始。当被控量在上、下限之间变化时,调节器输出状态不变。

双位控制广泛应用于允许被控量在一定范围内波动的控制系统中,例如各种液位、压力和温度等的双位控制。

**2. 比例调节器**

比例(P)作用规律是指调节器的输出量 $p(t)$ 与输入量 $e(t)$ 成比例变化,即

$$p(t)=Ke(t)$$

式中,$K$ 称为比例系数。在输入相同的偏差值 $e(t)$ 时,$K$ 越大,调节器输出量 $p(t)$ 也越大,说明比例作用越强;反之,$K$ 越小,比例作用越弱。采用比例作用规律的调节器,称为比例调节器。其开环阶跃响应特性如图 15-3 所示。

图 15-3 比例作用规律开环阶跃响应特性

比例作用规律的优点是,调节阀的开度能较及时地反映控制对象的负荷。负荷变化大,偏差值 $e(t)$ 就大,调节阀开度能够及时地成比例变化,对被控量控制比较及时。正因为如此,比例调节器的应用比较广泛,它也是其他作用规律(双位作用规律除外)的基础。但是,比例作用规律存在的缺点也是明显的。当控制对象受到扰动后,在比例调节器的控制作用下,被控量不能完全回到给定值上,只能恢复到给定值附近。被控量的稳态值与给定值之间必定存在一个较小的静态偏差,这是比例作用规律存在的固有的、不可克服的缺点。

比例作用之所以存在静态偏差,是因为调节器的输出与输入之间存在一一对应的硬性关系,从 $p(t)$ 与 $e(t)$ 的关系式可以清楚地看出,调节器的输出变化将依赖于偏差的存在而存在。

显然比例作用规律中,如果比例系数 $K$ 较大(比例作用较强),那么稳态时只要有一个较小的静态偏差,调节阀就会有一个较大的开度变化以适应负荷的要求。因此,$K$ 越大,稳态时静态偏差越小,反之亦然。但不可能通过无限制地增大比例系数来达到消除静态偏差的目的,而且当比例系数大到一定程度时将导致系统发生振荡。

比例控制系统虽然存在静态偏差,但这个偏差值不大,与自平衡对象受到扰动后,靠自平衡能力使被控量自行稳定在新稳态值上的变化量相比较要小得多,动态过程进程也要快得多。因此,比例调节器广泛应用于对被控量稳态精度要求不是很高的场合。

**3. 比例微分调节器**

尽管比例调节器的输出能够与偏差同步变化,对系统的控制比较及时,但当控制对象的惯性比较大时,扰动出现的初期,被控量不可能在短时间内出现较大的偏差。而比例控制又是根据偏差来改变调节器输出的。因此,在这种情况下,比例控制作用就显得不够及时了。控制对象惯性越大,这种现象越严重。为了克服这种控制不及时的问题,需要在比例调节器的基础上增加微分作用。

1) 微分(D)作用规律

所谓微分作用规律,是指调节器的内部采用了一个微分环节,其输出与偏差对时间的微分 $de(t)/dt$,即偏差变化速度成比例,表达式为

$$p(t) = S_d \cdot \frac{de(t)}{dt}$$

式中,$S_d$ 为微分系数。显然,微分作用的输出与偏差的绝对值没有关系,因此在偏差绝对值还很小时就能根据其变化速度,提前输出一个控制量,及时抵御扰动。从这个意义上说,微分作用具有超前控制能力,或者说微分作用有抵制偏差出现的能力。上述表达式表示的是理想的微分作用,但这种理想的微分作用在实际中是难以实现的,因此,在调节器中微分作用都采用实际微分环节,其开环阶跃响应特性如图 15-4 所示。

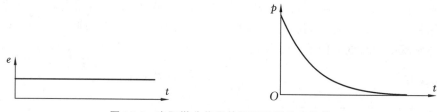

图 15-4 实际微分作用的开环阶跃响应特性

图 15-4 表明,给实际微分环节施加一个阶跃的偏差输入信号后,它先有一个较大的阶跃输出,起到超前控制作用,尽管偏差依然存在,但微分输出随即按指数规律逐渐减小,最后消失为零。因此,微分作用不能单独应用于调节器并构成控制系统,它只能与比例(P)作用或比例积分(PI)作用结合在一起,应用于比例微分(PD)调节器或比例积分微分(PID)调节器。

2) 比例微分(PD)作用规律

比例微分作用规律是指在比例作用的基础上加入微分作用而得到的一种作用规律,即

$$p(t) = Ke(t) + S_d \frac{de(t)}{dt} = K\left[e(t) + T_d \frac{de(t)}{dt}\right]$$

式中：$K$ 是比例微分作用规律中的比例系数，在实际调节器中，不是用 $K$ 而是用 PB（称为比例带）来表示 PD 调节器比例作用的强弱；$T_d = S_d/K$，称为微分时间。

在比例微分作用规律中，比例作用是主要的，它决定调节器的最终输出变化量；而微分作用只起超前控制的辅助作用。

上述 PD 作用规律表达式中的微分部分仍然只是理想的微分作用，实际的 PD 调节器中采用的是实际的微分环节，PD 调节器的开环阶跃响应特性如图 15-5 所示。特性曲线表明给 PD 调节器施加一个阶跃的偏差输入信号后，它首先有一个阶跃的比例加微分的复合输出，然后微分输出逐渐消失，最后完全消失，只剩比例输出。微分时间 $T_d$ 可衡量微分输出消失的快慢，或微分输出保留的时间长短。$T_d$ 大，说明微分作用消失慢，则微分作用强；$T_d$ 小，说明微分作用消失得快，则微分作用弱。因此，微分时间 $T_d$ 的大小，是衡量微分作用强弱的参数。

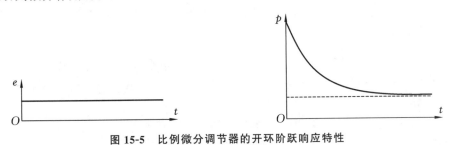

图 15-5 比例微分调节器的开环阶跃响应特性

在 PD 调节器上有两个旋钮：一个是比例带 PB 调整旋钮，另一个是微分时间 $T_d$ 调整旋钮。如果把微分时间旋钮调整到 $T_d = 0$，相当于切除微分作用，这时调节器就成为纯比例调节器。一般来说，对于控制对象惯性很小的控制系统，其所采用的调节器可不加微分作用。而对于控制对象惯性大的控制系统，加入微分作用，可以有效地改善控制系统的动态过程。在 PD 调节器中，加入微分作用后，其比例带 PB 可比纯比例控制时略小些。这是因为微分作用能实现超前控制，具有抵制偏差出现的能力，尽管 PB 小一些，也能保证系统动态过程的稳定性，而且较小的 PB 有利于减小静态偏差（因为 PD 调节器与比例调节器一样，是不能消除静态偏差的）。

当调节器用于实际闭环控制系统时，外部扰动将引起测量值的变化，但一般不会是阶跃变化的。在调节器的控制作用下，被控量的测量值将朝着给定值方向变化。由于微分作用的存在，调节器具有超前控制的作用，但由于没有积分作用，比例微分调节器不能实现无差调节，因此只能适用于对静态精度要求不高的场合。

**4. 比例积分调节器**

比例积分作用规律是指调节器的输出量随输入量发生比例积分变化。采用这种作用规律的调节器叫作比例积分调节器，简称 PI 调节器。显然，在 PI 调节器中，含有积分作用。

1) 积分（I）作用规律

所谓积分作用规律，是指调节器的输出与输入的积分成比例，也就是说调节器是一个积分单元，即

$$p(t) = S_0 \int e(t) \cdot dt$$

其中，$S_0$ 是积分系数。可以看出，积分输出量的大小取决于偏差 $e(t)$ 的大小和偏差存在时间的长短，只要存在偏差，偏差随时间的积累就不能停止，调节器输出 $p(t)$ 就会发生变化，直到偏差等于零为止，执行机构才能稳定在某一位置而不再变化。换言之，具有积分作用规律的调

节器具有消除静态偏差的能力,这是积分作用规律的突出优点。但是,与比例作用规律相比较,积分作用规律对被控量的控制显得不及时。在比例作用规律中,调节器输出的变化和偏差的出现是同步的,或者说是及时的;而在积分作用规律中,即使偏差很大,在刚开始的时候,由于时间很短,调节器的输出也很小,随着偏差存在的时间不断延长,积分作用的输出才越来越大,导致调节器对被控量的控制不及时。在偏差减小时,这种控制不及时表现为不能及时降低执行机构的动作幅度,从而导致调节过头,造成被控量的大起大落,降低了控制系统的稳定性。图 15-6 所示为控制系统在相同扰动情况下,采用比例调节器和积分调节器的控制系统动态过程曲线,图中曲线 $b$ 是积分控制过程,曲线 $a$ 为比例控制过程。在偏差出现的初期,由于积分作用控制很不及时,所以最大动态偏差 $e_{max}$ 较大。后期由于积分作用越来越强,调节过头,造成被控量振荡,系统稳定性降低。正因为积分作用存在这些缺点,在实际控制系统中,极少采用纯积分作用的调节器,而是将积分作用与比例作用相结合,构成比例积分调节器,即 PI 调节器。

**图 15-6　比例控制和积分控制的比较**

$a$—比例控制过程;$b$—积分控制过程

2) 比例积分(PI)作用规律

比例积分作用规律是指在比例作用的基础上加入积分作用而得到的一种作用规律,即

$$p(t)=Ke(t)+S_0\int e(t)\mathrm{d}t=K\left[e(t)+\frac{1}{T_i}\int e(t)\mathrm{d}t\right]$$

式中:$K$ 是 PI 调节器的比例系数;$T_i=K/S_0$,称为积分时间。

在 PI 调节器中,比例作用能使调节器的输出及时响应偏差的变化,起主导作用,而积分作用是辅助的,只用来消除静态偏差。

衡量比例积分作用强弱的参数有两个,即比例系数 $K$ 和积分时间 $T_i$。其中,比例系数 $K$ 是衡量比例作用强弱的参数,在实际控制系统中,一般不用 $K$ 而是用比例带 PB,这里比例带的大小对比例作用强弱的影响和比例带的物理意义与比例作用规律中的相同。积分时间 $T_i$ 是衡量积分作用强弱的参数,它具有时间的量纲(s 或 min)。从比例积分作用规律表达式可以看出,若 $T_i$ 小,则积分输出部分大,即积分作用强;反之,若 $T_i$ 大,则积分输出部分小,积分作用弱。

假定给比例积分调节器施加一个阶跃的输入偏差信号,其阶跃量为 $e$(在实际系统中,偏差信号一般不会阶跃变化,但在开环实验中,人为地给 PI 调节器施加一个阶跃的输入信号很容易做到),则

$$p(t)=K\left(e+\frac{1}{T_i}\int e\,\mathrm{d}t\right)=K\left(e+\frac{e}{T_i}\int \mathrm{d}t\right)=K\left(e+\frac{t}{T_i}e\right)=Ke\left(1+\frac{t}{T_i}\right)$$

其中,第一项 $Ke$ 为比例输出,在阶跃输入瞬间,比例作用把输入量 $e$ 放大到 $K$ 倍得到阶跃输出 $Ke$,由于此时时间 $t=0$,故没有积分输出;第二项 $Ket/T_i$ 是积分输出,它与时间 $t$ 保持线性关系,其斜率为 $Ke/T_i$。据此,可画出比例积分调节器的开环阶跃响应特性曲线,如图 15-7 所示。

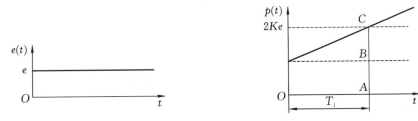

图 15-7 比例积分调节器开环阶跃响应特性

从图 15-7 可见,在输入阶跃偏差信号的瞬间($t=0$),先有一个阶跃的比例输出 $Ke$。此时不论偏差多大,其积分输出为零。随着时间的延长,积分作用呈线性关系输出。当时间进行到 $t=T_i$ 时,$p(t)=2Ke$,即调节器的积分输出部分等于比例输出($BC=AB$)。由此得到 PI 调节器中积分时间 $T_i$ 的物理意义为:在给 PI 调节器输入一个阶跃的偏差信号时,其积分输出达到比例输出所需的时间。在工程上,标定或测定调节器积分时间时,一般规定在比例带为 100% 的条件下进行。

PI 调节器上设有两个旋钮:一个用于调整比例带 PB,另一个用于调整积分时间 $T_i$。$T_i$ 的调整一定要合适,既要能保证控制系统的稳定性,又要能在较短的时间内使系统消除静态偏差。在调整 $T_i$ 值时,切忌把 $T_i$ 值调整得太小,否则积分作用太强,将导致系统的稳定性变差。如果 $T_i$ 值不能准确地调整,那么选取 $T_i$ 时,可以采用"宁大勿小"的策略。因为 $T_i$ 值略微偏大时,尽管积分作用偏弱,但只会使消除静态偏差的时间稍长而别无他害。积分时间 $T_i$ 的调整范围一般在 3 s～20 min。对于控制对象惯性大的控制系统,$T_i$ 值要选取得大一些。对于控制对象惯性小的控制系统,$T_i$ 值可以选取得小一些。

在比例积分调节器中,如果把积分时间 $T_i$ 设定到 $\infty$,则相当于切除积分作用,从而成为纯比例调节器,此时应将比例带 PB 调整到一个恰当值,以获得控制系统满意的动态过程。若要加入积分作用(其 $T_i$ 不是 $\infty$),则此时比例带 PB 要比纯比例作用时的略大一些,以抵制由于积分作用的加入而产生的系统动态过程振荡倾向。比例积分调节器是在实际控制系统中应用最广泛的一种调节器。

**5. 比例积分微分调节器**

把比例、积分和微分作用组合在一起,则构成比例积分微分作用规律,即 PID 作用规律。在 PID 作用规律中,仍以比例作用为主,引入积分作用能消除静态偏差以及微分作用能实现超前控制的优点,其功能最为完善。基于这种作用规律的调节器就叫作比例积分微分(PID)调节器。PID 作用规律输出与输入之间关系为

$$P = K \cdot e(t) + S_0 \int e(t) \cdot dt + S_d \frac{de(t)}{dt} = K\left[e(t) + \frac{1}{T_i}\int e(t) dt + T_d \frac{de(t)}{dt}\right]$$

式中,$K$ 为比例系数,$T_i$ 为积分时间,$T_d$ 为微分时间。$K$、$T_i$ 和 $T_d$ 的大小及相应的作用强度之间的关系与 PI 和 PD 调节器相同。

若给 PID 调节器输入一个阶跃的偏差信号,并记录其输出响应,则可得到 PID 调节器的开环阶跃响应特性曲线,如图 15-8 所示。此特性曲线表明,当对调节器施加一个阶跃的偏差输入信号后,它首先有一个较大的比例加微分的阶跃输出($OA+AB$),然后微分输出逐渐消失。当微分输出消失到接近只剩比例输出时,积分输出才不断地显现出来,使调节器输出不断增加。

PID 调节器综合了比例、积分和微分三种作用规律,因此兼有比例作用控制及时、积分作用消除静差和微分作用超前控制的能力。传统的 PID 调节器都有三个旋钮,分别用于调整比

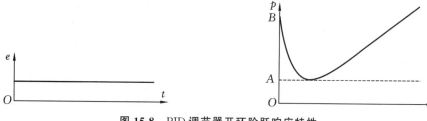

图 15-8　PID 调节器开环阶跃响应特性

例带 PB、积分时间 $T_i$ 和微分时间 $T_d$ 三个参数,只要把 PB、$T_i$ 和 $T_d$ 三个参数调整得合适,控制系统就能获得良好的动态过程品质。

在实际使用中,可根据具体的需要将 PID 调节器用作 P 调节器、PI 调节器、PD 调节器和 PID 调节器。例如,把积分时间 $T_i$ 调整为 ∞,把微分时间 $T_d$ 调整为 0,则相当于切除积分和微分作用,成为纯比例作用调节器;在纯比例作用的基础上,打开积分作用,则成为 PI 调节器;在纯比例作用的基础上,打开微分作用,则成为 PD 调节器;在纯比例作用的基础上,同时打开积分和微分作用,则成为 PID 调节器。若对被控量的稳态精度要求较高,则调节器中应加入积分作用;若控制系统中控制对象惯性较大,则调节器应加入微分作用;若控制对象惯性较大且要求较高的静态指标,则应加入积分和微分作用。对于 PID 调节器,往往把积分时间 $T_i$ 调整得比微分时间 $T_d$ 长,它们之间的关系为 $T_i = 4T_d \sim 5T_d$。加进微分作用后,原来整定的比例带 PB 和积分时间 $T_i$ 都可以减小一点,这样既能减小最大动态偏差,保证系统的稳定性,又能加快系统的反应速度,使过渡时间进一步缩短。

在船舶机舱中,还应根据被控对象的特点,避免采用微分作用。例如,机舱中的锅炉水位等液位控制系统就不宜采用 PD 调节器或 PID 调节器。这是因为微分作用对干扰信号比较敏感,随着船舶的摇摆,微分作用会使给水调节阀的开度忽大忽小,造成水位的大起大落,不利于对水位的稳定控制。

后文将简单介绍机舱常见设备的自动控制。

## 15.3　锅炉的自动调节

近年来,船用锅炉的管理逐渐实现了自动控制。自动化有别于机械化:机械化仅在某几个操作中用机械代替了人的体力劳动,而自动化除了要担负起机械化的任务外,还要能代替管理人员对整个锅炉的部分工作或全部工作进行一定的管理和调节。一台全自动化的锅炉,在使用时,一旦准备工作完成之后,按下起动电钮,锅炉即能自动点火、升汽;在工作中,蒸汽压力和水位能够自动调节,在外界不需要蒸汽时,可以自动实现熄火停炉;在发生故障时可发出声、光警报等。本节主要介绍锅炉自动调节的基本原理。

### 15.3.1　自动调节系统的组成

首先通过一个锅炉水位调节例子来说明自动调节系统的组成。图 15-9 所示是手动调节锅炉水位的示意图。

锅炉上装有水位表,一般在水位表中间用红漆画一横线,表示正常水位。这个水位高度在自动调节中称为水位的给定值或给定水位。锅炉投入运行后,它的供汽量(又称负荷)总是不断变化的,如果锅炉给水不能相应地改变,实际水位必然会偏离正常水位。在自动调节系统中把实际水位偏离给定水位这种现象称为偏差。当发现水位低于红线时,就应该开大锅炉给水阀,加大给水量,使给水量和负荷达到平衡,这时水位逐渐恢复到正常水位。

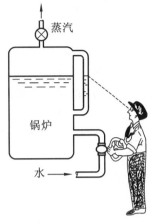

在一般情况下,无论是手动调节还是自动调节,目的都是消除偏差,使被调节的参数(简称被调参数)维持在给定值附近,而不超过允许的范围。

从上述手动调节锅炉水位的过程可以看出,要想把手动调节改为自动调节,就必须模仿人的操作过程。因此,自动调节系统必须有一个仪表能随时测量出实际水位的高低,在自动调节系统中把它称为测量单元。它代替人的眼睛观察水位。此外,还必须有一个调节单元(或称调节器),它可以把测量单元测出的锅炉实际水位和要求维持的水位(即给定值)加以比较,得出偏差的大小和方向,即实际水位比给定水位是高了还是低了,究竟偏差多大,然后根据偏差的大小和方向来确定怎样控制给水阀。显然,调节器是自动调节系统的核心,其作用相当于操作人员的大脑。但是仅有眼睛和大脑仍不能完成水位调节的工作,还必须要有手按照大脑的命令来操作给水阀,所以自动调节系统还必须有执行单元(或称执行器),它就相当于操作人员的手。综上,自动调节系统的组成如图 15-10 所示。

图 15-9　手动调节锅炉水位示意图

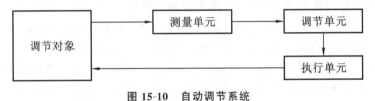

图 15-10　自动调节系统

虽然这是从手动调节锅炉水位中总结出来的,但是它具有所有自动调节系统的共性,因为不论是调节水位还是调节其他参数,自动调节的基本规律是相同的。

采用自动调节系统的优点如下。

(1) 提高整个动力装置的效率。它能经常地保持稳定的蒸汽压力和温度以及适当的过剩空气系数,使锅炉的运转情况不直接受管理人员技术水平的影响。

(2) 减小发生事故的可能性。自动控制设备能察觉到那些对管理人员来说不易发觉的事故征兆,能够避免由于管理人员的疏忽而造成的事故,如锅炉因失水而烧塌等。

(3) 减轻管理人员的劳动。

## 15.3.2　锅炉蒸汽压力和水位的自动调节

**1. 锅炉蒸汽压力的自动调节**

船上各用汽场所往往要求锅炉蒸汽压力最好稳定不变,即使允许有一定波动,也必须在规定的上、下限范围之内,否则必将影响工作,甚至被迫停用。

如何才能实现蒸汽压力稳定的自动调节呢？我们知道,在一个封闭的压力容器中,压力只是其中气体数量多少的反映,气量多,压力就大。如果把气放走一些,压力就下降。所以在锅炉工作中影响蒸汽压力波动的因素虽然很多,但其实质不外乎是破坏了锅炉产汽量与对外供汽量之间的数量平衡。通常,即使在外界用汽量比较稳定的情况下,锅炉压力也总是微微波动的,只不过一般的压力表不够灵敏而不能测出罢了。为了保持蒸汽压力稳定,当供汽量或产汽量发生变化时,需要迅速地使产汽量增加或减少,以达到新的数量平衡。

现在来看人工手动操作时是怎样保持蒸汽压力稳定的。操作人员从压力表上看到蒸汽压力下降,意识到此时产汽量少于供汽量,需要加大喷油量,以产生更多的蒸汽,才能使压力恢复。而当看到蒸汽压力升高时,就要减少喷油量。当锅炉采用回流式喷油嘴时,改变回油阀的开度就能达到调节喷油量的目的。但是,在改变喷油量的同时,尚需相应地改变供风量,以保持适宜的过剩空气系数,才能在新的情况下仍然保持良好的燃烧工况,所以还要调节风道挡板的开度。综上,蒸汽压力自动调节的方案如图 15-11 所示。

图 15-11 蒸汽压力自动调节方案

图 15-12 所示为根据此方案设计的压力比例调节系统。它的基本部分是一个压力比例调节器 1 和一个由比例调节器控制的电动比例操作器 2。锅炉的回油调节阀和风门挡板都由电动比例操作器统一调节。这里电动比例操作器就是用来执行调节器命令的设备,因为它根据被调参数压力的变化成比例地动作,所以称为比例操作器。

火管锅炉因蓄热量较大,所以当供汽量与产汽量的平衡被破坏时,其压力变化比水管锅炉要迟缓得多,它可以使用双位式压力调节系统。双位式压力调节系统原理图见图 15-13。

定出蒸汽压力的高、低限后,压力调节器 3 只有两个动作,即压力达到高限时,调节器使驱动油泵(图中未示出)和风机 7 的电动机断电,燃油电磁阀 4 失电关闭,喷油嘴 6 不喷油,于是锅炉熄火;当压力下降至低限时,调节器将电路接通,油泵和风机起动,同时燃油电磁阀开启,电点火器通电,锅炉重新点燃。

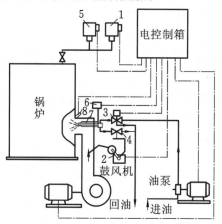

图 15-12 电动压力比例调节系统
1—压力比例调节器;2—电动比例操作器;3—燃油电磁阀;
4—回油调节阀;5—高压保护压力继电器;6—点火变压器;
7—电火花点火器;8—火焰感受器

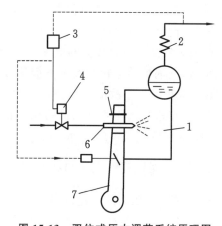

图 15-13 双位式压力调节系统原理图
1—锅炉;2—过热器;3—压力调节器;4—燃油电磁阀;
5—电点火器;6—喷油嘴;7—风机

## 2. 锅炉水位的自动调节

锅炉工作时，水位总是不断波动的。人工操作时，看到水位计中的水位上升或下降，就要相应减少或加大给水泵的供水量，以保持正常水位。为此，操作人员必须注意力集中，尤其在管理蓄水量较少的水管锅炉时，操作更是比较紧张的。

对于蓄水量较大的火管锅炉，其工作水位允许在最高水位和最低水位之间变动，无须严格地维持在一定的高度，可采用双位式调节系统。

对于蓄水量较小的水管锅炉，则要采用连续调节。连续调节的原理如图 15-14 所示。水位调节器在两个信号，即水位信号和气压信号同时作用下连续控制给水调节阀的开度。

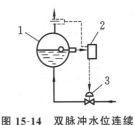

图 15-14 双脉冲水位连续
调节原理图
1—锅筒；2—水位调节器；
3—给水调节阀

## 15.4 船舶自动化电站

### 15.4.1 船舶自动化电站的基本功能

船舶电站自动控制系统的主要任务是保证船舶电站供电的安全可靠和改善劳动条件，提高电站运行的经济性。在要求多台机组并联供电的电站中，要实现电站的自动化，必须将各个自动功能单元（模块）有机地联系起来，组成一个总体控制系统。这个系统能收集来自各台柴油发电机组、断路器、汇流排以及各主要负载的必要信息及参数，并加以分析、判断，在一定的条件下，自动地采取符合逻辑的措施，处理电站运行中可能出现的各种情况，确保电力系统安全可靠、经济运行。船舶自动化电站系统控制功能框图如图 15-15 所示。

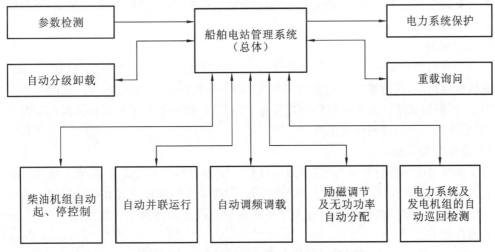

图 15-15 船舶自动化电站系统控制功能框图

船舶自动化电站的功能介绍如下。

#### 1. 发电机组操作方式的选择

自动化电站中每一台发电机组应有三种可供选择的操作方式——"机旁""遥控""自动"，并且按次序前者应优先于后者。仅当某机组操作方式确定为"自动"方式时，它才纳入总体控制系统的范围。当机组发生故障时,应能自行退出"自动"(即所谓"阻塞"),非经管理人员排除故障并自动控制"复位",不得自行恢复"自动"功能。

**2. 发电机组的自动起动**

当柴油发电机组处于停机状态时,如发出发电机起动的信号,该机就能自动起动。

**3. 自动准同步并车**

当装置接到合闸指令后,就自动进入并车程序,通过加速(或减速)控制使待并机组频率高于电网频率 0.1~0.5 Hz,再进行发电机与电网相位差检测,当相位差角 δ<10°时,发出超前时间为 0~1 s 的合闸信号,使待并发电机投入电网运行。

**4. 自动恒频及有功功率自动分配**

当两台机组并联运行时,起动调频调载装置与原动机调速器配合工作,使电网频率维持恒定,偏差不大于±0.25 Hz,并使两台机组承担的有功功率按机组容量成比例分配。

**5. 自动恒压及无功功率自动分配**

无论是单机运行还是并联运行,励磁自动调节装置总能使电网电压维持恒定,误差不大于$\pm 2.5\% U_N$,同时能调整并联运行发电机的无功功率自动分配,使之合理分担。

**6. 自动分级卸载**

当电网负载超过额定负载时,可分一次或二次卸掉次要负载。

**7. 重载询问**

当需要起动大负载时,应先询问运行发电机(电网)功率贮备是否满足其用电和起动要求,若不能满足,则应先起动备用发电机组,并车后才允许该负载接入电网。

**8. 重要负载分级起动**

当船舶电网因故障失电后又获电时,为避免因负载同时起动而造成电流冲击,甚至使发电机的 ACB 再次跳闸,自动化电站能够对重要负载进行分级起动控制,即按照在紧急状况下各负载的重要程度排好先后次序,并按其起动电流大小分组,然后按程序逐级起动,每两级起动之间的时间间隔为 3~6 s。

**9. 自动解列**

当装置接到解列指令后,进入解列程序,此时如电网总负载大于在网发电机的 $0.85P_N$,则自动取消解列指令;反之则进入负载转移控制,当负载转移到 $0.1P_N$ 以下时,延时 1 min 后发出分闸信号,解列成功。若在负载转移过程中,在网发电机负载大于 $0.85P_N$ 时,自动取消解列指令,重新进入原来的调频调载工况。

**10. 巡回检测及保护**

为了做到对电站运行状况的实时控制,电站自动控制系统通常依靠各种传感器对电力系统中的大量参数自动而连续地进行巡回检测、数字显示、报警和记录,同时输出信号,通过计算机或其他相应的自动控制设备控制有关设备的运行与停止。柴油发电机组巡回检测、报警及保护的内容如下。

(1) 对于柴油机,包括零转速、点火转速、中速运行、额定转速,滑油压力低和过低,冷却水出口温度高和过高,各缸排烟温度,柴油机运行时数累计等。

(2) 对于发电机,包括电压、频率、功率、电流、功率因数,ACB 的储能、合闸、断开。

(3) 对于电网,包括汇流排电压、短路、绝缘状态。

(4) 对系统状态及工作过程的监视与指示,包括原动机的预热、预润滑,起动空气压力,运行控制方式选择,正在起动、起动成功或失败,正在停机过程中、停机成功或失败,机组完车以及控制系统的工作电源等。

自动化电站控制系统的每一功能单元都有相对的独立性,由总体控制系统将各部分工作有机地协调起来,在系统的安排上,应充分利用各功能单元的独立性,使系统运用起来更加灵活。例如,当某部分出现故障时,仍可利用其他单元实现局部自动化或半自动化。

### 15.4.2 交流发电机的自动并车

为了满足船舶供电的可靠性和经济性,船舶电站一般均装设有两台或两台以上的同步发电机组作为主电源。船舶根据不同运行工况所需电量,可以单机运行,也可以两台或三台发电机并联运行。待并发电机投入电网参加并联运行的操作称为并车操作。并车操作的基本要求是:① 并车过程中冲击电流不能超过允许值;② 发电机投入电网后能迅速拉入同步。

**1. 自动准同步并车条件**

船舶同步发电机并联运行时,待并发电机组与运行发电机组之间必须满足如下条件:
(1) 待并机组的相序与运行机组(或电网)的相序一致;
(2) 待并机组的电压与运行机组(或电网)的电压有效值相等;
(3) 待并机组电压的初相位与运行机组(或电网)电压的初相位相同;
(4) 待并机组电压的频率与运行机组(或电网)电压的频率相等。

由于发电机组在安装时已经对发电机的相序与电网的相序进行了测定,保证了相序一致的条件,因此并车操作就是检测和调整待并发电机组的电压、频率和初相位,使之在满足上述三个条件的瞬间通过发电机主开关的合闸投入电网。这样就可以保证在并车合闸时没有冲击电流,并且并车后能保持稳定的同步运行。

实际并车时,除相序外,其他条件不可能做到完全一致,而且必须有一定的频差才能快速投入并联运行。

当频率相等、初相位一致、电压不相等时,两台发电机并车瞬间将在两机组间产生一个无功性质的环流,对两台发电机起到均压作用。由于发电机在并车瞬间出现很小的等值电抗,因此当电压差较大时,合闸瞬间会产生很大的冲击电流,对两台发电机和电力系统均不利。一般并车操作时,电压差不得超过额定电压的10%。在船舶电网负载比较平衡的情况下,船用发电机的自动调压器的静态调整率要求在±2.5%。

当待并机组与运行机组电压的频率和有效值相等而初相位不一致时,合闸瞬间出现的环流形成了整步功率,在相位差较小时,依靠整步转矩,将两台发电机拉入同步运行。为了减小冲击电流,一般并车操作时要求相位差小于15°。

当待并机组与运行机组电压相等、初相位相同但频率不相等时并车,由于频率不相等,随着时间推移,相位差出现,环流就随之产生,即整步转矩出现,只要频率差不大,最终依靠整步转矩都能拉入同步;若频率差太大,往往难以拉入同步,同时合闸后环流也不断增大,对发电机和电力系统都不利,应避免这种情况的发生。通常在并车操作时要求频率差小于 0.5 Hz,通常以 0.25 Hz 为最好。

**2. 自动并车必需的环节及组成**

能够完成手动准同步并车操作的全部逻辑程序的自动装置叫作自动准同步并车装置。通常自动准同步并车装置的控制方案有两类,即模拟控制和数字控制。目前数字控制式自动准同步并车装置在船舶电站中的应用越来越多。

1) 自动并车装置的基本功能

(1) 检测待并发电机与网上的运行发电机的电压差、频率差和相位差,当任一条件不符合并车要求时,实现闭锁,不允许发出合闸指令。

(2) 检测待并发电机电压与网上的运行发电机电压的频率差,并根据频率差的大小和方向自动地对待并发电机发出调频信号,使待并发电机频率与网上的运行发电机频率接近,减小频率差,创造合闸条件。

(3) 当电压差、频率差在允许范围内时,要能计及发电机的 ACB 固有动作时间,相应地要提前发出合闸指令,实现自动准同步并车操作。

通常自动并车装置应由调压、调速和同步检测与合闸三部分组成,目前船用发电机自励恒压装置的调压精度都能保证电压差在并车允许的范围内,所以其自动并车装置没有必要再设置自动调压环节,只有电压闭锁环节。

2) 自动并车装置的基本环节与组成

自动并车装置主要由脉动电压形成环节、频率差方向鉴别及调速脉冲控制电路、获取恒定超前相角或超前时间信号环节、允许合闸频率差检测环节、允许电压差检测及合闸"与"门环节等构成。

## 复习思考题

15-1 列举几种典型的船舶机舱辅助控制系统。

15-2 简述反馈控制系统的基本组成。

15-3 试说明船用锅炉水位与蒸汽压力自动控制的特点与方法。

15-4 同步发电机并联运行需要满足哪几个条件?

15-5 船舶自动化电站的基本功能有哪些?

# 参 考 文 献

[1] 沈维道,童钧耕.工程热力学[M].5版.北京:高等教育出版社,2016.
[2] 张东风.热工测量及仪表[M].3版.北京:中国电力出版社,2015.
[3] 张兴彪.轮机概论[M].大连:大连海事大学出版社,2017.
[4] 任福安,魏海军.轮机工程基础:上册[M].大连:大连海事大学出版社,2009.
[5] 朱建元.船舶柴油机[M].北京:人民交通出版社,2008.
[6] 陈培红,邹俊杰,乔红宇.船舶柴油机[M].哈尔滨:哈尔滨工程大学出版社,2020.
[7] 李春野.船舶柴油机(轮机管理专业)[M].北京:人民交通出版社,2008.
[8] 王滢.船舶动力装置[M].哈尔滨:哈尔滨工程大学出版社,2020.
[9] 马昭胜.船舶辅助机械控制系统[M].北京:机械工业出版社,2022.
[10] 费千.船舶辅机[M].大连:大连海事大学出版社,1998.
[11] 向阳.船舶辅机[M].武汉:武汉理工大学出版社,2015.
[12] 谭仁臣.船舶辅机与轴系[M].哈尔滨:哈尔滨工程大学出版社,2008.
[13] 李世臣,韩学胜,曾鸿,等.船舶电气与自动化(船舶自动化)[M].大连:大连海事大学出版社,2013.
[14] 成春祥,王克.船舶管理(轮机)[M].武汉:武汉理工大学出版社,2020.
[15] 《轮机工程手册》编委会.轮机工程手册(上、中、下册)[M].北京:人民交通出版社,1992.
[16] OKUBO M,KUWAHARA T.New technologies for emission control in marine diesel engines[M].Oxford:Butterworth-Heinemann,2019.
[17] MCGEORGE H D.Marine auxiliary machinery[M].7th ed.Oxford:Butterworth-Heinemann,1998.
[18] RUSSELL P A,JACKSON L,MORTON T D.Reeds vol 8:general engineering knowledge for marine engineers[M].5th ed.London:Adlard Coles Nautical,2013.